KB040715

CIA
심리학

CIA 심리학

고정관념과
인식의 오류를
극복하는 방법

CIA는
어떻게 정보를
분석하는가?

생각의힘

이 책은 주로 미합중국 연방정부의 공무원들이 사용하기 위해 만들어졌으며 책의 구성, 범위, 내용은 이들의 특정한 요구사항을 충족시킬 수 있도록 고안되었다. 1999년 CIA 산하 정보연구센터에서 출간한 이후 수년간 절판 상태였으나 요원들의 정보분석 훈련에 여전히 사용되고 있었다. 이러한 수요를 충족시키기 위해, 저자의 허락 아래 Pherson Associates가 이 책을 재출간하였다. 이 재출간본은 미국 정부 인쇄국Printing Office의 편집 매뉴얼에 따른 일부 수정을 제외하면 내용의 큰 수정은 없었음을 밝힌다.

미국 정부 기관들은 공무수행을 위해 필요할 경우에는 이 책의 일부나 전부를 복제할 수 있다.

본문에 쓰인 사실, 의견 또는 분석에 대한 모든 진술은 저자의 것임을 밝힌다. 마찬가지로 추천사와 발문에 사용된 내용은 각 필자의 것이다. 이러한 사실, 의견 또는 분석은 CIA나 미국 정보공동체의 견해와 반드시 같지 않을 수 있다. 또한 이 책에 사용된 어떤 사실적 진술이나 해석 역시 미국 정부가 승인하거나 암묵적으로 인정한 것으로 받아들여져서는 안 된다.

차 례

일러두기

1. 각주 중 ◆로 표시된 것은 지은이의 주, ●로 표시된 것은 옮긴이의 주이다. 지은이의 주석 대부분은 미주로 수록했다.

2. 본문의 이탤릭체로 된 부분은 원서에서 이탤릭체로 진하게 강조된 부분이다.

3. CIA '첩보부DI, Directorate of Intelligence'의 공식 명칭은 '분석부DA, Directorate of Analysis'로 바뀌었으나 본문에서는 책이 쓰이던 시점에 맞춰 '첩보부'로 표기했다.

머리말

이 책은 1978년부터 1986년까지 미국 CIA(Central Intelligence Agency, 중앙정보국) 첩보부에서 내부용으로 작성된 문건들을 취합해 약간의 편집, 수정, 보완을 거쳐 출판한 것이다. 네 개의 장은 1955년에 창간된 CIA의 기관학술지인 〈정보연구Studies in Intelligence〉에도 게재됐다. 이 책의 내용들은 비교적 유행을 타지 않으며, '더욱 향상된 정보분석'을 끊임없이 추구하는 데 여전히 도움이 된다.

나는 인지심리학 문헌들에 기반해 이 책을 집필했으며, 사람들이 '불완전하고 애매모호한 정보에 입각해 판단을 내릴 때 정보를 어떻게 처리하는가'를 다뤘다. 먼저 정보분석에 가장 적절하고, 정보분석가들에게 꼭 필요하다고 생각되는 실험과 결과들을 선별했다. 그런 다음 전문용어들을 정보분석가들이 이해하기 쉬운 용어로 번역했으며, 정보분석가들이 직면하는 문제를 해결하는 데 도움이 되도록 결과를 재해석했다.

사정이 이러하다 보니 이 책은 심리학 연구자와 정보분석가 모두의 불만을 야기할 수 있다. 인지심리학자와 의사결정 분석가들은 과도한 단순화에 이의를 제기하는 반면 심리학을 전공하지 않은 정보분석가들은 새로운 용어가 낯설다고 불평할 수 있다. 외람된 말이지만, 인간의 정신과정mental process이란 매우 복잡하므로 그런 과정을 논의하려면 전문적인 용어가 일부 필요할 수밖에 없다. 정보분석의 심리학에 관한 책을 어느 정도 읽었고, 이 분야에 진지한 관심을 가진 정보분석가들이라면 이 책을 읽는 데 큰 어려움이 없으리라 믿는다. 미개지를 개간하는 사람들은 성실한 노력을 마다하지 않을 테니 말이다.

초고를 읽고 논평과 제안을 아끼지 않은 모든 분들에게 감사드린다. 잭 데이비스(이 책의 발문까지 써줬다), 네 명의 전직 첩보부 분석가(보안상 이름을 밝힐 수 없다), 나의 동료 시어도어 사빈 교수, 편집을 맡아준 CIA 정보연구센터의 행크 애플봄. 이분들의 제안 덕분에 책의 내용이 충실하고 풍부해졌다.

리처즈 휴어 주니어

추천사

더글러스 매커친[*]

18년 전 휴어의 문건을 처음 접하고 받았던 강렬한 인상을 지금껏 잊은 적이 없다. 당시 나는 정보분석가의 경력에서 중간 단계에 머물러 있었다. 그 후 15년간 경험을 더 쌓고, 최근 몇 년간 소련과 바르샤바 조약 체제의 자료를 통해 역사적 사례를 연구하고 나니 휴어의 저서가 더욱 감명 깊게 다가온다.

나는 현장 경험을 통해 많은 CIA 요원들이 분석적 인식론 analytic epistemology에 관한 논문에 회의적으로 반응하는 경향이 있다는 사실을 잘 알고 있다. 그들의 심정은 충분히 이해할 만하다. 그런 논문은 문제에 대한 해답으로서 분석 모델을 바로잡는 처방

---

[*] 더글러스 매커친은 CIA 첩보부장DDI, Deputy Director of Intelligence을 역임했다. 32년간 CIA에 몸담은 후 1997년 퇴직해, 하버드대학교 존 F. 케네디 공공정책대학원(케네디스쿨)의 선임연구원이 됐다.

을 내리는 게 상례인데, 그 모델들이 (세미나가 아니라 정책 수립 과정에서 잇따라 발생하는) 정보를 분석하는 데 실질적인 가치가 별로 없기 때문이다. 그러나 휴어가 이 책에서 주로 다루는 문제들은 기존의 논문들과 달리 생동감이 넘친다.

휴어가 검토하는 문제들은 '인간의 사고과정thinking process이 자신의 모델을 스스로 구축하고 그 모델을 통해 정보를 처리하는 과정'이다. 사실 이것은 정보에만 국한된 현상이 아니다. 휴어의 연구가 증명하는 바와 같이, 그것은 인간 인지과정cognitive process의 선천적인 기능 중 일부이며—의학에서부터 주식시장 분석에 이르기까지—광범위한 분야에서 이미 증명된 바 있다.

분석 과정 자체는 인간 뇌의 선천적인 기능을 강화한다. 우리가 명시적으로 언급하지 않더라도, 분석에는 통상적으로 모델 수립이 포함된다. 즉, 우리는 인과관계에 대한 특정한 이해와 기대에서 출발하여 그러한 모델(또는 필터)을 통해 정보를 처리하고 해석한다.

4장에서는 '추가정보의 가치의 한계'를 다루는데, 나는 독자들이 이 점을 특히 주목해야 한다고 생각한다. 이 장이 시사하는 바는, 새로 입수된 정보가 모델 자체의 전제조건을 재평가하는 데 사용되기보다는 기존의 분석 모델을 통해 평가되고 처리되는 경우가 비일비재하다는 것이다. 인간의 선천적 경향의 이 같은 악영향은 정보조직의 존재 이유에서 비롯된다. 정보조직은 은밀한 수단을 통해서만 얻을 수 있는 특별한 핵심 정보를 입수하기 위해 창조됐으며, 그런 특별한 정보를 총체적인 지식 기반과 통합하는 분석을 제공한다.

아무리 베테랑 정보요원이라고 해도, 이 책을 읽으면 휴어가 기술하는 정신과정이 분석의 품질에 악영향을 미치는 사례를 상기하지 않을 수 없을 것이다. 확고한 전문지식에 근거하여 완벽하게 타당한 전제조건에서 논리적으로 타당한 예측을─사실상 만장일치로─수행했는데, 치명적 오류로 판명되는 경우가 얼마나 많았던가! 나중에 되돌아보니, 문제는 논리에 있었던 게 아니라 전제조건 중 하나가─당시에는 아무리 타당하게 보였을지 몰라도─부정확한 데 있었던 걸로 밝혀지는 경우가 얼마나 많았던가! 그리고 그러한 부정확한 전제조건은 실증에 기반했던 게 아니라, 자체적인 모델(이를 간혹 가정이라고 부른다)에서 비롯된 결론이었던 것으로 밝혀지는 경우가 얼마나 많았던가! 하나 이상의 전제조건에 의문을 제기하는 근거가 될 수 있는 정보가 존재했으며, 타당한 전제조건의 변화가 분석 모델을 바꿔 상이한 결론을 도출할 수 있었던 것으로 밝혀지는 경우가 얼마나 많았던가!

정보분석 및 평가의 단점이 발견됐을 때, '정보실패intelligence failure'를 소리 높여 외치며 흔히 처방되는 해결책은 전문지식을 대폭 늘리는 것이다. 그러나 휴어의 연구와 그가 인용하는 연구들은 그런 사회적 통념에 진지한 도전을 제기한다. 통계에 따르면, 전문지식 자체는 인간의 사고과정에 만연한 분석적 함정에 빠지는 것을 막아주지 않는다. 이 점은 정보분석 말고도 많은 분야에서 이미 증명됐다.

악명 높은 정보실패 사례를 검토해보면, 전문가들이 일반인들과 다름없이 분석의 덫에 빠진다는 사실을 알 수 있다. 사실 전문가가 분석의 덫의 희생양이 될 때, 자타가 공인하는 전문가들의 신뢰성은 사태를 더욱 악화시킬 수 있다.

이러한 관찰이 전문가의 가치를 훼손하는 것으로 이해돼서는 안 된다. 그와 정반대로, 나는 정보분석 분야에 30년 이상 몸담았던 경력을 통해—정보 과부하에 대한 경고는커녕—정보나 전문지식은 아무리 많아도 지나치지 않다는 견해를 지지하게 됐다. 그리고 유명한 전문가들과 테이블에 마주 앉은 CIA 분석가들을 관찰해본 결과, 전문적 이슈에 대한 공격은 대체로 번지수가 틀렸다는 믿음을 갖게 됐다. 중요한 차이는 한 그룹은 저널에서 전문가들의 평판을 높이고, 다른 그룹은 (정보계에서 가장 도전적인 구성원인 정책입안자들이 주된 독자인) 폐쇄적 환경에서 일한다는 것이다.

휴어의 논의가 시사하는 점은, 정보와 전문가는 정보분석을 특별한 결과물로 만들어주는 필요조건이지만 충분조건은 아니라는 것이다. 분석의 과학에는 상당한 노력이 수반되며, 이 노력은 1차적 분석 메커니즘인 인간 정신의 '고유한 장단점'과 '정보를 처리하는 방식'을 명확히 이해하는 데서부터 출발해야 한다.

나는 정보분석가들이 스스로를 규정하는 데 있어서 중요한 문화적 요소가 존재한다고 믿는다. 그것은 "우리는 CIA에 고용된 실무 전문가인가, 아니면 전문적인 분석가이자 정보당국자로서 그 전문성이 다양한 이슈와 문제에 신속히 적응해 효과적으로 분석하는 능력에 있는가?"라는 것이다. 전 세계적으로 볼 때, '실질적인 전문가'는 널려 있지만 '분석과학과 인간 정신의 정보처리에 관한 전문가'는 매우 드물다. 휴어는 다음과 같은 점을 분명히 한다. "인간의 정신과정이 분석가를 위해 파놓은 함정은 우리의 일부이므로 제거될 수 없다. 우리가 할 수 있는 일은 그런 정신적 장애물을 탐지, 인식하고 그것을 상쇄하기 위한 절차를 설계하도록 사람들을 훈련시키는 것이다."

　　정보임무intelligence mission 수행을 위한 분석과학의 중요성을 감안해 휴어가 이 책에서 제기하는 핵심 의문은 다음과 같다. 다른 업무 분야와 비교할 때, 정보분석가들은 전문적 요건인 분석과학 연구에 합당한 노력을 기울이는가? 예컨대 분석가의 글쓰기 능력을 배양하는 데 쏟는 노력에 비해 이 분야에 얼마나 많은 노력과 자원을 투자하는가?

　　휴어의 책은 이러한 이슈에 대해 정답을 제시하는 척하지 않는다. 바라건대, 정보분석가들이 그의 제언에 자극받아 분석과학에 좀 더 많은 노력을 기울이는 계기가 됐으면 좋겠다.

서론
생각에 대한 생각

　정확한 정보분석을 방해하는 다양한 문제들 중에서 가장 중요하고 다루기 어려운 것은 인간의 정신과정에 내재하는 문제다. 정보분석은 기본적으로 정신과정이지만, 이 과정을 이해하는 것은 매우 어렵다. 우리가 정신이 어떻게 작동하는지 잘 모르기 때문이다.

　인지심리학의 기본적인 발견에 따르면, 사람들은 자신의 마음속에서 일어나는 일 중 대부분을 의식적으로 경험하지 않는다. 지각, 기억, 정보처리와 관련된 많은 기능들은 선험적으로 수행되며, 어떠한 의식적 방향과도 독립적이다. 의식 속에서 자발적으로 나타나는 것은 생각의 결과물이지 과정이 아니다.

　인간의 사고과정에 내재하는 약점과 편향은 신중히 설계된 실험을 통해 증명될 수 있다. 그러한 약점과 편향은 도구와 기법을 의식적으로 사용함으로써 완화될 수 있으며, 이 같은 도구와 기법은 모든 정보분석가들이 보유한 분석적 첩보기법의 도구상자 속에 들어 있다.

　우리가 '정신의 향상'이라고 할 때, 이것은 통상적으로 '정보나 지식의 입수' 또는 '마땅히 가져야 할 생각'을 지칭하지, '정신의 실질적인 기능'을 지칭하지는 않는다. 즉, 자신의 생각을 자각해 '더욱 정교한 이상형'과 비교하는 데는 시간을 별로 할애하지 않는다.

　'정보분석의 향상'이라고 할 때도 마찬가지다. 우리는 통상적으로 논술 실력, 분석 보고서의 유형, 정보분석가와 정보소비자 간의 관계 또는 분석 과정의 체계화를 지칭하지, 분석가들의 사고과정을 개선하는 데는 별로 주의를 기울이지 않는다.[1]

'분석적으로 생각한다'는 것은 목수 일이나 자동차 운전과 같은 기술이다. 교육과 학습이 가능하며, 실습을 통해 향상될 수도 있다. 그러나 다른 많은 기술들(예: 자전거 타기)과 마찬가지로, 분석적 사고란 강의실에 앉아 듣기만 한다고 배워지는 게 아니다. 분석가들은 실행을 통해 배워야 한다. 대부분의 사람들은 교육을 받고 난 후 별로 의식적으로 노력하지 않더라도 최소 수준 이상의 분석 성과를 거둘 수 있다. 그러나 분석가들은 상당한 노력과 함께 근면해야만 보통을 뛰어넘어 탁월한 수준에 도달할 수 있다.

규칙적인 달리기는 지구력을 향상시키지만 전문가의 지도편달이 없다면 기법이 향상되지 않는다. 마찬가지로, 탁월한 수준의 분석 능력을 배양하려면 전문가의 지도편달을 통해 오랫동안 확립된 분석 습관을 바꿔야 한다. 젊은 분석가를 도와 분석적 첩보기법을 연마하게 하는 분석 전문가들은 강의실 교육을 뒷받침하는 가치 있는 '영양 보충제'라고 할 수 있다.

성공적인 학습의 열쇠 중 하나는 동기부여다. CIA 최고의 분석가들 중 일부는 초보자 시절에 경험한 '분석실패'의 결과로 자신들의 기술을 갈고닦았다. 실패는 그들에게 동기를 부여해 분석 방법을 스스로 의식하고 자신들의 사고과정을 가다듬게 만들었다.

이 책의 목적은 정보분석가들이 높은 수준의 성과를 달성하도록 도와주는 것이다. 이 책은 사람들에게 '불완전하고 애매모호한 정보에 기반해 판단을 내리는 방법'을 알려주고, 분석기술을 향상시키기 위한 간단한 도구와 개념들을 제공한다.

1부에서는 인간의 정신과정에 내재하는 한계를 확인한다. 2부에서는 분석적 첩보기법, 즉 1부에서 확인한 한계를 극복하고 좀 더 체계적으로 생각하는 데 필요한 간단한 도구와 접근 방법들을 다룬다. 그중에서 가장 중요한 장을 하나 꼽는다면, 나는 주저 없이 7장 '경합가설 분석'을 들 것이다. 3부에서는 인지편향을 다루는데, 인지편향이란 단순화된 정보처리전략에 의해 초래되는 예측 가능한 정신적 오류를 지칭한다. 결론에서는 '분석가들을 위한 체크리스트'와 "정보분석 관리자들을 위한 '탁월한 분석가들이 융성하는 환경'을 창조하는 방법"을 제시한다.

'제한된 합리성'이라는 개념을 최초로 제시한 사람은 허버트 사이먼Herbert Simon이다.[2] 그의 주장에 따르면 인간은 정신 능력의 한계 때문에 세상의 복잡성에 직접적으로 대처할 수 없다고 한다. 따라서 우리는 현실에 대한 단순화된 정신모형mental model을 구축한 다음 그 모형을 이용해 작업을 진행할 수밖에 없다. 우리는 정신모형의 한계 내에서 합리적으로 행동하지만, 이 모형이 현실 세계의 요구조건에 늘 제대로 적응하는 것은 아니다. 제한된 합리성의 개념은—보편적은 아닐지라도—널리 인정받아 '인간의 판단과 선택을 기술하는 정확한 청사진'과 '인간 정신의 작동 과정에 내재하는 한계에 대한 합리적 조정'으로 자리잡았다.[3]

지각perception, 기억memory, 주의 지속 시간attention span, 추론 능력reasoning capacity에 대한 심리학 연구의 상당수는 사이먼이 제시한 인간의 정신기구mental machinery의 한계를 다루고 있다. 많은 심리학자들은 이러한 심리학적 통찰을 국제정치 행동 연구에 적용했으며,[4] 이와 유사한 심리학적 관점이 정보실패와 전략적 충격에 대한 문헌들의 기저를 이루고 있다.[5]

이 책은 기존의 문헌들과 두 가지 면에서 다르다. 첫째로, 이 책은 정책입안자들보다는 정보분석가들의 관점에서 문제를 분석한다. 둘째로, 이 책은 외교사와 전쟁사의 사례보다는 대체로 인지심리학 실험 결과에 기반해 정신과정의 영향을 기술한다.

이 책의 초점은 '관찰되는 것'과 '관찰된 것이 해석되는 방법'을 결정하는 데 있어서 관찰자의 역할을 설명하는 것이다. 분석가들은 감각이 제공하는 정보에 기반해 나름의 현실을 구성하지만, 감각입력sensory input은 ('어떤 정보가 선택될 것인지'와 '그 정보가 어떻게 체계화되고 어떤 의미가 부여될 것인지'를 결정하는) 복잡한 정신과정에 의해 매개된다. 사람들이 '무엇을 얼마나 기꺼이 지각할 것인지', '입수한 정보를 어떻게 처리할 것인지'는 정보의 구체적 내용은 물론 과거의 경험, 교육, 문화적 가치관, 역할 요구role requirement, 조직의 규범에 크게 좌우된다.

이러한 과정은 렌즈나 스크린을 통해 세상을 바라보는 것과 유사한데, 이때 다양한 요인으로 상이 왜곡될 수 있다. 예컨대 중국에 대해 가능한 한 선명한 상을 얻기 위해, 분석가들은 중국에 대해 더 많은 정보를 필요로 한다. 또한 그들은 (정보가 통과하는) 렌즈의 특성을 이해해야 한다. 심리학자들은 이 렌즈를 정신모형, 고정관념 mind-sets, 편향, 분석가정analytic assumption 등 다양한 용어로 부른다.

이 책에서는 정신모형과 고정관념이라는 용어를 혼용해서 사용하지만, 정신모형은 고정관념보다 더욱 명확하게 확립돼 있는 개념이다. 분석가정은 정신모형이나 고정관념의 일부이므로 수준과 범위가 다르다. 이 책에서 논의되는 편향은 정신의 작동 과정에서 비롯되며, 실질적인 정신모형이나 고정관념과는 독립적이라고 간주된다.

심리분석가들은 실무에 투입되기 전에 자신의 인격이 타인의 관찰과 상호작용하고 조건화하는 과정을 더욱 잘 인식하기 위해 심리분석을 몸소 경험할 필요가 있다. 심리분석의 관행은 지금껏 그다지 성공적이지 않았으므로 그 절차를 정보요원 및 외교정책 집단과 비교하는 것은 적합하지 않다. 그럼에도 불구하고 심리분석을 정보분석과 비교하면 흥미로운 점을 발견할 수 있다. 그것은 "정보분석가들은 타인을 이해하기 전에 자신을 이해해야 하며, 그러기 위해서는 훈련이 필요하다"는 것이다.

현재 시행되고 있는 정보분석가들의 훈련은 크게 두 가지로 요약된다. 첫째, 외국의 사건들을 인식하고 분석적으로 판단할 때 직면하는 일반적인 문제를 자각하게 해준다. 둘째, 이러한 문제들을 극복할 수 있도록 지도편달과 실습을 제공한다. 그러나 이러한 훈련 방식, 즉 분석가 자신의 사고에 초점을 맞추는 훈련은 불충분하다. 정보분석가에 대한 훈련은 일반적으로 조직적 절차, 방법론적 기법, 실무 주제 교육을 의미한다. 생각이나 분석의 정신작용에 더 많은 훈련 시간이 할애돼야 한다. '분석가들은 분석하는 방법을 알고 있다'는 가정은 단순하고 잘못된 가정이다. 이 책은 정보분석에 관련된 사고 및 추론 과정을 검토하는 훈련을 뒷받침하는 것을 목표로 한다.

1장에서 언급하겠지만, 우리는 고정관념과 정신모형을 피해 갈 수 없다. 그것들은 본질적으로 우리가 '주제에 대해 익히 알고 있다'고 생각하는 모든 것의 정수다. 따라서 문제의 본질은, 그것을 일단 인정한 다음 신속히 변화하는 세상에서 대안적 해석에 늘 마음을 열어놓으려고 노력하는 데 있다.

고정관념의 단점은, 우리의 지각을 채색하고 제어함으로써 새롭고 예기치 않은 사건이 일어날 경우 숙련된 전문가가 실제로 벌어지는 일을 들여다보지 않게 할 수 있다는 것이다. 중요한 패러다임 변화에 직면했을 때, '주제에 가장 정통한 분석가'는 '학습에 가장 저항하는 사람'이다. 이것은 독일의 재통일 이전에 일어난 일과 비슷하다. 동독과 서독의 통일이 진행되는 동안 독일의 어떤 전문가들은 '극적인 변화의 중요성을 받아들이라'는 제너럴리스트의 재촉을 받아야 했다.

　고정관념은 분석가들이 생산 목표를 제때 완수하고, 역사적 사건들(역사책의 장 제목을 바꾸는, 분수령이 되는 사건)이 일어나지 않는 동안 일을 효율적으로 진행하도록 돕는다는 장점이 있다.[6]

　한 세대 전만 해도 자신이 분석을 행하는 과정에 대해 자각하거나 성찰하는 정보분석가를 거의 찾아볼 수 없었다. 지식에 대한 통념은 건전한 상식이론common sense theory으로, '사건을 정확하게 인식하려면 단지 눈을 똑바로 뜨고 사실을 바라보면 되며, 객관적인 판단을 위해 모든 선입견과 편견을 제거하라'는 것이었다.

　오늘날에는 '정보분석가들이 자신의 과제에 텅 빈 마음으로 접근하지 않는다'는 인식이 만연해 있다. 그들은 '내가 책임지는 분야에서 사건들이 발생하는 통상적 과정'에 대한 일련의 가정을 갖고서 일을 시작한다. 이처럼 변화한 시각은 통념으로 자리매김했고, 정보공동체Intelligence Community*는 이제 겨우 그 시사점의 표면을 긁적이기 시작했다.

　사건에 대한 분석가의 이해가 (그들이 사건들을 인식하는 도구인) 고정관념이나 정신모형에 크게 좌우된다면, 정신모형을 탐구하

---

*　정보공동체는 미국의 외교와 안보를 위해 정보의 수집, 분석, 보고를 전문적으로 실행하는 17개 정보기관의 연합체이다. 주요 기관으로 CIA, FBI(연방수사국), NSA(국가안보국) 등이 있다.

고 기술하는 연구가 좀 더 많이 필요하지 않을까?[7]

정보공동체에서 문제에 대응하는 일반적인 방법은 더욱 많은 정보를 수집하는 것이지만, 많은 경우 분석가들은 이미 소화하기에 벅찰 정도의 정보를 보유하고 있다. 분석가들에게 필요한 것은 훌륭한 결정을 내리는 데 도움이 되는 '진정으로 유용한 정보'이며, 이는 알 만한 내부자들로부터 수집한 신뢰할 만한 휴민트 HUMINT* 로도 족하다. 또는 정보분석가들은 더욱 향상된 정신모형과 분석 도구를 필요로 하며, 이것들은 애매모호하고 상충되는 가용정보들을 분류, 이해, 활용하는 데 도움이 된다.

또한 심리학 연구는 이 책의 범위를 넘어서는 추가적인 통찰을 정보분석가들에게 제공한다. 문제는 분석가들이 정보를 인식하고 처리하는 과정에 국한되지 않는다. 정보분석가들은 종종 소그룹 단위로 일하며 대규모 관료조직의 틀을 벗어나지 못하는데, 문제는 세 가지 수준(개인, 소그룹, 조직)에서 일어나는 과정에 모두 내재한다. 이 책은 그중에서도 분석가 개인의 정신과정에 내재하는 문제점에 초점을 맞추는데, 그 이유는 개인의 마음속 문제가 은연중에 퍼져나가는 경향이 가장 많아서이다. 분석가들은 소그룹과 조직의 과정에서 문제점을 관찰하고 시정할 수 있지만, 자기 자신의 정신작용에 대해 스스로 깨닫기는 매우 어렵다.

●　　사람human과 정보intelligence의 합성어로, 인적 네트워크를 활용해 얻은 인적 정보를 말한다.

기록하지 않고
재구성한다

1장
지각: 우리는 왜 사물을 있는 그대로 바라보지 못할까?

지각 과정은 사람과 환경을 연결해주며, 우리 주변의 세상을 정확히 이해하는 데 필수적이다. 정확한 정보분석은 정확한 지각의 전제조건이다. 그러나 인간의 인식에 대한 연구들을 살펴보면, 지각 과정이 보이지 않는 숱한 위험에 노출돼 있음을 알 수 있다. 더욱이 정보분석가가 직면한 환경은 정확한 지각을 거부하기로 정평이 높다. 이 장에서는 인간의 지각에 대한 지식을 전반적으로 다룬 다음, 그 지식을 이용해 정보분석가들이 겪는 고충을 설명하려고 한다.[1]

사람들은 지각을 수동적 과정으로 간주하는 경향이 있다. 우리는 우리의 감각에 포착된 자극을 보고, 듣고, 냄새 맡고, 맛보고 느끼며 '만약 우리가 객관적이라면 눈앞에 있는 것을 있는 그대로 기록할 것이다'라고 생각한다. 그러나 지각이란 수동적 과정이 아니라 능동적 과정이며, 현실을 기록하는 게 아니라 구성한다. 지각은 인식뿐만 아니라 이해도 의미한다. 지각이란 오감을 통해 제공되는 정보에 기반해 현실에 대한 자신만의 버전을 구성하는 추론 과정이다.

이미 지적한 바와 같이 일반인과 분석가들이 '무엇을 얼마나

그림 1

기꺼이 지각하는지'는, 수용기관에 의해 기록된 자극은 물론 과
거의 경험, 교육, 문화적 가치관, 역할 요구에 크게 의존한다.

　많은 실험에서 관찰자가 입수하는 정보는 관찰자 자신의 가
정과 선입견에 크게 좌우되는 것으로 밝혀졌다. 예컨대 당신은
위 그림에서 무엇을 보는가? 뚫어지게 바라볼 필요는 없다. 1초
만 들여다보고 생각한 후, 각주◆를 확인하라. 그림을 제대로 지각
했는가? 만약 그렇다면, 비상한 관찰력을 가졌거나 운이 좋거나
과거에 이 그림을 봤던 경험이 있을 것이다. 이 단순한 실험은, 지
각의 가장 기본적인 원칙 중 하나가 사실임을 증명한다.

우리는 기대하는 것을 지각하는 경향이 있다.

◆　　세 구절에서 관사가 각각 두 번씩 쓰였다. 이러한 사실이 흔히 간과되는
　　것은, 우리의 지각이 '익숙한 구절이 통상적으로 작성되는 방법'에 대한
　　기대에 좌우되기 때문이다.

이 원칙의 필연적인 결과는, '기대했던 현상'보다 '기대하지 않았던 현상'을 인식할 때 확실한 정보가 더 많이 필요하다는 것이다.

'기대가 지각에 미치는 영향'을 증명한 고전적 실험 중 하나는 트럼프 카드를 이용한 것인데, 연구자들은 스페이드 중 일부를 빨갛게, 하트 중 일부를 까맣게 칠했다. 카드의 그림을 스크린에 잠깐 보여줬더니 참가자들은—두말할 것도 없이—'이상한 카드'보다 '정상적인 카드'를 더 빠르고 정확하게 식별했다. 빨간 스페이드와 까만 하트가 섞여 있다는 사실을 안 후, 참가자들이 '이상한 카드'를 식별하는 성적은 향상됐지만 '정상적인 카드'를 식별하는 속도와 정확성에 접근하지 못했다.[2]

이 실험이 보여주는 것은 "기대의 패턴이 너무 깊숙이 뿌리박혀 있으므로, 심지어 경고를 받고 나서 '선입견에 맞지 않는 데이터를 고려해야지'라고 다짐해도 여전히 지각에 어려움을 겪는다"는 것이다. 아무리 객관성을 유지하려고 노력해도 정확한 지각을 보장할 수는 없다.

트럼프 카드를 식별하는 실험 참가자의 입장은 자신의 책상을 뒤덮고 있는 서류 뭉치를 이해하려고 애쓰는 정보분석가나 정부 지도자의 입장과 비슷하다. 서류의 내용을 해석하는 것과 실제로 지각하는 것은—최소한 부분적으로—분석가의 기대 패턴에 의존한다. 분석가들은 하트와 스페이드의 색깔에 대한 기대만 갖고 있는 게 아니다. 그들은 사람들의 동기와 외국 정부의 절차에 대한 일련의 가정과 기대를 갖고 있다. 그러한 기대와 일치하는 사건들은 쉽게 지각돼 처리되는 반면, 지배적인 기대와 상충되는 사건들은 지각되는 과정에서 무시되거나 왜곡되는 경향이 있다. 물론 이런 왜곡은—우리가 그림 1의 삼각형에 들어 있는 단어를 무시하듯—잠재의식적 또는 선입견적 과정이다.

'자신이 기대한expect 것을 지각하는 경향'은 '자신이 원한want 것을 지각하는 경향'보다 더 중요하다. 사실 희망사항을 지향하는 경향은 실제로 존재하지 않을 수도 있다. '사람들은 자기가 지각하고 싶어 하는 것을 지각한다'는 주장을 뒷받침하는 증거 중에서 흔히 인용되는 것은, 기대이론으로도 잘 설명될 수 있다.[3]

기대의 원천은 다양한데, 그중에는 과거의 경험, 전문적 훈련, 문화적·조직적 규범이 포함된다. 이 모든 것들은 특정한 종류의 정보에 특별한 주의를 기울이는 성향을 갖게 하며, 그런 정보들을 특정한 방향으로 체계화하고 해석하도록 유도한다. 또한 지각이 일어나는 맥락도 지각에 영향을 미친다. 상이한 환경은 상이한 종류의 기대를 조장한다. 밤에 골목길을 걷는 사람은 대낮에 도시의 거리를 걷는 사람보다 뒤따르는 발자국에 더 귀를 기울이는 경향이 있다. 그리고 발자국에 부여되는 의미도 환경에 따라 달라진다. 군사정보 분석가들은 이와 비슷한 이유로 잠재적인 충돌의 징후에 촉각을 곤두세우는 경향이 있다.

기대의 패턴은 분석가에게 '무엇을 볼 것인가'와 '보이는 것을 어떻게 해석할 것인가'를 잠재의식적으로 알려준다. 이러한 패턴은 고정관념을 형성해 분석가의 생각을 특정한 방향으로 유도한다. 고정관념이란 우리가 세상을 바라볼 때 사용하는 렌즈나 스크린과 비슷하다.

항간에는 고정관념을 '나쁜 것', '피해야 할 것'으로 간주하는 경향이 있다. 그런 사고방식에 따르면, 우리는 열린 마음으로 선입견보다 사실에만 집중해야 한다. 그러나 그건 도달할 수 없는 이상이다. '사건의 진상'이란 존재하지 않기 때문이다. 우리가 이슈에 적합하다고 판단해 사실로 받아들이는 것은 전체적인 데이터 중에서 매우 선별적인 부분집합에 불과하다.

사실 고정관념은 좋은 것도 나쁜 것도 아니며 불가피한 것이다. '무엇을 기대할까', '무엇이 중요한가', '무엇이 적합한가'에 대한 단순화된 선입견이 없다면, 우리의 감각에 포착된 무수한 자극과 우리가 분석해야 할 복잡하고 방대한 데이터를 처리할 방법이 없다. "열린 마음은 텅 빈 마음이다"라는 격언은 치명적이며, 그 속에는 고작 한 줌의 진실이 들어 있을 뿐이다.[4] 분석가가 선입견을 피해 객관성을 얻는 것은 불가능하며, 그렇게 주장하는 것은 무지나 자기기만의 소산일 뿐이다. 객관성이란 기본적 가정을 세우고 가능한 한 명쾌하게 추론한 후 자기검증이나 타인의 이의 제기를 통해서 달성되는 것이다.

고정관념은 빠르게 형성되지만, 일단 형성되면 변화에 저항하는 경향이 있다.

아래 그림은 남성에서 여성으로 (거의 인식할 수 없을 정도로) 점차 변해가는 그림들을 통해 이 원칙을 설명한다.[5] 첫 번째 행 맨 오른쪽에 있는 그림 하나만 놓고 보면 남성과 여성 중 어느 쪽으로도 인식될 수 있다. 그러나 모든 그림을 참가자에게 하나씩 차례로 보여주면, 중간 그림들의 인식은 출발점이 어디냐에 따라 한쪽으로 치우친다. 명백한 남성에서 시작한 참가자는 고정관념에 사로잡혀, '객관적인 관찰자가 여성이라고 인식하는 그림'을 남성으로 인식한다. 그와 마찬가지로 맨 뒤에서 시작해 거슬러 올라가는 참가자도 고정관념에 사로잡혀, '객관적인 관찰자가 남성이라고 인식하는 그림'을 여성으로 인식한다.

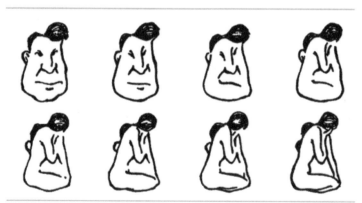

그림 2 지각은 변화에 저항한다.

새로운 정보는 기존의 이미지에 동화된다.

이 원칙은 점진적 변화가 종종 감지되지 않고 넘어가는 경향을 설명한다. 또한 어떤 주제나 국가에 관한 업무를 처음 할당받은 정보분석가가, 동일한 업무에 10년간 종사한 노련한 분석가가 간과했던 현상을 정확히 관찰하는 사례를 설명한다. 신선한 관점은 간혹 유용하며, 과거의 경험은 분석가에게 도움이 되지만 약점으로 작용할 수도 있다. 새로운 데이터가 기존의 이미지에 동화되는 경향은 정보가 애매모호할수록, 분석가가 기존 이미지의 타당성을 확신하거나 확립된 시각에 몰입할수록 더욱 강해진다.[6]

그림 3은 독자들에게 '확립된 이미지의 지속성'을 테스트할 기회를 제공한다.[7] 먼저 그림 3을 들여다보라. 할머니가 보이는가, 젊은 여성이 보이는가? 이번에는 처음 형성된 이미지를 시각적·정신적으로 재구성해 다른 이미지(즉, 처음에 할머니를 봤다면 젊은 여성, 처음에 젊은 여성을 봤다면 할머니)로 바꾸려고 시도해보라. 필요하다면 다른 이미지를 형성하는 데 필요한 단서를 제공받기 위해 각주◆를 참고하라.

◆　할머니의 코, 입, 눈은 각각 젊은 여성의 턱, 목걸이, 귀와 대응된다. 할머니와 여성의 얼굴은 모두 왼쪽에서 바라본 실루엣이지만, 젊은 여성의 얼굴은 좀 더 뒤쪽에서 바라본 것이어서 대부분의 안면 윤곽이 보이지 않는다. 젊은 여성의 눈썹, 코, 턱선은 할머니의 코 위에 있다.

그림 3은 두 번째 원칙(고정관념은 빠르게 형성되지만 일단 형성되면 변화에 저항하는 경향이 있다)도 설명해준다. 관점을 바꾸는 데 어려움을 느끼는가? 한 가지 익숙한 데이터를 얻었다면, 그것을 시각적·정신적으로 재구성해 상이한 관점에서 인식하기가 매우 어려울 것이다. 그러나 이것은 모든 정보분석가에게 지속적으로 요구되는 과제다. 국제적 상호관계를 이해하기 위해 분석가는 양국의 관점에서 상황을 이해하고, 관점을 계속 바꿔가며 진행되고

그림 3 똑같은 정보를 다른 관점에서 바라보는 것은 어렵다.

있는 상호작용을 쌍방이 각각 어떻게 해석하는지를 헤아리려 노력해야 한다. 국제적 사건에 대한 적대국의 해석과 미국의 해석을 인식하려고 노력하는 것은, 그림 3에서 할머니의 얼굴과 젊은 여성의 얼굴을 보는 것과 일맥상통한다. 사건을 한 가지 관점에서 인식하고 나면 자연스레 다른 관점에 대한 저항성이 생긴다.

일단 흐릿하거나 애매모호한 자극에 노출되면, 더 많은 고품질 정보를 입수한 후에도 정확한 인식에 방해를 받는다.

이 효과는 흔하고 일상적인 사물(풀밭 위의 반려견, 소화전, 고속도로의 클로버형 인터체인지)의 사진을 스크린에 영사한 실험을 통해 증명됐다.[8] 연구진은 참가자에게 다양한 정도로 흐릿한 영상을 보여준 다음 참가자가 정확히 알아볼 수 있을 때까지 점차 선명도를 높여갔다.

연구자들은 두 가지 사실을 발견했다. 첫째, 초점이 거의 맞지 않는 영상에서 시작한 참가자들은 덜 흐릿한 영상에서 시작한 참가자보다 영상 속의 물체를 식별하는 데 더 큰 어려움을 느꼈다. 즉, 최초의 영상이 흐리면 흐릴수록 영상을 명확히 인식하는 데 필요한 영상은 더욱 선명해야 했다. 둘째, 흐릿한 영상에 오랫동안 노출될수록 영상을 정확히 인식하는 데 필요한 영상은 더욱 선명해야 했다.

이 실험에서 일어난 일은 실생활에서도 일어나는 것 같다. 애매모호한 자극에도 불구하고 사람들은 자신이 본 것에 대해 일종의 잠정적 가설을 형성한다. 그리고 흐릿한 이미지에 오랫동안 노출될수록 최초에 형성된 (아마도 잘못된) 인상에 대한 확신감이 깊어져, 최초의 인상이 뒤이은 지각에 미치는 영향력은 더욱 커진다. 영상이 점차 선명해지는 동안 모순은 당분간 명확히 감지되지 않는다. 너무나 뚜렷한 모순이 의식에 압력을 가할 때까지 새로운 데이터가 기존의 이미지에 동화돼 최초의 해석을 그대로 유지한다.

초기의 부정확한 인상이 지속되는 경향을 보이는 이유는, 가설을 무효화하는 데 필요한 정보의 양이 초기 해석을 만드는 데 필요한 정보의 양보다 훨씬 더 많아서이다. 문제의 핵심은 새로운 지각이나 아이디어를 형성하는 게 본질적으로 어렵다는 게 아니라, '확립된 지각을 바꾸기가 어렵다'는 것이다. 다시 말해서 사람들은 매우 적은 정보를 이용해 인상을 형성하지만, 훨씬 더 확고한 증거를 입수하기 전에는 일단 형성된 인상을 기각하거나 변경하지 않는다. 분석가들은 새로운 정보가 입수되는 동안 가능한 한 판단을 유보함으로써 이러한 경향의 악영향을 제한하도록 노력해야 한다.

정보분석에 대한 시사점

지각의 속성을 이해하면 정보분석의 속성과 한계를 이해하는 데 중요한 시사점을 얻을 수 있다. 정보분석이 수행되는 환경은 정확한 지각이 가장 어려운 환경으로 정평이 높다. 그도 그럴 것이 신속한 초기 판단이 요구되는 상태에서 점증적으로 처리되는 정보에 기반해 매우 애매모호한 환경을 다뤄야 하기 때문이다. 이것은 부정확한 지각에 안성맞춤인 상황이다.

'미지의 것'을 설명하려고 노력하는 정보분석가가 분석 과정에서 극도로 애매모호한 상황을 다루는 건 당연하다. 앞에서 언급한 바와 같이 자극의 모호성이 증가할수록 '(자극에 대한) 기대'와 '기존의 이미지'가 지각에 미치는 영향은 증가한다. 따라서 최대한의 객관성을 추구함에도 불구하고, 정보분석가의 선입견은 (모호성과 불일치성이 낮은 정보를 취급하는) 다른 분야의 분석가와 달리 분석 결과에 큰 영향력을 행사한다.

더욱이 정보분석가는 증거가 매우 빈약한 초기단계에 새로운 문제를 가장 먼저 바라보는 사람이다. 추가적인 증거를 점차 입수해 상황이 점점 더 명확해짐에 따라 분석가는 문제를 계속 추적한다. 이때 "다량의 고품질 정보를 입수한 후에도 초기에 노출된 흐릿한 자극이 정확한 지각을 방해한다"는 네 번째 원칙과 동일한 상황이 벌어진다. 네 번째 원칙에서 소개된 실험의 결과가 정보분석가들에게 일반적으로 적용된다면, 초기의 불투명한 단계에서 잠재적인 문제 상황을 관찰하기 시작하는 분석가는 다른 분석가(예: 정책입안자)에 비해 불리하다. 정책입안자는 다량의 고품질 정보가 입수된 후에 처음으로 자극에 노출되기 때문이다.

또한 시간이 지남에 따라 정보가 조금씩 입수된다는 것은 그런 정보가 분석가의 기존 관점에 동화되는 것을 촉진한다. 정보분석가가 기존의 관점을 바꾸도록 유도할 수 있는 정보는 불충분하기 짝이 없다. 많은 정보에 내재한 누적적 메시지는 유의미하지만, 모든 정보를 총체적으로 분석하지 않는 한 그 의미는 축소되기 마련이다. 1973년 제4차 아랍-이스라엘 전쟁(10월 전쟁)이 일어나기 전, 정보공동체는 정보분석의 성과를 다음과 같이 평가했다.

현행 정보분석 절차에 적용되는 증분분석incremental analysis의 문제는 제1~3차 아랍-이스라엘 전쟁 기간에 끊임없이 제기된 고질적 문제였다. 정보분석가들 자신의 설명에 따르면, 그들은 전날의 해석을 토대로 당일 입수한 정보를 부리나케 참고해 분석을 행했다. 그런 다음 그들은 지각된 직관을 반영해 마치 조립라인에서 제품을 조립하는 방식으로 보고서를 작성했다. 사정이 이렇다 보니 그들의 보고서에는 축적된 통합적 증거가 체계적으로 반영될 리 만무했다.[9]

마지막으로, 정보분석 환경은 정보분석가에게 심리학자들이 '성장판 조기 폐쇄'라고 부르는 강력한 압력을 행사한다. 해석적 분석에 대한 고객의 수요는 하나의 사건이 일어난 후 2~3일 내에 폭증하는 게 상례다. 이런 시스템은 정보분석가에게 거의 즉각적인 진단을 요구하므로, 정보분석가는 확고한 정보와 (관점을 형성하는 데 필요한) 광범위한 배경지식을 충분히 축적하기도 전에 설익은 결과물을 내놓아야 한다. 이런 진단은 고작해야 (주어진 사회에서 사건이 일어나는 이유와 과정에 대한) 분석가의 선입견에 기반할 수밖에 없다.

시간이 경과해 더 많은 정보가 입수되면 증거를 새로운 관점에서 바라보게 돼 상이한 설명이 나올 수 있다. 그러나 지각실험에 따르면 초기의 판단이 미래의 지각을 위해 제공된 정보에 악영향을 미친다. 관찰자가 '나는 사건의 내용을 잘 안다'고 생각하면, 그 지각은 변화에 저항하는 경향이 있다. 점진적으로 입수된 새로운 데이터는 분석가의 기존 이미지에 쉽게 동화될 수 있다. 이러한 지각편향은 (일관된 해석을 선호하는) 조직의 압력에 의해 강화된다. 일단 분석가가 보고서를 쓰는 데 몰두하면, 분석가와 조직이 공히 본래의 평가를 유지하는 데 기득권을 갖게 된다.

정보분석가의 평상시 행동과 임무 수행은 그들이 일반적으로 행하는 건전한 판단, 훈련, 고난도 과제 수행의 증거자료가 된다.

지금까지 간략히 언급한 것은 분석의 수행과 관리에 많은 시사점을 던진다. 복잡한 정보를 처리하는 인간에게 내재하는 어려움을 감안할 때, 신중한 관리 시스템은 다음과 같이 대처해야 한다.

- 정보분석가들의 가정과 '추론 사슬'을 명확하고 상세하게 기술하고, 결론에 관련된 불확실성의 정도와 원천을 명시한 결과물을 제출하라고 독려하라.
- 증분분석의 위험을 회피하기 위해 핵심 문제를 주기적으로 처음부터 재검토하는 분석을 지원하라.
- 대안적 관점을 노출하고 정교화하는 절차를 강조하라.
- 정보소비자들을 상대로 정보분석의 능력과 한계에 대한 교육을 행하고, 분석 성과를 판단하는 기준으로서 현실적인 기대 수준을 제시하라.

2장
기억: 우리는 아는 것을 어떻게 기억할까?

　　강력한 분석 성과와 빈약한 분석 성과의 차이는 상당 부분
이 분석가의 장기기억에 들어 있는 데이터와 경험의 체계화
차이에서 기인한다. 기억의 내용은 분석 과정에 사용될 입력
을 지속적으로 형성하며, 정보가 기억에 입출력되는 데 영향
을 미치는 요인은 분석의 결과에도 영향을 미친다.
　　이 장에서는 기억 시스템을 구성하는 여러 요소의 능력과
한계를 논한다. 감각기억과 단기기억은 심각한 용량 제한에
시달리는 반면, 장기기억은 많은 실용적 목적 때문에 사실상
무제한적 용량을 보유하고 있다. 장기기억의 문제는 정보의
입력 및 인출과 관련돼 있으며, 저장된 정보량의 물리적 제한
과는 무관하다. 기억의 작동 방식을 이해하면, 분석의 강점과
약점 중 상당 부분에 대한 통찰을 얻을 수 있다.

기억 시스템의 구성요소

　　흔히 기억이라고 불리는 것은 단일하고 단순한 기능이 아니
다. 다양한 요소와 과정으로 구성된 고도의 복잡한 시스템이다.
그곳에는 최소한 세 가지(어쩌면 그 이상)의 독특한 '기억 과정'이
존재한다. 이 장의 관점에서 가장 중요하고 과학연구에서 가장
많이 언급되는 것은 감각기억, 단기기억, 장기기억이다.[1] 이 세 가

지는 기능, 정보가 보관되는 형태, 정보가 유지되는 시간, 처리되는 정보의 용량이 각각 다르다. 또한 기억 연구자들은 해석 메커니즘과 (기억 시스템을 구성하는 다양한 요소들 간의 상호작용을 지휘하는) 전반적인 기억 모니터링(또는 통제) 메커니즘의 존재를 상정하고 있다.

감각기억

감각정보저장소SIS, sensory information storage는 감각기관에서 접수한 감각 이미지를 수십 분의 일 초 동안 보관한다. 감았던 눈을 떴다가 가능한 한 재빨리 감으면 감각기억을 관찰할 수 있다. 눈을 감을 때, 시각 이미지가 몇 분의 1초 동안 유지되다가 사라지는 것을 인지할 수 있을 것이다. 감각기억은 초당 16번씩 촬영된 영화 필름이 일련의 스틸 사진이 아니라 연속된 운동으로 보이는 이유를 설명해준다. 시각흔적은 일반적으로 약 4분의 1초 동안 유지된다. 감각기억이 유지되는 시간을 의식적으로 연장하는 것은 불가능하다. 감각기억의 기능은 뇌가 감각사건을 사건 자체의 지속 기간보다 오랫동안 처리하는 작업을 가능케 하는 것이다.

단기기억

정보는 감각기억에서 단기기억STM, short-term memory으로 이동해 다시 한번 단시간(몇 초~몇 분) 동안 보관된다. 감각기억이 완벽한 이미지를 보관하는 데 반해, 단기기억은 이미지의 해석만을 저장한다. 누군가가 문장 하나를 말하면, 감각기억은 소리를 보관하지만 단기기억은 소리가 형성한 단어를 보관한다.

감각기억과 마찬가지로, 단기기억은 정보를 일시적으로 보관하며 더 이상의 처리를 유예한다. 이러한 처리에는 의미, 적합성, 중요성에 관한 판단은 물론 (정보 중에 선택된 부분을 장기기억에 통합하는 데 필요한) 정신작용이 포함된다. 방금 소개받은 어떤 사람의 이름을 까먹는다면 그것은 그 이름이 단기기억에서 장기기억으로 전환되지 않았기 때문이다.

단기기억의 핵심적인 특징은 용량이 매우 제한돼 있다는 것이다. 10~20명의 이름이나 숫자를 들은 다음 외워보라는 지시를 받으면, 보통 사람들은 (앞부분의 네다섯 개를 까먹고) 대여섯 개의 항목만을 생각해낼 수 있다. 앞부분에 집중한다면 단기기억의 용량은 그 노력 때문에 포화되므로 뒷부분에 집중할 수 없다. 따라서 뒷부분의 네다섯 개를 기억할 수 없게 된다. 사람들은 주의를 어느 부분에 집중할 것인지 선택한다. 그들은 몇 달 전에 입수한 정보를 기억, 해석, 기록하는 데 집중하거나 현재 입수하고 있는 정보에 주의를 기울일 수 있다. 단기기억 용량의 제한은 종종 멀티태스킹을 불가능하게 한다.

단기기억에서 정보를 인출하는 일은 직접적이고 즉각적인데, 이것은 정보가 의식적 마음conscious mind을 떠나지 않은 상태이기 때문이다. 정보는 시연(계속 반복하기) 과정을 통해 단기기억에 무한히 유지될 수 있다. 그러나 어떤 항목을 시연해 단기기억에 보관하는 동안 새로운 항목을 추가하는 것은 불가능하다. 단기기억에 보관되는 정보의 양이 언제나 극히 제한적이라는 것은 생리학적인 문제이므로 극복할 수가 없다. 이것은 앞으로 작업기억 working memory과 외부보조기억에 관한 이야기를 할 때 중요한 사항이다(54쪽 참조).

장기기억

단기기억에 보관된 정보 중 일부는 처리돼 장기기억LTM, long-term memory으로 넘어간다. 이 정보는 과거의 경험에 관한 것으로, 편철돼 마음의 한구석에 보관되므로 사용하려면 인출을 거쳐야 한다. 단기기억에서 즉각적으로 호출된 현재의 경험과 달리, 장기기억에서의 기억 인출은 간접적이며 간혹 노력이 많이 든다.

감각자극이 감각기억에서 단기기억으로 이동해 해석된 후 장기기억으로 넘어가는 과정에서 상실된 디테일은 앞 장에서 언급한 선택적 지각 현상의 기초가 된다. 상실된 데이터는 복구될 수 없으므로, 뒤이은 분석 단계에 제한을 가한다. 사람들은 감각기억이나 단기기억에 실제로 존재했던 데이터를 기억할 수 없다. 그들은 단지 '장기기억에 저장된 해석'을 인출할 수 있을 뿐이다.

장기기억에 저장되는 정보의 양에는 사실상 제한이 없다. 장기기억의 한계는 정보의 처리, 보관 및 인출 작업의 어려움인데, 이 점에 대해서는 나중에 설명하기로 한다.

지금까지 언급한 세 가지 기억 과정은 정보나 데이터베이스의 저장소를 구성하지만, 기억 시스템 전체에는 다른 기억 과정들도 존재한다. 어떤 기억 과정들은 다음과 같은 임무를 수행한다. 첫째, 어떤 정보를 감각기억에서 단기기억으로, 단기기억에서 장기기억으로 넘길 것인가? 둘째, 장기기억 데이터베이스를 어떻게 검색할 것인가? 추가적인 기억 검색이 생산적인가? 셋째, 인출된 정보가 적합한가? 넷째, 잠재적으로 상반되는 데이터는 없는가?

앞에서 언급한 바와 같이, 심리학자들은 기억 시스템 전체를 설명하기 위해 해석 메커니즘과 모니터링(또는 중앙통제) 메커니즘의 존재를 상정한다. 해석 메커니즘은 데이터베이스에 작용하며, 모니터링 메커니즘은 전체 시스템의 작동을 안내하고 감독한다. 이 두 가지 메커니즘의 내용과 다른 정신과정과의 관련성은 거의 알려지지 않았다.

기억에 대해 많은 연구가 수행됐음에도 불구하고 여러 핵심 내용에 대해 일치된 견해는 거의 없다. 다음에 제시하는 사항들은 대부분의 연구자들이 동의하는 최소한의 공통분모라고 생각하면 된다.

장기기억 정보의 체계화. 물리적으로 볼 때 뇌는 약 100억 개의 뉴런으로 구성돼 있는데, 각각의 뉴런은 정보를 저장할 수 있는 컴퓨터 칩에 비유할 수 있다. 각각의 뉴런은 축삭과 수상돌기라고 불리는 문어 다리 비슷한 것을 갖고 있다. 전기자극은 이 다리들을 통해 흘러, 신경전달물질에 의해 뉴런 간의 시냅스를 건너 운반된다. 기억은 뉴런 간의 연결 패턴으로 저장된다. 두 개의 뉴런이 활성화되면 둘 사이의 연결성(시냅스)이 강화된다.

이 장에서 언급하는 바와 같이 경험은 뇌 속에서 실제로 물리적 변화를 초래한다. 즉, 몇 초 만에 새로운 회로가 형성돼 세상에 대해 생각하는 것을 영구적으로 변화시킬 수도 있다.[2]

기억은 평생의 경험과 생각을 기록한다. 그런 방대한 데이터 인출 메커니즘은—도서관이나 컴퓨터 시스템과 마찬가지로—체계적인 구조를 갖고 있어야 한다. 그러지 않으면 시스템에 들어온 정보가 인출될 수 없기 때문이다. 색인 체계가 없는 국회도서관을 상상해보라.

기억에서 정보가 체계화돼 제시되는 과정에 대해서는 지금껏 많은 연구가 수행됐지만, 그 결과는 사변적인 것으로 남아 있다. 최근의 연구들은 뇌의 어느 영역들이 어떤 유형의 정보를 처리하는지에 초점을 맞추고 있다. 연구자들은 뇌졸중이나 외상으로 뇌가 손상된 사람들을 대상으로 테스트를 하거나, 기능적 자기공명영상fMRI, functional magnetic resonance imaging을 이용해 (말하고 읽고 쓰고 듣는) 사람의 활성화된 뇌 영역을 분석한다.

기억의 복잡한 전 과정은 시각과 청각, 감정, 신념 체계(수많은 개념에 대한 정보를 통합함)에 관한 기억을 포함하지만, 현행 이론 중에서 모든 범위를 포괄하는 것은 없다. 다른 목적으로 수행된 연구들이 아무리 유용하다고 해도, 분석가들의 수요를 충족하려면 기억의 구조에 대한 매우 단순한 이미지가 요망된다.

기억을 넓고 다차원적인 거미줄로 상상해보라. 이러한 이미지는—이 책의 목적에 부합하는, 기억에 저장된 정보의 가장 중요한 속성—상호연결성을 포착한다. 하나의 생각은 다른 생각과 연결된다. 기억의 어떤 지점에서 시작해도 미로와 같은 경로를 따라가면 다른 어느 지점에든 도달하게 된다. 마찬가지로 어떤 정보를 인출할 때, 상호연결성의 네트워크를 따라가다 보면 그 정보가 저장된 곳에 도달할 수 있다.

인출 가능성retrievability은 (정보가 저장된) 위치의 개수, (입수된 정보에 의해 활성화될 수 있는) 다른 개념으로 가는 경로의 개수와 강도에 달려 있다. 하나의 경로를 빈번히 따를수록 그 경로의 강도는 강해지며, 경로에 위치한 정보에 더 쉽게 접근할 수 있다. 만약 하나의 주제를 한동안 생각하지 않았다면 그 디테일을 호출하기가 어려울 것이다. 적절한 맥락을 더듬어 기억 속의 일반적인 위치를 발견하면, 상호연결성은 더욱 높아진다. 우리는 잊었다고 생각했던 이름, 장소, 사건들을 기억하기 시작한다.

하나의 문제를 한 가지 방법으로 생각하기 시작하면, 매번 생각할 때마다 동일한 정신회로나 경로가 활성화돼 강화된다. 이는 기억의 인출을 촉진한다. 그러나 이 동일한 경로가 고정관념이 돼, (다른 관점에서 바라보기 위해) 정보를 정신적으로 재조직하는 것을 어렵게 한다. 앞 장에서 '할머니의 모습을 보고 나면, 젊은 여성을 보기가 어렵다(그 역도 성립한다)'고 한 것은 바로 이 때문이다. 다음 장에서는 이 같은 고정관념에서 벗어나는 방법을 생각해볼 것이다.

기억의 체계화에 관한 유용한 개념을 하나 든다면, 일부 인지심리학자들이 스키마schema*라고 부르는 것이 있다. 스키마란 기억에 저장되는 데이터 간의 관계 패턴을 말한다. 그것은 기억의 거미줄에 존재하는 데이터 간의 매듭node과 고리link로 구성돼 있으며, 서로 매우 강력하게 연결돼 있으므로 하나의 단위로 인출돼 사용될 수 있다.

가령 사람들이 어떤 술집에 대한 스키마를 보유하고 있다면, 이것이 활성화돼 술집의 속성에 대한 기억(지식)을 즉시 사용할 수 있으므로, 예컨대 술집과 여관을 구별할 수 있다. 그것은 특정

---

* 　사람은 보통 자기가 느끼고 경험해온 대로, 즉 자기만의 관점으로 세상을 바라본다. 인지심리학에서는 이런 현상을 스키마라는 용어를 통해 설명하는데, 스키마란 사람이 자신이 받아들이는 정보를 각자의 지식, 경험 등에 따라 선택적으로 수용하게 되는 메커니즘이다. 우리 모두는 살면서 모두 다른 경험을 하기 때문에 같은 현상을 봐도 모두 제각각 받아들인다.

한 술집에 대한 기억을 더듬어 갈증, 죄책감, 그 밖의 느낌, 상황에 대한 기억을 자극한다. 또한 사람들은 추상적 개념(예: 사회주의 경제 시스템)에 대한 스키마를 보유하고 있어, 자본주의와 공산주의 시스템을 구별할 수 있다. 어떤 현상(예: 정확한 정보평가를 내리는 데 있어서 성공 또는 실패)에 대한 스키마는 '전형적인 원인'과 '성공 또는 실패의 의미'를 설명하는 기억 요소와의 관련성이 포함된다. 긴 나눗셈, 회귀분석, 증거로부터의 추론, 정보보고서 집필에 관련된 다양한 단계에 대한 기억들을 연결하는 과정에 대한 스키마도 있다. 기억의 모든 지점은 상이하고 중첩되는 수많은 스키마들과 연결될 수 있다.

스키마에 대한 이 같은 개념은 매우 일반적이므로, 기억 연구자들에게 중요하고 흥미로운 의문을 많이 제기한다. 그러나 현재의 지식 상태를 감안할 때, 이 정도면 족하다. 이쯤 됐으면 기억이 구조를 갖고 있음을 강조하는 목적을 달성했다고 본다. 또한 어떤 자극에 반응해 어떤 정보가 인출되고, 그 정보가 추론에 어떻게 사용될지를 결정할 때, 지식이 기억 속에서 연결돼 있는 방법이 얼마나 중요한지를 보여준다.

기억에 저장돼 있는 개념과 스키마는 감각정보로부터 지각이 형성되는 데 엄청난 영향을 미친다. 앞 장에서 언급한 실험을 상기해보라. 참가자들이 짧은 순간 트럼프 카드(까만 하트와 빨간 스페이드가 섞여 있는 카드)에 노출되면, 몇 분의 1초 동안 감각기억에 보관된 정보에서 스페이드는 실제로 빨간색으로 돼 있다. 그러나 감각정보를 해석해 단기기억으로 넘기는 과정에서 스페이드는 까만색으로 바뀐다. 기억 시스템에는 빨간 스페이드를 감각 이미지와 대비할 수 있는 스키마가 존재하지 않기 때문이다. 만약 정보와 '알고 있는 것'이 불일치하면(또는 그렇다고 생각되면), 정보를 처리하는 데 큰 어려움을 겪는다.

기억에 존재하는 스키마의 내용은 분석 능력의 우열을 판가름하는 주요 요인이다. 이것은 체스꾼들이 참가한 실험에서 간단히 설명된다. 체스의 그랜드 마스터, 마스터 그리고 평범한 체스꾼들에게 5~10초 동안 체스판 위에 무작위로 놓인 20~25개 말의 위치를 주시하게 하면, 마스터와 평범한 체스꾼들은 겨우 6개 말의 위치를 기억할 수 있을 뿐이다. 그러나 (피험자들에게 알리지 않고) 실전 경험에서 말의 위치를 가져오면, 그랜드 마스터와 마스터는 놀랍게도 거의 모든 위치를 착오 없이 기억할 수 있다.[3]

마스터의 복기 능력이 기억의 순수한 특징에서 기인하지 않는다는 것은, 마스터가 무작위로 놓인 판세를 평범한 체스꾼보다 잘 기억하지 못한다는 사실에서 잘 알 수 있다. 실전에서 나온 판세를 기억하는 데서 발휘된 그들의 예외적인 성과는, 많은 정보를 하나의 덩어리(스키마)로 처리할 수 있는 즉각적인 패턴 지각 능력에서 유래한다. 마스터는 장기기억 속에 많은 스키마를 보유하고 있어서, 개별적인 위치들을 엮어 일관된 패턴으로 인식할 수 있다. 체스판 위의 말의 위치가 인지된 스키마와 일치한다면, 마스터가 말의 위치뿐만 아니라 (그 말이 놓여 있었던) 기보의 결과까지도 쉽게 기억해낼 수 있다. 이와 마찬가지로 마스터 분석가의 독특한 능력은 장기기억에 저장된 스키마에서 비롯된다. 그 스키마는 분석가가 (평균적인 관찰자가 간과하는) 데이터의 패턴을 지각할 수 있게 해준다.

장기기억의 정보 입출. 우리가 뭔가를 잘 학습하는 능력은 '정보가 단기기억에 보존되는 기간' 또는 '스스로 정보를 되풀이하는 횟수'에 의존한다는 것이 통념이었다. 이제 연구자들은 두 가지 요인이 모두 결정적 역할을 수행하지 않는다는 증거를 제시하고 있다. 지속적으로 반복한다고 해서 뭔가가 기억될 거라고 반드시 보장할 수는 없다. 정보가 단기기억에서 장기기억으로 넘어가는 데 있어서 핵심 요인은 '새로운 정보와 기억에 이미 저장된 스키마 간의 관계'의 발달이다. 그리고 이 관계는 두 가지 변수에 의존한다. 하나는 '학습된 정보가 기존의 스키마와 관련되는 정도'이고, 다른 하나는 '새로운 정보가 처리된 정도'다.

다음과 같은 쇼핑목록에 있는 항목들을 1분 동안 기억하려고 노력해보라. 빵, 달걀, 버터, 살라미 소시지, 옥수수, 상추, 비누, 젤리, 치킨, 커피. 십중팔구 항목들을 반복해 중얼거리며 외우려 할 것이다. 그런 반복(또는 유지형 시연maintenance rehearsal*)은 단기기억에 정보를 유지하는 데 효과적이지만, 정보를 장기기억으로 보내는 데는 종종 효과적이지 않다. 이 목록을 암기하기 어려운 이유는 기억에 이미 존재하는 어떤 스키마와도 일치하지 않아서이다.

쇼핑목록의 단어들은 익숙하지만, 당신은 이 특별한 그룹의 단어를 서로 연결시키는 스키마를 갖고 있지 않다. 목록을 주스, 시리얼, 우유, 설탕, 베이컨, 달걀, 토스트, 버터, 젤리, 커피로 교체한다면 외우기가 훨씬 더 쉬워질 것이다. 그 데이터는 기존의 스키마(아침에 흔히 먹는 음식)와 일치하기 때문이다. 그런 목록은 별로 힘들지 않게 기존의 지식 창고에 동화될 수 있다. 마치 체스 마스터가 많은 말들의 위치를 신속히 복기하는(동화시키는) 것처럼 말이다.

정보가 얼마나 잘 유지되는지를 결정하는 두 번째 중요한 변수는 처리 심도depth다. 처리 심도란 '정보를 처리하는 데 할애되는 노력 및 인지 능력의 양'과 그럼으로써 '학습된 데이터와 기억에 이미 존재하는 지식 사이에 구축되는 연상의 강도'를 말한다. 사람들이 목록의 단어들을 얼마나 잘 기억하는지를 테스트하는 실험에서 참가자들은 심도가 각기 다른 상이한 과제를 수행하도록 지시받았다.

실험은 처리 심도가 높은 순서대로, 각 단어를 구성하는 문자가 몇 개인지 말하기, 단어들의 운율을 이용해 단어 만들기, 각 단

●   단기기억의 정보를 유지하기 위해 정보를 기계적으로 반복하는 일.

어에 대한 심상 형성하기, 단어들을 통합하는 이야기 만들기와 같았다. 실험 결과, 처리 심도가 높을수록 목록의 단어를 회상하는 능력이 증가하는 것으로 나타났다. 이 결과는 참가자들이 '실험의 목적은 기억력을 테스트하기 위한 것'이라는 의도를 사전에 알고 있었는지 여부와 무관했다. 참가자들에게 테스트를 대비하라고 조언한 것은 성과에 거의 영향을 미치지 않았는데, 그 이유는 아마도 단기기억 속의 정보를 단순히 시연하는 것이 다른 형태의 처리를 행하는 것에 비해 덜 효과적이라는 것을 시사한다.

정보를 학습하거나 기억에 오래 남기는 방법에는 기계적 암기rote, 동화assimilation, 연상장치 사용using a mnemonic device의 세 가지가 있다. 각 절차에 대해 자세히 살펴보자.[4]

기계적 암기. 학습할 자료를 충분한 빈도로 되뇌고 나중에 다른 보조 수단의 도움 없이 기억에서 인출해 암송하는 방법이다. 기계적으로 암기된 정보는 기존에 보유하고 있었던 지식과 밀접하게 연결되지 않은 별도의 스키마를 형성한다. 즉, 공들인 정신적 처리가 새로운 정보에 덧붙이는 것이 거의 없으며, 새로운 정보가 기존 스키마의 정교화에 별로 보탬이 되지 않는다. 이 방법을 통한 학습은 우격다짐 기법이다.

동화. 정보의 구조나 요지가 학습자가 이미 보유한 기억 속의 스키마와 일부 일치할 때, 정보는 동화를 통해 학습된다. 새로운 정보는 기존의 스키마와 동화되거나 연결되므로, 기존의 스키마에 접근해 인출한 다음 새로운 정보를 재구축한다. 동화는 이해에 의한 학습을 수반하므로 바람직한 방법이지만, 기존의 경험과 어떻게든 관련된 정보를 학습하는 데만 사용된다.

연상장치 사용. 기억을 쉽게 하기 위한 목적으로 정보를 체계화하거나 부호화하는 모든 방법을 말한다. 예를 들어 지리학 시험 준비에 바쁜 미국 고등학생들은 홈즈HOMES라는 두문자어acronym를 이용하는데, 이것은 오대호(휴런Huron호, 온타리오Ontario호, 미시간Michigan호, 이리Erie호, 슈페리어Superior호)의 첫 글자를 따서 기억하기 쉽게 만든 장치이다.

서로 관계없는 단어들로 이뤄진 식료품 목록을 암기하기 위해, 단어들을 서로(또는 장기기억에 이미 들어 있는 정보들과) 연결해 약간의 구조를 만들 수 있다. 물건들을 쇼핑하거나 부엌에 보관해 놓았다고 상상한 후, 상점이나 부엌의 선반에 놓여 있는 물건들의 모습을 머릿속에 그릴 수 있다. 또는 모든 식료품이 포함된 식사에 관한 스토리를 구상할 수도 있다. 어떤 형태가 됐든, 이런 식의 정보처리는 기계적 암기보다 기억에 보탬이 되는 효과적인 방법이다. 다양한 기억 전문가들이 이름이나 단어의 목록을 신속하게 암기하는 더욱 효과적인 시스템을 고안해냈지만, 그런 시스템을 사용하려면 약간의 연구와 실습이 필요하다.

연상장치는 기억에 이미 존재하는 적절한 개념적 구조(또는 스키마)에 적합하지 않은 정보를 기억하는 데 유용하다. 그것은 학습될 정보를 연결하는 단순한 인위적 구조를 부여함으로써 작동한다. 연상장치는 정보의 인출성을 강화하는 정신적인 파일 범주를 제공한다. 정보를 기억하려면, 먼저 연상장치를 떠올린 다음 원하는 정보에 접근하면 된다.

기억과 정보분석

분석가의 기억은 분석 과정에 지속적인 입력을 제공한다. 이 입력에는 두 가지 종류가 있는데, 하나는 (역사적 배경과 맥락에 관한) 추가적 사실정보이고, 다른 하나는 (분석가가 새로 입수한 정보의 의미를 결정하는 데 사용하는) 스키마이다. 기억에서 나온 정보는 의식적인 노력 없이 분석가의 인식에 전달될 수도 있지만, 정보를 호출하는 데 상당한 시간과 긴장이 필요할 수도 있다. 어떤 경우든, '어떤 정보가 기억되거나 기억에서 인출되는지'는 정보분석에도 영향을 미친다.

판단은 가용정보와 '분석가의 정보분석'의 합작품이다. 체스마스터와 평범한 체스꾼의 차이를 분석한 실험은 일찍부터 주목을 받았다. 질병을 진단하는 의사들을 대상으로 한 비슷한 연구에서, 우수한 성과와 빈약한 성과의 차이는 장기기억에 들어 있는 정보와 경험의 체계화에서 비롯되는 것으로 밝혀졌다.[5] 이러한 결론은 정보분석가에게도 그대로 적용되는 것으로 보인다. 실무지식과 분석경험이 기억의 저장과 (분석가가 가설을 수립하고 평가하기 위해 의지하는) 스키마를 결정한다. 판단의 열쇠는 사실을 기억해내는 단순한 능력이 아니라, (사실들을 서로 또는 광범위한 개념과 연관시키는) 패턴을 기억해내고 이러한 과정을 촉진하는 절차를 이용하는 능력이다.

작업기억의 한계 확장하기

작업기억이란 분석가가 정신 활동의 최전방에 보관하고 있는 정보 집합체를 말하는데, 작업기억에 사용될 수 있는 정보는 제한돼 있다. 작업기억의 일반적인 개념은 개인적 자기성찰을 해보면 명확해진다. 나는 이 장을 집필하기 위해 관련된 정보를 체계화하고 내 생각을 표현하는 단어를 찾느라 다양한 방법을 모색하는 과정에서, 마음속에 많은 정보를 보관하는 능력의 한계를 절감했다. 나는 작업기억의 한계를 만회하기 위해 아이디어와 '반쯤 쓴 구절들'이 적힌 메모를 상당량 축적했다. 나는 그러한 외부 보조기억만을 이용해, 내가 사용하고 싶어 하는 정보의 양과 복잡성에 대처할 수 있었다.

40여 년 전 발표된 "매직넘버 7±2Magic Number Seven—Plus or Minus Two"라는 유명한 논문에서, 조지 밀러George A. Miller는 "사람들이 한 번에 머릿속에 집어넣을 수 있는 항목은 7±2개"라고 주장했다.[6] 이러한 작업기억의 한계는 많은 문제의 원천이다. 사람들은 한 문제의 복잡한 측면을 모두 파악하는 데 어려움을 느낀다. 우리가 간혹 결정을 내리지 못하고 쩔쩔매는 것은 바로 이 때문이다. 예컨대 우리는 어떤 문제를 생각할 때 먼저 찬성론을 생각하고 뒤이어 반대론을 생각한다. 장점과 단점을 균형적으로 조망하기 위해 둘을 동시에 생각하는 것은 불가능하다.

　이러한 작업기억의 한계에 대처하는 기법으로 추천되는 것이 문제의 외재화다. 문제의 외재화란 문제를 머리에서 꺼내어 종이 위에 단순한 형태(문제를 구성하는 주요 요소와 그것들 간의 관련성)로 적는 것이다. 외재화의 방법에 대해서는 6장에서 자세히 다룰 것이다. 여러 가지 방법이 있지만, 모든 방법의 공통점은 하나의 문제를 여러 개의 구성요소로 분해해 단순한 모형을 만드는 것이다. 그 모형은 구성요소들이 전체와 어떻게 관련돼 있는지를 보여주므로, 문제의 작은 부분들을 다루면서도 전체적인 시각을 놓치지 않도록 도와준다.

　분석문제의 단순한 모형은 새로운 정보가 장기기억에 동화되도록 촉진하며, 많은 정보들이 서로 연관되는 구조를 제공한다. 그 모형은 정보를 기억에 파일로 보관하고 필요할 때 수시로 인출할 수 있도록 범주를 규정한다. 다시 말해서 그것은 일종의 연상장치로 작용해 (필요할 때 찾을 수 있도록) 정보를 매달아 놓는 고리를 제공한다.

분석모형은 처음에는 앞에서 말한 두문자(HOMES)와 같은 인공적인 구성체다. 그러나 반복적으로 사용하면 신속히 개념적 구조(정보처리에 사용되는 스키마 세트)의 필수불가결한 부분이 된다. 이쯤 되면 새로운 정보의 기억은 연상장치가 아니라 동화를 통해 이뤄지게 된다. 모형은 정보호출 및 추론 능력을 향상시키는데, 모형을 이용할 경우 더욱 방대한 정보에서 (다른 방법으로는 불가능할 만큼) 다양한 방법으로 추론할 수 있다.

범주의 경화硬化. 기억 과정은 일반화된 범주를 이용해 작동하는 경향이 있다. 정보에 대한 적절한 범주가 없다면 사람들은 정보를 지각할 수도, 기억에 저장할 수도, 나중에 인출할 수도 없게 된다. 범주가 잘못 설정된다면 사람들은 정보를 정확하게 지각하거나 기억할 수 없다. 중요도가 상이한 현상들에 대한 정보가 단일한 개념 아래 저장된다면 분석의 오류가 발생할 수 있다. 예컨대 국제문제의 관측통들은 '공산주의는 단일한 움직임이고, 어딜 가나 똑같으며, 모스크바의 통제를 받는다'는 인상을 갖고 있었다. 모든 공산주의 국가들은 국제공산주의나 공산권이라는 하나의 범주로 분류됐다. 이러한 인상은 1948년에 많은 미국인이 '스탈린-티토 분열'의 중요성을 과소평가하게 만들었다. 한 당국자에 따르면, 학자를 포함한 많은 서구인들이 중국과 소련의 이데올로기적 차이가 명확해진 지 한참 뒤에도 그 존재와 중요성을 눈치채지 못했던 것도 바로 그 때문이라고 한다.[7]

범주의 경화는 분석에서 흔히 볼 수 있는 약점이다. 범주들 간의 미세한 차이와 애매모호함을 인정하면 더욱 효과적인 분석이 가능해진다.

기억과 인출에 영향을 미치는 요인들. 정보가 '기억에 저장되는 과정'과 '미래에 인출될 가능성'에 영향을 미치는 요인들은 다음과 같다. 주어진 주제에 관해 제일 먼저 저장된 정보, 정보에 집중된 주의의 양, 정보의 신뢰성, 저장되는 시점에 정보에 부여된 중요성. 이 모든 요소들은 기억의 내용에 영향을 미침으로써 분석의 결과에도 영향을 미친다.

11장에서는 기억의 가용성이 인출 가능성의 판단에 영향을 미치는 과정을 기술할 것이다. 우리가 하나의 현상에 대해 더 많은 사례들을 회상할수록 그 현상의 개연성은 높아진다. 심지어 다양한 요인들(정보가 얼마나 생생한가, 얼마나 최근에 일어났나, 개인적 복지에 영향을 미치는가, 현상의 실제 가능성과 무관한 그 밖의 요인들)이 과거의 사례를 호출하는 데 영향을 미치더라도 결과는 마찬가지다.

기억은 여간해서 소급해 수정되지 않는다. 분석가는 종종 (논리적으로 볼 때 선행정보의 신뢰성이나 중요성을 재평가하는 데 기여할 만한) 새로운 정보를 입수한다. 이 경우, 선행정보는 기억 속에서 중요성과 가용성이 증가하거나 감소하는 게 이상적이다. 그러나 현실은 그렇지 않다. 안타깝게도 기억은 새로운 정보에 반응해 소급적으로 재평가되거나 재조직되는 경우가 거의 없다. 예컨대 분석가의 예상과 어긋나는 바람에 '중요하지 않거나 부적합한 것'으로 낙인 찍힌 정보는, 설사 당일 입수한 동일한 정보에 의거해 '매우 중요한 것'으로 인정되더라도 웬만해서는 평가가 번복되지 않는다.

기억은 도움이 될 수도, 약점이 될 수도 있다

기억의 작동 메커니즘을 이해하면 창의력의 본질, 새로운 정보에의 개방성, 고정관념 타파에 대한 통찰을 얻을 수 있다. 이 모든 것은 기억의 거미줄에서 새로운 연결(종전에는 연결되지 않았거나 약하게 연결됐던 사실, 개념, 스키마들 간의 연결)을 만들어내는 것과 관련된다.

정보분석가들의 훈련 과정은 간혹 분석가의 확립된 고정관념을 타파하거나 (대안적 설명을 좀 더 공정하게 대우하기 위해) 상이한 관점에서 문제를 바라보게 하는 것에 초점을 맞춘다. 경험 있는 분석가들의 경우 '20년간 고정관념을 쌓아왔고 지금까지 업무를 수행하는 데 큰 도움이 됐기에, 굳이 바꿀 필요가 없다'고 여기는 사람들이 많다. 그런 분석가들은 자신을 체스 마스터로 간주하며 그 생각은 종종 정확하다. 그들은 자신의 장기기억에 내장된 정보 덕분에 패턴을 인식하고 다른 관찰자들보다 높은 수준의 추론을 한다고 믿는다. 어떤 의미에서 그들이 변화를 원치 않는 것은 매우 옳다. 사실 그들이 그동안 분석적 판단에서 달성한 성공은 기존에 보유한 스키마나 고정관념 덕분이다.

그러나 체스 마스터와 베테랑 정보분석가 사이에는 결정적인 차이가 있다. 체스 마스터는 경기 때마다 새로운 상대를 만나지만 각각의 경기가 벌어지는 환경은 안정적이며 변화하지 않는다. 다양한 말들의 가능한 행마는 엄격하게 지정돼 있고, 마스터가 모르는 사이에 규칙이 변화하지도 않는다. 체스 마스터는 하나의 정확한 스키마를 만들고 나면 그것을 바꿀 필요가 없다. 그러나 정보분석가는 신속하게 변화하는 세상에 대응해야 한다. 과거에 미국의 적국이었던 나라 중 상당수가 이제는 공식적인 또는 사실상의 동맹국이다. 미국과 러시아의 정부나 사회는 20년, 10년, 5년 전과 같지 않다. 어제의 스키마가 오늘날에는 더 이상 기능을 발휘하지 못한다.

새로운 스키마를 배우려면 종종 기존의 것을 잊어야 하는데, 이것은 엄청나게 어렵다. 옛날 습관을 잊는 것보다 새로운 습관을 형성하는 것이 더 쉬운 법이다. 효과적인 분석가에게 필수적인 장기기억 속의 스키마는 변화하는 환경을 인식하고 적응하는데 걸림돌로 작용하기도 한다. 이러한 문제를 다루는 도구는 5장에서 설명할 예정이다.

올바른
정보 사용법

3장
분석적 판단의 전략: 불완전한 정보의 한계를 초월하라

정보분석가는 사려 깊은 분석적 판단을 내릴 때 어떻게 할까? 이 문제에 대한 해답을 찾기 위해, 이 장에서는 상황논리 situational logic, 이론theory, 비교, '데이터에의 단순한 몰입'이 가설 수립 및 평가 과정에서 보이는 강점과 한계를 논한다.

마지막 부분에서는 여러 개의 가설 중에서 선택할 때의 대안적 전략을 논한다. 정보분석가들이 너무 자주 사용하는 전략은 '만족하기'인데, 이것은 모든 가능한 가설들을 신중히 검토해 증거와 가장 부합하는 것을 선택하는 게 아니라, '충분히 좋아 보이는 최초의 가설'을 선택하는 것을 말한다.[1]

정보분석가는 자신의 추론 과정을 자각해야 한다. 그들은 판단과 결론 자체에 대해서만 생각하는 게 아니라 자신이 판단을 내리고 결론에 도달하는 과정을 생각해야 한다. 웹스터 영어사전에서는 판단judgment을 "사실이 명확히 확인되지 않았을 때, 지표indicator와 가능성에 기반해 결정이나 결론에 도달하는 것"이라고 정의하고 있다.[2] 판단이란 분석가들이 지식의 공백을 메우기 위해 사용하는 것이다. 그것은 가용정보를 뛰어넘는 것을 수반하며, 불확실성에 대응하는 주요 수단이다. 그것은 늘 '아는 것'에서부터 '불확실한 것'으로의 분석적 도약을 수반한다.

판단은 모든 정보분석의 필수불가결한 부분이다. 정보수집의 최상의 목표는 완전한 지식이지만, 이 목표를 현실에서 달성하는 것은 거의 불가능하다. 정보임무의 정의상, 정보 이슈에는 상당한 불확실성이 수반된다. 따라서 분석가는 흔히 불완전하고 애매모호하고 종종 상반되는 데이터들을 갖고서 작업한다. 정보분석의 기능은 '분석적 판단을 통해 불완전한 정보의 한계를 초월하는 것'으로 기술될 수 있다.

판단의 궁극적 성격은 미스터리로 남아 있다. 그러나 분석가들이 판단을 내리기 위해 준비하는 과정에서 정보처리를 위해 사용하는 다양한 전략들을 확인하는 것은 가능하다. 분석전략은 분석가의 정보처리에 영향을 미치기 때문에 중요하다. 분석전략은 분석가가 서치라이트를 비추는 장소를 결정하고, 이는 분석 과정의 결과에 불가피하게 영향을 미친다.

가설의 수립 및 평가 전략

이 책은 가설이라는 용어를 광범위한 의미에서 '증거수집 및 제시를 통해 검증될 잠재적인 설명이나 결론'이라는 의미로 사용한다. 분석가들이 가설을 수립하고 평가하는 과정을 검토해보면 세 개의 중요한 전략을 확인할 수 있다. 그것은 상황논리, 이론 적용, 역사적 비교인데, 이 세 가지는 아래에서 비교적 자세히 설명할 것이다. 그리고 무전략, 즉 '데이터에 몰입해 그들로 하여금 스스로 말하게 하는 것'도 설명할 것이다. 이 같은 분석전략 목록은 완전하지 않다. 그 밖의 다른 전략들, 예컨대 '자신의 심리적 욕구를 손 안의 데이터에 투사하는 것'도 있지만, 잘못된 판단의 병리학은 이 장의 관심사가 아니다. 이 장의 목표는 고도로 복잡한 이슈를 다루는 정보분석가들 사이에서 발견되(기를 바라)는 수많은 유형의 신중하고 의식적인 분석을 이해하는 것이다.

상황논리

상황논리는 정보분석가들에게서 가장 흔히 발견되는 작동 모드다. 가설의 수립과 분석은—수많은 유사한 사례들을 광범위하게 일반화하기보다는—현재 상황을 구성하는 구체적 요소들을 검토하는 것으로부터 시작된다. 상황은 '유일무이한 것'으로 간주되므로, '비슷비슷한 사건들 중 하나의 사례'보다는 '그 자체의 독특한 논리'라는 관점에서 이해된다.

'현재 상황에 대한 알려진 사실'과 '특별한 시간과 장소에서 작동하는 독특한 힘'에 대한 이해에서 시작해, 분석가는 그 상황의 선행논리나 결과를 확인하려 노력한다. 납득할 만한 내러티브로 여겨지는 시나리오가 작성된다. 분석가는 현재 상황의 기원이나 원인을 더듬을 수도 있고, 미래의 결과를 예측할 수도 있다.

상황논리는 흔히 인과관계를 추적하는 데 초점을 맞추지만, 목표 행동purposive behavior *을 다룰 때는 수단-목표 관계means-ends relationship에 초점을 맞춘다. 분석가는 추구되는 목표를 확인하고, 외국의 행동가들이 '특정 수단이 목표 달성에 도움이 될 것'이라고 믿는 이유를 설명한다.

상황논리의 특별한 강점은 널리 응용할 수 있고 관련된 디테일을 다량 확보할 수 있다는 데 있다. 그러나 아무리 독특하더라도 이런 식으로 분석될 수 있는 상황은 없다.

또한 분석전략으로서의 상황논리는 두 가지 중요한 약점이 있다. 첫째, 외국 지도자와 정부들의 정신적·관료적 과정을 이해하기가 너무 어렵다. 외국의 지도자들이 직면한 선택지를 그들의 관점에서 바라보려면, 그들의 가치관과 가정뿐 아니라 그들의 오지각misperception과 오해까지도 이해해야 한다. 그런 통찰이 없다면 외국 지도자의 결정을 해석하거나 미래 결정을 예측하는 것은 종종 부분적 정보에 입각한 추론이나 다를 바 없다. 외국인들의 행동은 비합리적이거나 그들의 최고 이익에 부합하지 않는 것처럼 보이는 경우가 비일비재하다. 그런 결론은 때로—외국인들의 눈에 보이는 상황논리를 이해했다기보다는—분석가가 미국

* 교육이나 훈련의 결과로 나타나기를 기대하는 행동.

의 가치관과 개념적 틀을 외국 지도자와 사회에 투사한 데 기인한다.

상황논리의 두 번째 약점은, 다른 나라와 다른 시대에 일어난 유사한 현상에 관한 연구에서 습득한 이론적 지식을 제대로 이용하지 못한다는 것이다. 민족분리운동의 주제가 이 점을 잘 설명한다. 민족주의는 수 세기의 역사를 지닌 고질적인 문제이지만, 대부분의 서구 산업민주주의는 잘 통합된 민족공동체로 간주돼왔다. 설사 그렇더라도, 최근 소수민족 그룹의 독립을 추구하는 압력이 증가해왔다. 이런 현상이 최근 (충분히 예측 가능한) 불안정한 제3세계 국가들뿐만 아니라 스코틀랜드, 남프랑스와 코르시카, 캐나다 퀘벡, 벨기에의 일부, 스페인에서 일어나는 이유가 뭘까?

이런 주제를 상황논리 모드에서 다룸으로써, 한 나라의 분석가는 (이해관계가 얽히고설킨) 다양한 정치적·경제적·사회적 그룹들을 검토하게 된다. 이러한 그룹들의 상대적 권력 지위, 역동적 상호작용, (이해관계자의 미래 지위에 영향을 미칠 수 있는) 추세 및 발달 전망에 기반할 경우, 분석가들은 궁극적 결과를 결정하는 추진력을 확인할 수 있다.

이런 방식에 입각하면, 한 나라의 분리주의 운동을 나름 상세하고 객관적으로 기술할 수 있기는 하다. 그러나 많은 이론적 연구들은 민족갈등이 하나의 일반적 현상이라는 사실을 간과해왔다. 많은 국가에서 발생하는 유사한 현상들을 연구함으로써, 우리는 (하나의 상황논리만을 다루는 분석가들이 상상조차 할 수 없는) 근본 원인에 대한 가설을 수립하고 평가할 수 있다. 예컨대 (현대 대중전달시스템에 수반되는) 문화적 동질화에 반발해 분출되는 (오랫동안 잠복해 있던) 민족감정은 얼마나 강력할까?

아래에서 설명하는 바와 같이, 우리는 유사한 현상들에 대한 많은 사례 연구를 통해 상황논리 분석에서 통상적으로 간주되는 것보다 더욱 근본적인 원인을 파헤칠 수 있다. 이론적 분석의 광범위한 시각에서 볼 때 상황논리에서 확인된 근접원인proximate cause에는 더욱 근본적인 유발요인causal factor을 시사하는 징후들이 결여돼 있다. 이러한 근본적인 원인을 이해하는 것은 특히 광범위한 예측에 필수적이다. 상황논리는 단기적인 사건을 예측하는 최선의 접근 방법이지만, 분석적 시각이 미래를 향해 나아감에 따라 좀 더 이론적인 접근 방법이 필요해진다.

이론 적용

'이론'은 정보공동체에서 그다지 유행하지 않는 학술적 용어지만, 분석적 판단을 논하는 데 있어서 불가피하다. '이론적'이라는 용어에 대한 대중적 의미도 비실용적 또는 비현실적이다. 그러나 여기서 이론이라는 용어는 대중적 의미와 전혀 다른 의미에서 사용된다.

이론이란 유사한 현상들에 대한 많은 사례 연구에 기반한 일반화를 의미한다. 일련의 특정한 상황이 발생할 경우, 다른 특정한 상황들이 확실히 또는 어느 정도 확률적으로 발생하게 될 것이다. 다시 말해서 분석가는 일련의 상황을 이론적으로 분석해 '이 상황들은 현재 분석 중인 특정한 사례에 적용된다'는 결론에 도달할 수 있다. 예컨대 터키는 위태로운 전략적 위치에서 발달하고 있는 나라다. 이에 대한 기존의 이론은 ('군부의 역할'과 '특별한 정치과정의 속성'에 관한 결론을 시사하는) 일련의 상황을 규정한다. 분석가들은 학문적 이론을 적용함으로써 이러한 요인들과 통상적으로 관련된 (명확하지는 않지만 함축적인) 메커니즘을 이해할 수 있기 때문이다.

학자들이 이론으로 제시하는 것은 '개인, 기관, 정치체제의 통상적 행동'에 대한 정보분석가들의 기본적 이해보다 명확하다.

이론을 정보분석에 적용하는 데는 장단점이 있다. 한 가지 장점은 '이론이 생각을 절약해준다'는 것이다. 이론은 문제의 핵심 요인을 확인함으로써, 분석가가 수많은 '덜 중요한 디테일'을 걸러내게 해준다. 이론은 분석가로 하여금 오늘날의 일시적인 상황을 넘어서게 해주고, 표면적인 경향과 유의미한 경향을 구별하게 해주며, (오늘날 구체적인 증거가 별로 없는) 미래의 사건을 예측하게 해준다.

예컨대 '경제발전과 외래사상의 큰 유입으로 봉건사회의 정치적 불안정이 초래된다'는 이론을 생각해보자. 이러한 이론은 잘 확립돼 있는데, 이 이론을 사우디아라비아에 적용하면 '사우디아라비아 군주제는 언젠가 몰락한다'는 결론이 나온다. 그러나 상황논리를 이용해 사우디아라비아의 풍경을 분석하면, 왕족의 권력과 지위가 유의미한 위협을 받고 있다는 증거는 거의(또는 전혀) 발견할 수 없다. 따라서 일반적으로 인정되는 이론적 명제는 분석가들에게 '확고한 증거가 아직 보이지 않는 결과'를 예상하게 한다. 이것은 현실 세계의 문제에 적용될 때 이론적 분석이 얼마나 중요한지를 보여준다.

그러나 이 사례는 이론을 정치현상 분석에 적용할 경우에 볼 수 있는 흔한 약점을 설명해주기도 한다. 이론적 명제는 사건 발발이 예상되는 시간 프레임time frame*을 명시하는 데 종종 실패한다. 사우디아라비아에 관한 분석의 문제는 '군주제가 궁극적으로 대체될 것인가'라기보다는 '언제, 어떤 조건에서 그런 사건이 발생할 것인가'라고 할 수 있다. 경제발전과 외래사상을 봉건사회의 정치적 불안정과 연관시키는 이론을 더욱 정교화하면, 분석가들이 찾는 조기 경보를 확인할 수 있을 것이다. 그런 지표는 정보 수집과 사회정치적·사회경제적 데이터 분석을 안내해, '그런 사건이 언제, 어떠어떠한 상황에서 일어날 것이다'라는 가설을 낳을 것이다.

* 구체적인 상황이나 사건에서 사용할 수 있는 시간의 범위.

그러나 이론이 분석가들에게 가용 데이터의 한계를 초월하게 한다면, 미래의 사건을 제대로 예고하는 증거를 무시하는 토대를 제공할 수도 있다. 1979년에 대중 시위로 샤(국왕)와 입헌군주제를 무너뜨린 이란 혁명을 감안해 다음과 같은 이론적 명제를 생각해보자. (1) 자신의 지위가 위협받을 때, 전제적 지배자는 필요하다면 무력을 이용해 자신의 지위를 지킬 것이다. (2) 효과적인 군사력과 보안세력의 완벽한 뒷받침을 받는 전제적 지배자는 대중의 여론과 시위에 의해 전복될 수 없다.

이러한 이론적 명제에 이의를 제기할 사람은 거의 없겠지만, 1970년대 말에는 이 명제가 이란 전문가들이 샤가 왕위를 유지할 가능성을 오판하게 만들었다. 대부분은 아니지만 많은 전문가들은 '샤가 권력을 유지할 것이며, 반대세력이 통제할 수 없을 정도로 성장했더라도 와해시킬 수 있다'고 확신하는 것처럼 보였다. 돌이켜 보면, 많은 전문가들은 강력한 반대 증거가 축적된 지 여러 달이 지나도록 그런 평가를 유지했다.

이 같은 가정의 지속성은 심리학적 관점에서 쉽게 이해될 수 있다. 증거가 부족하거나 애매모호한 경우, 분석가는 (정치적 시스템과 행동의 성질에 대한) 자신의 일반적인 배경지식을 이용해 가설을 평가한다. '샤의 권력'과 '반대세력을 와해시키겠다는 의지의 강력함'에 대한 증거는 애매모호했지만, 이란의 군주는 전제적 지배자였고, 전제정권은 (앞에서 제시한 두 가지 명제에서 언급한) 특정한 특징을 갖고 있는 것으로 가정됐다. 따라서 샤에 대한 신뢰는 현행 전제정권의 성격에 대한 광범위하고 설득력 있는 가정에 기반하고 있었다. 위의 두 가지 명제를 신뢰하는 분석가에게, 샤가 전복될 것이라고 추론하기 위해서는 그의 미래에 대한 지속적인 신뢰를 정당화하는 것보다 더 많은 증거(더욱 명확한 증거 포함)가 필요했다.[3]

표 1은 이론과 상황논리의 차이를 도식적으로 설명하고 있다. 색칠된 세로칸에서 보는 바와 같이, 상황논리는 서로 관련된 '많은 이슈들'에 대한 증거를 '하나의 국가'에서 살펴본다. 이것은 전형적인 지역연구의 접근 방법이다. 그에 반해 색칠된 가로칸에서 보는 바와 같이, 이론적 분석은 '하나의 이슈'에 대한 증거들을 '다양한 국가들'에서 살펴본다. 이것은 전형적인 사회과학의 접근 방법이다.

그러나 이론과 상황논리의 차이점은 이 표에서 보는 것처럼 명확하지는 않다. 또한 상황논리적 분석은 이론적 가정에 크게 의존한다. 특정한 결과의 가능성을 특정한 선행조건과 관련짓는

표 1 상황논리 vs 이론적 분석

	국가 1	국가 2	국가 3	국가 4
이슈 1	증거	증거	증거	증거
이슈 2	증거	증거	증거	증거
이슈 3	증거	증거	증거	증거
이슈 4	증거	증거	증거	증거

암묵적 이론이 없다면, 현재 상황을 기술하기 위해 가장 의미 있는 요소를 선택하거나 그런 요소의 원인이나 결과를 확인하는 것은 불가능하다.

예컨대 임박한 선거의 결과를 예측하는 분석가가 여론조사 데이터를 갖고 있지 않다면, 과거의 선거를 참고해 캠페인을 연구한 다음 투표자들이 (투표자의 태도에 영향을 미치는) 현행 캠페인과 사건들에 어떻게 반응할 것인지를 평가해야 한다. 그 과정에서 분석가는 '인간의 본성'과 '사람과 그룹의 추동력'에 관한 일련의 가정을 기반으로 행동할 것이다. 이러한 가정들은 정치행동에 관한 이론의 일부를 형성하지만, 이론적 분석에서 언급한 이론과는 다른 종류의 이론이다. 그것은 전체적인 상황을 설명하지 않고 상황의 작은 부분을 설명하므로, 특정 관심국가를 넘어선 범위에 적용될 수는 없다. 또한 그것은 분석의 초점이 되기보다는 암묵적인 것으로 남는 경향이 있다.

역사적 상황과의 비교

가용정보를 넘어서는 세 번째 접근 방법은 역사적 상황과 비교하는 것이다. 분석가는 가용정보를 동일한 국가의 역사적 선례 (또는 다른 국가의 유사한 사건들)와 비교함으로써 현재의 사건을 이해하려 노력한다. 유추analogy는 비교의 한 가지 형태다. 역사적 상황이 현재 상황과 비교할 만한 가치가 있다고 생각되면, 분석가들은 역사적 선례에 대한 이해를 이용해 현재 상황에 대한 이해의 공백을 메운다. 현재에 대한 미지의 요소들은 역사적 선례의 알려진 요소들과 동일하다고 가정된다. 따라서 분석가들은 '동일한 힘이 작용하고, 현재 상황의 결과는 과거 상황의 결과와 유사할 가능성이 높다'거나 '과거의 동일한 결과를 회피하려면 특정한 정책이 필요하다'고 추론한다.

역사적 비교는 '다소 명확한 개념적 모형에 비춰, 다른 시대나 장소에서 일어난 비슷한 상황을 바라봄으로써 현재의 상황을 해석한다'는 점에서 상황논리와 다르다. 또한 '개념적 모형이 많은 유사한 사례가 아니라 한 가지(또는 단지 몇 가지) 사례에 기반한다'는 점에서 이론적 분석과도 다르다. 비교는 이론을 수립하기 위해 사용될 수도 있지만, 매우 좁은 유형의 이론화에 의존하기 때문에 (많은 비교 가능한 사례에서 추론되는) 일반화만큼 타당하지 않다.

역사적 비교에 의한 추론은 편리한 지름길로, 다른 분석전략을 위해 필요한 데이터나 이론이 없는 상태에서 선택되거나, 단지 디테일한 분석보다 쉽고 시간이 덜 소요된다는 이유로 선택되기도 한다. 신중한 분석은 현재 상황의 핵심 요소를 구체적으로 명시함으로써 시작된다. 그런 다음, 분석가는 (현재에 빛을 비추는) 하나 이상의 역사적 선례를 찾아본다. 그러나 역사적 선례는 종종 매우 생생하고 강력하므로, 처음부터 분석가의 사고에 강력히 작용함으로써 '과거와의 유사성'이라는 관점에서 현재를 인식하도록 조건화한다. 이것은 유추에 의한 추론reasoning by analogy*이다. 로버트 저비스Robert Jervis가 말한 바와 같이 역사적 유추는 종종 신중한 상황분석을 따르기follow보다 선행precede한다.

선행사건을 현재사건의 이해를 위한 안내자로 사용하는 경향은 강력하다. 역사적 비교는 익숙하지 않은 것을 익숙한 것으로 만듦으로써 이해를 달성하는 데 도움이 된다. 현재 상황을 완벽히 이해하는 데 필요한 데이터가 없는 상태에서 역사적 비교에 의한 추론은 유일한 대안이다. 그러나 이러한 접근 방법을 택한 사람들은 오류의 가능성이 상당함을 인식해야 한다. 이러한 방법은 (현재 상황을 있는 그대로 이해하기 위한) 정보와 (현재 상황을 비교 가능한 다른 상황들과 관련시키는) 이론이 부족하다는 점을 암묵적으로 인정한다.

물론, 두 가지 상황들이 진정으로 비교 가능하다는 점을 확신하는 데 어려움이 수반된다. 그 상황들은 어떤 면에서 동등하기 때문에, '그 상황들이 모든 면에서 동일하며 현재 상황은 역사적 상황과 동일하거나 비슷한 결과를 초래할 것이다'라고 가정되는 경향이 있다. 이것은 현재의 상황과 역사적 선례를 모두 심도 있게 분석한 결과 두 가지 상황이 모든 면에서 실제로 비교 가능하다고 확인됐을 때만 타당한 가정이다.

- 보다 친숙한 영역의 정보를 이용해 덜 친숙한 영역의 문제를 추론하는 것.

모든 정보분석가들이 익히 알고 있는 소책자에서, 어니스트 메이Ernest May는 역사적 유추가 미국의 외교정책에 미친 영향을 추적했다.[5] 그에 따르면 "미국의 정책입안자들은 유추에 의한 추론 때문에 '앞선 세대의 전철을 밟지 않겠다'고 단단히 결심하고 한 세대 뒤처지는 경향이 있다"고 한다. 즉, 그들이 추구한 정책은 역사적 상황에 가장 적합하지만 현재 상황에 반드시 적합하다고 볼 수는 없다는 것이다.

예컨대 1930년대 미국의 정책입안자들은 국제정세를 제1차 세계대전 이전의 정세와 유사하다고 간주했다. 결과적으로, 그들은 제1차 세계대전 때 자국의 개입을 억제하는 데 적합했던 고립정책을 추구하는 바람에 제2차 세계대전을 억제하는 데 실패했다. 제2차 세계대전 후 공산주의자들의 공격은 나치 침공과 유사하다고 간주돼, (어쩌면 제2차 세계대전을 억제할 수도 있었던) 견제정책으로 이어졌다.

보다 최근에는 베트남전쟁이 미국의 활동적인 외교정책을 반대하는 주장의 논거로 수년간 사용됐다. 예컨대 어떤 사람들은 베트남전쟁을 예로 들어 미국의 걸프전 참가를 반대했는데, 그 비유에는 오류가 있다. 쿠웨이트나 이라크의 전쟁지역은 베트남과 완전히 다르며, 베트남과 비교할 때보다 참전이 훨씬 더 유리하기 때문이다.

메이는 "정책입안자들이 종종 과거와의 비유를 통해 문제를 인식하지만, 통상적으로 역사를 잘못 이용한다"고 주장했다.

> 그들은 비유에 의존할 때, 마음에 처음 떠오르는 것에 집착하는 경향
> 이 있다. 그들은 좀 더 광범위한 연구를 하지 않는다. 그들은 잠깐 멈
> 춰 사례를 분석하거나, 적합성을 평가하거나, 그것이 자신을 오도할
> 수 있는지 여부를 자문하지 않는다.[6]

정책입안자들에 비해 정보분석가들은 비유(유추)보다 분석에
더 많은 시간을 할애한다. 정보분석가들은 훌륭한 역사가인 경향
이 있으며, 회고할 만한 역사적 선례들을 많이 알고 있다. 분석가
의 수중에 있는 잠재적 비유의 레퍼토리가 많을수록 적절한 비유
를 선택할 가능성은 높아진다. 분석가의 지식이 깊을수록 분석가
가 두 가지 상황 사이의 유사성은 물론 차이점을 인식할 기회는
증가한다. 그러나 상황이 아무리 좋아도 '하나의 유사한 상황과
의 비교에 기반한 추론'은 다른 유형의 추론보다 오류를 범할 가
능성이 높다.

비교분석을 가장 생산적으로 이용하는 방법은 결론을 도출하
지 않은 상태에서 여러 가설들을 제안하고 차이를 강조하는 것이
다. 역사적 비교는 (현재 상황에서 곧바로 보이지 않는) 변수들의 존재
또는 영향력을 제안하거나 (다른 방법으로는 분석가에게 포착되지 않는)
설명이나 가능한 결과를 상상하도록 자극할 수 있다. 간단히 말

해서, 비교는 먼저 가설을 설정한 다음 추가적인 정보탐색을 인도함으로써 기존의 가설을 채택하거나 기각할 수 있도록 해준다. 그러나 두 가지 상황의 철저한 분석을 통해 정말로 비교 가능한 것으로 확인되지 않는 이상, 역사적 비교는 결론의 기반을 형성할 수 없다.

데이터 몰입

분석가들은 간혹 자신의 작업 절차를 '데이터가 사전에 형성된 패턴과 일치하는지 여부를 확인하지 않은 채 데이터에 몰입하는 것'으로 기술한다. 그래서 적절한 시점이 되면 명백한 패턴(또는 해답이나 설명)이 자발적으로 등장하므로, 분석가는 데이터로 돌아가 그 데이터가 자신의 판단을 얼마나 잘 뒷받침하는지를 체크하면 된다고 한다. 이러한 관점에 따르면 객관성은 분석가에게 여하한 개인적 견해나 선입견을 억제할 것을 요구한다. 그래야만 사례의 팩트에 의해서만 인도될 수 있기 때문이다.

분석을 이런 식으로 바라보면 '정보는 스스로 말할 수 없다'는 사실을 간과하게 된다. 정보는 '정보의 내용'과 '정보가 해석되는 맥락'이 결합할 때 비로소 말문을 연다. 맥락은 분석가에 의해 (인간행동과 조직행동에 대한) 일련의 가정 및 기대의 형태로 제공되며, 이러한 선입견은 '어떤 정보가 적절한가'와 '정보를 어떻게 해석할 것인지'를 결정하는 핵심 요인이다.

물론 분석가가 데이터에 몰입하는 것 외에 달리 대안이 없는 상황도 많다. 분석가는 분석을 시작하기 전에 작업에 필요한 기본 지식을 보유하고 있어야 한다. 새롭고 익숙하지 않은 주제를 다룰 때 적절한 첫 번째 작업은 무비판적이고 비교적 비선택적인 정보의 축적과 검토라고 할 수 있다. 그러나 이것은 정보를 '분석'하는 과정이 아니라 '흡수'하는 과정이다.

분석이란 분석가가 의식적으로 정보의 선별, 분류, 체계화에 종사함으로써 시작된다. 이러한 선별과 체계화는 의식적·잠재의식적 가정과 선입견에 따를 때만 수행될 수 있다.

문제는 '선험적 가정과 기대가 분석에 영향을 미치는지' 여부가 아니라 '그러한 영향이 명시적으로 작용하느냐, 함축적으로 남아 있느냐'일 뿐이다. 이 차이는 중요한 것으로 보인다. 의사가 의학적 진단을 어떻게 내리는지에 관한 연구에서, 연구진은 연구에 참가한 의사에게 '당신의 분석전략을 기술하라'고 요구했다. 연구 결과, '철저한 데이터 수집'을 주된 분석 방법으로 내세운 의사들은 다른 분석전략(예: 가설 확인과 검증)을 내세운 의사들보다 진단의 정확성이 떨어지는 것으로 나타났다.[7] 더욱이 병력 검사와 신체검사에서 추가정보를 더욱 철저하게 수집해도 진단의 정확성이 향상되지 않는 것으로 나타났다.[8]

자신의 주관적 정보입력에 대한 인식을 억제함으로써 객관성의 향상을 꾀하는 분석가는 실제로 타당한 정보를 입력할 수 없

다. 객관성은 (검토하거나 이의를 제기할 수 있을 정도로) 명백한 가정을
함으로써 얻어지는 것이지, 가정을 분석에서 제거하려는 헛된 노
력에 의해 얻어지는 것이 아니다.

전략들 간의 관계

세 가지 전략 중에서 절대적으로 우위에 있는 것은 없다. 적절
한 전략을 모두 수립하고 잠재적으로 적절한 모든 정보를 최대한
활용하기 위해서는 연구 프로젝트의 초기 가설수립 단계에서 세
가지 전략을 모두 채용하는 것이 바람직하다. 그러나 안타깝게도
전략가들은 흔히 그럴 의향이나 시간이 없다.

전략가들마다 분석전략을 위한 분석의 습관과 선호가 다르
다. 수많은 예외들이 존재하겠지만 광범위하게 일반화해보면, 지
역연구나 역사 분야에서 훈련받은 분석가들은 상황논리를 선호
하는 경향이 있는 반면, 사회과학적 배경이 강한 분석가들은 이
론적이고 비교론적인 통찰을 선호하는 경향이 있다. 전반적으로
볼 때 정보공동체에서는 이론보다 상황논리가 더 강하다. 내 개
인적 판단이지만, 많은 학계 연구자들은 일반화가 과도한 반면
정보분석가들은 일반화가 충분하지 않다. 이는 특히 정치분석에
서 두드러지는 현상인데, 그렇다고 해서 적용할 만한 정치이론

이 부족한 게 원인이라고 단정할 수는 없다. 이용할 만한 이론적 통찰이 있어도, 정치정보 분석가들이 몰라서 사용하지 못하거나, 알아도 사용하지 않는 경우가 종종 있다.

분석전략의 차이가 정보분석가와 (정보분석가들의 보고서를 받아보는) 일부 정책입안자들 간의 관점을 근본적으로 다르게 할 수 있다. 이슈가 되는 주제에 대해 전문적인 식견을 갖지 않은 고위 관리들은 정보분석가들에 비해 이론과 비교를 훨씬 더 많이 사용하고 상황논리는 덜 사용한다. 전문가의 지식 기반이 결여되고 디테일을 챙길 시간이 부족한 정책입안자나 선임관리자는 필연적으로 광범위한 일반화를 선호할 수밖에 없다. 그들은 정보분석가보다 턱없이 부족한 시간에 쫓기는 상태에서, 개별 항목들을 일일이 살펴보지 않고 많은 의사결정들을 내린다. 이런 상황은 정책입안자들에게 더욱 개념적인 접근 방법을 택하고, (수많은 디테일을 요약하는) 이론과 모형과 유추에 의존해 생각할 것을 요구한다. 이것이 정교화와 과도한 단순화 중 어느 쪽으로 귀결될 것인지는 사안별로 다르며, 아마 상대방의 동의 여부에 따라 달라질 것으로 생각된다. 어떤 경우가 됐든, 정보분석가들은 소비자를 위해 보고서를 작성할 때 이러한 현상들을 충분히 고려해야 한다.

가설 선택 전략

체계적 분석 과정은 대안적 가설들 중에서 선택할 것을 요구한다. 분석 실무가 종종 이상과 과학적 방법의 규범에서 상당히 일탈하는 것은 바로 이 부분이다. 이상적인 것은, 풀세트의 가설들을 수립한 다음, 모든 가설들을 체계적으로 평가해 데이터에 가장 적합한 가설을 선택하는 것이다. 과학적 방법에 관한 한 가설을 채택하기보다는 기각하도록 요구된다.

그러나 실무에서는 다른 전략들이 흔히 채용된다. 알렉산더 조지Alexander George는 '불완전한 정보'와 '다수의 경합하는 가치와 목표'에 직면해 의사결정을 내리는 데 부적절한 전략들을 제시했다. 조지는 이런 전략들이 '의사결정자들이 대안적 정책 중에서 선택하는 방법'에 적용될 수 있다고 상정했지만, 대부분의 전략들은 '정보분석가들이 대안적 분석가설 중에서 선정하는 방법'에도 적용될 수 있다.

조지가 제시한 부적절한 전략들은 아래와 같다.

- 만족하기satisficing: 모든 대안들을 검토해 최고의 것을 결정하지 않고, 최초로 발견된 '충분히 괜찮아 보이는 대안'을 선택한다.
- 증분주의incrementalism(증분분석, 36쪽 참조): 기존의 명제를 극적

으로 바꿀 필요성을 고려하지 않고, 미미한 변화가 수반되는 극소수 대안들에 집중한다.

- 의견일치consensus: 가장 많은 동의와 지지를 받을 만한 대안을 선택한다. 보스가 듣고 싶어 하는 것을 보고하는 것도 이 전략의 한 가지 버전이다.

- 유추에 의한 추론: 종전의 오류를 회피하거나 종전의 성공을 반복할 가능성이 높은 대안을 선택한다.

- '나쁜 대안'과 '좋은 대안'을 분별하는 일련의 원칙이나 격언에 의존하기.[9]

정보분석가는 (정책입안자가 선택할 수 없는) 또 다른 유혹적인 옵션을 갖고 있는데, 그것은 현재 상황을 기술하고 대안을 확인함으로써 판단을 회피한 후 정보소비자에게 '가장 가능성 높은 대안'을 판단하도록 떠넘기는 것이다. 이러한 전략들 중 대부분은 여기에서 언급하지 않는다. 아래에서는 정보분석가들 사이에서 가장 유행하는 것으로 보이는 전략에만 집중할 것이다.

만족하기

나는 개인적 경험 및 분석가들과의 토론에 기반해, 대부분의 분석은 '만족하기'와 매우 비슷한 방식으로 수행될 거라고 추정한다.[10] 분석가는 '가장 가능성 높은 가설로 보이는 것', 즉 가장 정확하다고 보이는 (상황에 대한) 잠정적 추정, 설명, 기술記述을 확인한다. 데이터는 '잠정적 판단을 뒷받침하는지' 여부에 따라 수집되고 체계화되며, 가설은 데이터에 합당하게 부합된다고 여겨질 때 채택된다. 그다음, 신중한 분석가는 자신이 일부 중요한 사항들을 간과하지 않았음을 확신하기 위해 (선호된 판단에 의해 설명되지 않는) 다른 가능한 대안과 증거들을 신속히 검토한다.

이러한 접근 방법은 세 가지 단점을 갖고 있다. (1) 단일 가설에 집중함으로써 선택적 지각selective perception에 이르게 된다. (2) 경합하는 가설들의 풀세트 목록 작성에 실패한다. (3) 가설을 기각하기보다는 채택하는 증거에 초점을 맞추게 된다. 이 세 가지 단점에 대해 좀 더 자세히 알아보자.

선택적 지각. 잠정적 가설들은 분석가가 정보를 선택, 체계화, 관리하는 데 도움이 되는 유용한 기능을 발휘한다. 그것은 문제의 범위를 좁혀 분석가가 (가장 적합하고 중요한) 데이터에 효과적으로 집중할 수 있게 한다. 가설들은 작업기억에서 체계화의 틀로 사용되므로 정보가 기억에서 인출되는 것을 촉진한다. 간단히 말해서 가설들은 분석 과정의 핵심적인 요소다. 그러나 가설의 기능적 유용성에는 약간의 비용도 수반된다. 가설은 지각의 필터로 기능하기 때문이다. 분석가들은 일반인들과 마찬가지로 '자신이 찾고 있는 것'을 보고 '자신의 탐색 전략에 포함되지 않은 것'을 간과하는 경향이 있다. 그들은 처리된 정보를 '현행 가설에 적합한 것'으로 한정하는 경향이 있다. 만약 가설이 부정확하다면, 새롭거나 변형된 가설을 제공할 정보는 상실될 것이다.

이러한 어려움은 복수의 가설을 동시에 고려함으로써 극복될 수 있다. 이러한 접근 방법은 7장에서 자세히 다룰 예정이다. 그것은 (경합하는 가설들 중에서 타당성 있는 것을 구별하는 데 있어서) 가장 큰 진단적 가치가 있는 증거들 중 몇 가지 항목에 집중할 수 있다는 장점이 있다. 대부분의 증거는 수많은 상이한 가설들과 일치하지만, 한 번에 하나의 가설에만 집중하면 이러한 사실이 쉽게 간과된다. 특히 그들의 집중력이 '가장 가능성 낮은 해답'을 기각하기보다 '가장 가능성 높은 해답'을 확인하는 것을 겨냥한다면 더욱 그렇다.

적절한 가설 수립 실패. 만약 잠정적 가설이 정보탐색을 위한 범주를 결정하고 그 적합성을 판단한다면, 여러 개의 '검토 대상 가설들' 중에 포함되지 않을 경우 적당한 해답이 간과될 수 있다. 가설수립에 대한 연구에 따르면, 이러한 분석의 성과는 극도로 불충분하다고 한다.[11] 분석적인 문제에 직면했을 때, 사람들은 둘 중의 하나(잠재적 해답의 풀세트 목록을 작성할 수 없거나, 또는 작성할 시간이 없거나)에 해당된다. 분석 성과는 이러한 분석 과정에 의도적으로 주의를 더 기울일 때 유의미하게 향상될 수 있다. 분석가들은 경합하는 가설들의 풀세트 목록을 작성하고, 앞에서 언급한 세 가지 전략(이론, 상황논리, 역사적 비교)을 모두 사용할 수 있도록 더 많은 시간을 할애해야 한다.

증거의 진단성을 고려하는 데 실패. 대안적 가설의 풀세트 목록이 없는 경우, 증거의 진단성diagnosticity을 평가하는 게 불가능하다. 안타깝게도 많은 분석가들은 증거의 진단성이라는 개념에 익숙하지 않다. 증거의 진단성이란 '증거 항목이 대안적 가설의 상대적 가능성을 결정하는 정도'를 의미한다.

예컨대 고열은 의사에게 '환자가 질병에 걸렸다'는 결론을 내리게 하는 데 큰 가치를 지니고 있지만, 그 환자가 어떤 질병을 앓고 있는지를 결정하게 하는 데는 비교적 낮은 가치를 지니고 있다. 고열은 환자의 질병에 대한 수많은 가설들과 부합하기 때문에, 어떤 질병의 가능성이 더 높은지를 결정하는 데는 적합하지 않다.

증거가 진단성이 있다면, 분석가가 다양한 가설의 상대적 가능성을 판단하는 데 영향을 미칠 것이다. 하나의 증거가 모든 가설들과 부합한다면, 진단가치가 전혀 없을 것이다. 경험상으로 볼 때 대부분의 가용증거들은 모든 가설들과 부합하기 때문에 그다지 도움이 되지 않는다.

가설기각 실패

과학적 방법은 가설기각의 원칙에 기반하며, 기각될 수 없는 가설만을 잠정적으로 받아들인다. 그와 대조적으로 직관적 분석은 일반적으로 하나의 가설을 확인하는 데 집중하며, '가설을 약화시키는 증거'보다는 '가설을 뒷받침하는 증거'에 더욱 큰 무게를 두는 게 일반적이다. 이상적으로 그 역이 사실일 것이다. 분석가들은 통상적으로 가설검증을 위해 통계적인 과학적 방법론 절차를 적용할 수 없지만, 가설을 채택하기보다는 기각하기 위해 노력하는 개념적 전략을 채택할 수 있고, 마땅히 그렇게 해야 한다.

이러한 문제에는 두 가지 측면이 있다. 사람들은 부정적인 증거를 찾지 않는 게 인지상정이며, 그런 증거를 입수했을 때 평가절하하는 경향이 있다. 만약 전자(부정적인 증거를 찾지 않음)에 의문이 있다면, 사람들이 얼마나 자주 반대 견해를 제시하는 신문과 책을 읽음으로써 자신의 정치적·종교적 신념을 테스트하는지 생각해보라. 후자(부정적인 증거를 입수했을 때 평가절하함)에 관해서는 1장에서 '새로운 정보를 기존의 이미지에 적응시키는 경향'을 지적한 바 있다. 가설을 뒷받침하는 정보가 타당한 것으로 받아들여지고, 가설을 약화시키는 정보가 '신뢰성에 문제가 있다'거나 '중요하지 않은 변칙'으로 판단된다면 그렇게 되기 쉽다. 정보가 이런 식으로 처리된다면, 이미 옳다고 믿고 있는 가설들은 거의 모두 채택되기 십상이다.

확정적인 증거를 찾는 데 수반되는 심리학적 함정은 차치하더라도 중요한 논점을 고려할 필요가 있다. 가설기각이라는 과학적 방법의 밑바탕에 깔려 있는 논리적 추론은 "법칙에 대한 긍정적 사례 중에는 입증 사례가 하나도 없지만, 부정적 사례는 모두 반증에 해당된다"라는 것이다.[12] 다시 말해서 가설과 부합하는 증거가 아무리 많더라도, 동일한 증거들이 다른 가설들과도 부합할 수 있기 때문에 그 가설이 증명될 수는 없다는 것이다. 그러나 가설과 양립할 수 없는 증거가 하나만 발견돼도 그 가설은 기각될 수 있다.

P. C. 웨이슨P. C. Wason은 '사람들이 일반적으로 부정적 증거보다는 긍정적 증거를 선호한다'는 견해를 테스트하기 위해 일련의 실험을 수행했다.[13] 그 실험들의 설계는 위에서 지적했던 '가설의 타당성은 시인하기보다는 부인하려는 노력에 의할 때만 검증될 수 있다'는 논거에 기반했다. 웨이슨은 실험 참가자들에게 2-4-6 이라는 세 개의 숫자 배열을 제시하고, 그 배열을 만드는 데 사용된 법칙을 발견하라고 주문했다. 참가자들에게는 나름의 숫자 배열을 만든 다음 그것이 법칙과 일치하는지 여부를 웨이슨에게 물어보는 것이 허용됐다. 참가자들은 원하는 만큼 많은 배열을 만들어 물어보고, 자신이 법칙을 발견했다는 확신이 들 때만 시도를 중단하도록 권유받았다.

물론 2-4-6이라는 배열을 설명할 수 있는 가능한 법칙은 무수히 많다. 참가자들은 '짝수의 오름차순' 또는 '공차가 2인 등차수열'과 같은 잠정적 가설을 설정했다. 예상했던 대로, 참가자들은 일반적으로 부정확한 접근 방법, 즉 그런 가설을 기각하기보다는 채택하려고 노력하는 쪽을 택했다. 예컨대 짝수의 오름차순이라는 가설을 검증하기 위해, "8-10-14라는 배열이 법칙에 부합하나요?"라고 묻는 참가자들도 있었다.

저자의 논지를 파악한 독자들은 참가자들이 짝수의 오름차순의 사례를 아무리 들이대더라도 그 가설이 증명될 수 없음을 인식할 것이다. 홀수의 오름차순 사례를 인용해 웨이슨에게 "그것도 법칙에 부합합니다"는 소리를 들으면, 가설은 기각될 텐데 말이다.

정확한 법칙은 '홀수든 짝수든 관계없이 세 숫자의 오름차순'이었다. 긍정적 증거를 찾는다는 전략 때문에 29명의 참가자 중에서 법칙을 맞춘 사람은 겨우 여섯 명에 불과했다. 다른 분야의 연구자들이 동일한 실험을 반복했을 때는 51명의 참가자 중 법칙을 맞춘 사람이 단 한 명도 없었다고 한다.[14]

웨이슨의 실험에서 부정적 사례보다 긍정적 사례를 찾는 전략의 오류가 특히 심했던 이유는 2-4-6이라는 배열이 수많은 가설들과 부합해서이다. 참가자들은 (자신이 검증하고 싶어 하는) 거의 모든 가설들에 대해 긍정적 증거를 찾는 데 몰두했다. 이는 정보 분석가들에게 많은 것을 시사한다. 증거가 많은 상이한 가설들과 부합할 때, 정보를 분석하는 데 있어서 비교할 만한 상황들이 극단적으로 흔하다는 점을 아는 것은 매우 중요하다.

예컨대 조기 경보 목록을 생각해보자(70쪽 참조). 그것은 임박한 공격의 지표로 설계된다. 그러나 그중에는 '군사행동은 외교적 압력을 행사하기 위한 엄포이며, 아무런 군사행동도 임박하지 않았다'는 가설과도 일치하는 것이 매우 많다. 분석가들이 이런 가설들 중에서 하나에만 집착해 그것을 확증할 증거를 찾는다면, 종종 길을 잃고 방황할 것이다.

한 가지 중요한 의미에서, 정보분석가가 사용할 수 있는 증거는 '숫자 배열의 법칙을 추론하라'고 요구받은 실험 참가자를 위한 증거와 다르다. 정보분석가가 흔히 다루는 문제들은 검토 중인 가설과 확률적 관계만 있다. 그러므로 모든 가설들을 전적으로 배제하는 것은 불가능하다. 우리가 어떤 가설에 대해 가장 많이 말할 수 있는 것은, '그건 불가능하다'가 아니라 '긍정적 증거가 제시될 가능성이 낮다'는 것이기 때문이다.

이것은 가설기각을 목적으로 하는 전략에서 도출될 수 있는 결론을 약화시키지만, 어떤 경우에도 가설채택을 목적으로 하는 전략을 정당화하지 않는다.

불확실한 상황과 불충분한 데이터는 종종 정보분석의 엄밀한 과학적 절차(특히, 가설검증을 위한 통계적 방법)를 배제한다. 그렇다고 해서 '반증 찾기'라는 기본적인 개념적 전략이 채택되지 말아야 하는 이유는 없다. 최상의 분석전략이 분석가들에게 요구하는 것은 "증거와 부합하는 것처럼 보이는 최초의 가설을 선택하도록 유도하는 만족하기 전략을 선택하지 말고, 자신이 선호하는 이론을 부인하는 정보를 찾으라"는 것이다.

결론

정보실패에 대한 디테일한 평가는 많지만, 정보성공에 대한 비교할 만한 기술記述은 거의 없다. 프랭크 스테크Frank Stech는 정보성공에 관한 문헌들을 검토한 후 많은 성공 사례들을 발견했지만, 그중에서 성공에 기여한 절차와 방법을 시사하는 방법론적 디테일을 충분히 제공하는 것은 겨우 세 건밖에 없었다. 이러한 문헌들은 제2차 세계대전 때 성공적이었던 미국과 영국의 첩보 노력을 다룬 것으로, 독일의 선전을 분석하고, 독일의 잠수함 작전을 예측하고, 독일 공군의 미래 능력과 의도를 추정했다.[15]

스테크는 다음과 같이 지적했다. "고도로 성공적인 노력들의 공통점은 분석가들이 적의 의도에 대한 대안적 가설들의 추정들을 공식화하고 서로 평가하도록 촉진하는 절차들을 선택했다는 것이다. 세 건의 문헌들은 경합하는 가설들을 증거에 기반해 평가해야 한다고 강조했다."[16]

경합하는 여러 개의 가설을 동시에 평가하면, 가장 개연성 높은 하나의 설명이나 추정치에 집중하는 것보다 더욱 체계적이고 객관적인 분석이 가능하다. 물론 개연성 높은 가설만 검토하는 것보다 훨씬 더 많은 인지적 부담이 수반된다. 작업기억에 복수의 가설을 떠워놓고 각각의 증거가 각각의 가설에 적합한 정도를 검토하면, 인지적 과제가 엄청나게 가중된다. 복잡한 이슈를 직관적으로 분석할 때 이러한 접근 방법이 채택되지 않는 것은 바로 이 때문이다. 그러나 7장에 기술된 간단한 절차들의 도움을 받으면 많은 도움이 된다.

4장
추가정보: 당신은 정말로 더 많은 정보가 필요한가?

정보분석과 관련된 어려움은 종종 가용정보의 불충분성 탓으로 돌려진다. 그래서 정보공동체에서는 정보수집 시스템 향상에 큰 비용을 투자하며, 분석 관리자들은 "분석자원을 증강하고 분석 방법을 향상시키고 (분석적 판단을 내리는 데 관여하는) 인지과정을 더 잘 이해하는 데 많은 비용이 투자되지 않는다"고 한탄한다. 이 장에서는 종종 함축적인 "정확한 정보판단의 주요 장애물은 정보 부족"이라는 가정을 검토해보고자 한다.[1]

실험심리학자들은 다양한 분야의 전문지식을 이용해, '전문가가 사용할 수 있는 정보의 양'과 '그들이 그 정보에 기반해 내리는 판단의 정확성'과 '그러한 판단의 정확성에 대한 전문가의 확신' 간의 관계를 분석해 왔다. 이러한 맥락에서 사용된 '정보'라는 단어는, 분석가가 판단을 내리는 데 사용할 수 있는 총체적 자료를 의미한다.

그러한 연구에서 발견된 핵심 사항은 다음과 같다.

• 정보에 입각한 판단을 내리는 데 필요한 최소한의 정보를

확보하고 나면, 추가적인 정보를 입수하더라도 (숙련된) 분석가의 추정치의 정확성이 향상되지 않는다. 그러나 추가적인 정보는 분석가의 판단에 관한 확신을 증가시켜, 과신에 이르게 한다.

- 숙련된 분석가들은 자신이 판단을 내리는 데 실제로 사용하는 정보를 완벽하게 이해하지 못한다. 그들은 자신들의 판단이 모든 정보의 체계적 통합보다는 몇 가지 지배적 요인에 의해 결정된다는 점을 인식하지 못한다. 분석가들이 실제로 사용하는 가용정보의 양은 자신이 생각하는 것보다 훨씬 더 적다.

아래에 언급하겠지만, 이러한 실험 결과들을 액면 그대로 받아들여야 하는 것은 아니다. 예컨대 추가적인 정보가 더욱 정확한 분석에 기여하는 상황도 얼마든지 있을 수 있다. 그러나 추가적인 정보(특히 모순된 정보)는 분석가의 확신을 증가시키기는커녕 감소시킨다.

혼란스럽지만 놀랍지 않은 이러한 실험의 결과를 해석하려면, 네 가지 상이한 정보를 검토해 분석적 판단의 정확성에 기여하는 상대적 가치를 평가할 필요가 있다. 또한 '분석에서 나온 데이터가 결과를 좌우하는 분석'과 '데이터를 해석하는 데 사용되는 개념적 틀이 결과를 좌우하는 분석'을 구별하는 것도 필요하다.

정보량과 판단의 정확성 간의 복잡한 관계는 정보분석의 관리와 수행 모두에 시사하는 바가 많다. 그런 관계를 이해하면, 분석적 판단의 정확성 향상에 기여하는 분석 절차 및 관리 방안을 마련하는 데 도움이 된다. 또한 불필요한 정보수집 프로그램에 사용되는 과도한 자원을, 총체적 분석 절차를 더 잘 이해하는 쪽으로 전용해 효율적으로 사용할 수 있다.

이러한 실험 결과는 정보공동체를 넘어 광범위한 분야에 시사점을 던진다. 현재의 발달 상황을 더욱 잘 이해하고 미래의 결과를 예측하기 위한 정보분석은, 어떤 분야에서나 의사결정의 필수적인 구성요소다. 사실, 가장 적합한 심리학적 실험은 의학적·심리학적 진단, 주식시장 분석, 일기예보, 경마 핸디캐핑과 같은 다양한 분야의 전문가들과 함께 수행됐다. 그 실험은 모든 주제의 분석에 영향을 미치는 기본적인 인간적 절차를 반영한다.

우리는 전문가들이 판단이나 예측을 하기 위해 유한한 개수의 확인 가능하고 분류 가능한 정보를 분석하는(그리고 잇따라 그 정확성을 체크할 수 있는) 모든 분야에서 이러한 현상을 증명하기 위해 실험을 수행할 수 있다. 예컨대 주식시장 분석가는 흔히 주가수익비율PER, 이윤폭, 주당이익EPS, 시장규모, 저항 및 지지 수준에 관한 정보를 이용해 작업을 하는데, 예측 결과의 정확성을 정량적으로 평가하기는 비교적 쉽다. 전문가 그룹이 입수할 수 있는 정보를 통제한 다음 그 정보에 기반한 판단의 정확성을 체크하면, 사람들이 분석적 판단에 도달하기 위해 정보를 사용하는 방법을 분석할 수 있다.

실험: 경주마에 베팅하기

그런 실험에 대한 기술은 절차를 설명하는 데 도움이 된다.[2] 먼저, 여덟 명의 노련한 경마 핸디캐퍼*들에게, 전형적인 과거 성적 도표에서 발견된 88개의 변수 목록(예: 핸디캡의 무게, 전년도에 1·2·3위에 오른 비율, 기수騎手의 기록, 마지막으로 경마에 참가한 후 경과일수)을 보여준다. 그런 다음 각각의 핸디캐퍼들에게 가장 중요한 정보 항목 5, 10, 20, 40개를 선택하라고 단계적으로 요구한다.

이 시점에서 핸디캐퍼들에게 과거 40번의 경마에 대한 진정한 데이터(말과 실제 경마를 확인할 수 없도록 가린다)를 보여주고, 각 경주에서 결승선을 통과할 기대되는 순서대로 다섯 마리의 경주마를 선택하라고 요구한다. 각 핸디캐퍼들에게 자신이 가장 유용하다고 판단한 5, 10, 20, 40개 변수들에 대한 데이터를 점증적으로 제공한다. 그런 다음 핸디캐퍼는 각각의 경마 결과를 네 번 예측하는데, 한 번에 네 가지 상이한 수준의 정보 중 하나를 갖고서 예

* 말의 능력치에 따라 부담중량(핸디캡)을 부여해 승부를 알 수 없는 흥미진진한 경마를 만들어내는 사람.

측한다. 각각의 예측에 대해 핸디캐퍼들은 자신의 정확성에 확신 정도를 0부터 100퍼센트의 사이의 값으로 평가한다.

핸디캐퍼의 예측을 40번의 경마 결과와 비교해보니, 핸디캐퍼가 얻을 수 있는 정보의 양과 무관하게 예측의 정확성 평균은 일정한 것으로 나타났다. 세 명의 핸디캐퍼들은 정보량이 증가함에 따라 정확성이 되레 떨어졌고, 두 명은 향상됐으며, 세 명은 변화하지 않았다. 그러나 모든 핸디캐퍼들은 입수하는 정보량이 증가함에 따라 확신감이 일관되게 증가하는 것으로 나타났다. 정보량과 핸디캐퍼의 1등 예측 정확성과 핸디캐퍼의 예측에 대한 확

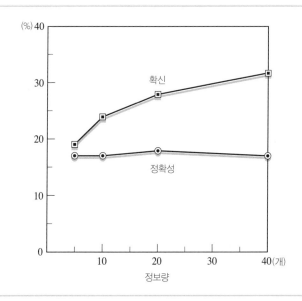

그림 4

신 사이의 관계는 그림 4와 같다.

핸디캐퍼의 정확성에 대한 확신은 다섯 가지 항목의 정보에 걸맞은 수준이었고, 추가정보가 제공됨에 따라 과신으로 바뀌었다.

다른 분야의 유사한 실험에서도 정보량, 정확성, 분석가의 확신 사이에 동일한 관계가 성립하는 것으로 확인됐다.[3] 임상심리학자들을 대상으로 한 실험에서, 연구자는 한 심리학 케이스 파일(사례기록을 보관하기 위한 서류철)을 비교적 평범한 사람의 생활에서 잇따른 연대기적 기간을 나타내는 네 개의 부분으로 나누었다. 그런 다음 다양한 수준의 경험을 보유한 32명의 심리학자들에게 이 정보에 기반해 판단을 내리라고 요구했다. 케이스 파일의 각 부분을 읽을 때마다, 심리학자들은 파일에 기록된 주인공의 성격에 대한 25개 질문(정답은 알려져 있었다)에 대답했다. 다른 실험에서와 마찬가지로, 증가하는 정보는 확신의 증가로 귀결됐지만 정확성 증가는 무시할 만한 수준이었다.[4]

질병을 진단하는 의사들의 정신과정을 분석한 일련의 실험에서, '증거수집의 철저함'과 '진단의 정확성'은 별로 관계가 없는 것으로 나타났다. 자신의 연구전략을 '가설의 수립 및 검증'과 상반되는 '철저한 정보수집'이라고 강조한 의대생들의 경우, 진단의 정확성이 평균 이하인 것으로 나타났다. 가설의 명백한 설정은 더욱 효과적이고 효율적인 정보탐색의 원동력인 것으로 보인다.[5]

전문적 판단의 모형분석

'분석가들이 자신의 정신과정을 정확히 이해하는 정도'에 대한 또 하나의 중요한 의문이 있다. 자신이 판단을 내리는 데 있어서 증거를 실제로 저울질하는 정도에 대한 그들의 통찰은 얼마나 훌륭할까? 그들은 분석할 각각의 상황에 대해 암묵적인 '정신모형'을 보유하고 있는데, 그것은 '어떤 변수들이 가장 중요하고, 그 변수들을 어떻게 관련지을 것인지'에 대한 신념과 가정으로 구성돼 있다. 자신의 정신모형에 대한 통찰이 훌륭하다면, 분석가들은 자신이 판단을 내리는 데 있어서 가장 중요하다고 여기는 변수들을 확인하고 기술할 수 있어야 한다.

그러나 그런 자기통찰은 일반적으로 불완전하다는 강력한 실험적 증거가 있다. 전문가는 자신의 판단 과정(고려하는 정보 유형의 다양성 포함)이 실제보다 상당히 복잡하다고 간주한다. 전문가들은 판단에 미미한 영향을 미치는 요인들의 중요성을 과대평가하는 반면, 자신의 결정이 몇 가지 주요 변수에 기반하는 정도를 과소평가한다. 간단히 말해서, 사람의 정신모형은 자신이 생각하는 것보다 단순하며, 분석가는 전형적으로 '어떤 변수에 가장 큰 비중을 둬야 하는지'는 물론 '어떤 변수가 실제로 가장 중요한 영향을 미치는지'도 인식하지 못하고 있다.

이 모든 사실은 분석가들에게 그들의 전문 분야에 속하는 비교적 많은 사례에 대해 정량적 평가를 내려보라고 요구한 실험에서 증명됐다(각각의 사례는 수많은 정량적 요인들에 의해 규정됐다). 예컨대 한 실험에서, 실험자는 주식시장 분석가들에게 50가지 주식의 PER, 이익증가율, 배당수익률 등의 자료를 제공하며 장기시세를 예측하라고 요구했다.[6] 예측이 끝난 후에는, 분석가들에게 그런 결론에 도달한 과정, 즉 각각의 변수에 얼마나 많은 가중치를 뒀는지 설명해 달라고 했다. (그 과정은 다른 분석가 동일한 판단기준을 적용해도 동일한 결론에 도달할 수 있을 정도로 명확해야 한다는 단서를 달았다.)

주식시장 분석가의 구두적 합리화를 실제 결정에 반영된 판단정책과 비교하기 위해, 다중회귀분석이나 기타 통계절차를 사용해 '각각의 분석가들이 관련된 변수들을 실제로 가중평균한 과정'에 대한 수리모형을 개발할 수 있다.[7] 다양한 분야에서 최소한 8가지 유형의 연구들이 발표됐는데,[8] 그중에는 저개발 국가 미래의 사회경제적 성장을 예측한 것도 포함돼 있다.[9] 이러한 연구결과에 따르면, 분석가의 실제 의사결정에 기반한 수리모형은 분석가의 의사결정에 대한 정확한 기술이며, 분석가 자신의 판단 과정에 대한 구두진술의 정확성을 늘 능가한다.

이러한 현상의 존재는 충분히 증명됐지만, 그 원인은 잘 이해되지 않았다. 이러한 실험에 대한 문헌에는 다음과 같은 사변적 설명이 포함돼 있을 뿐이다. "분석가들이 '일련의 상이한 요인을 고려한다'고 느끼는 이유는, 언젠가 상이한 요인들을 한 건씩 처리했음을 기억하고 있음에도 불구하고, 한번에 한두 가지 이상을 고려한 적은 거의 없다는 점에 주목하지 못해서인 것 같다."[10]

새로운 정보는 언제 우리의 판단에 영향을 미치나?

정보분석가의 경험이라는 맥락에서 이러한 실험 결과의 적합성과 유의미성을 평가하기 위해, 분석가가 입수한 추가정보의 네 가지 유형을 구분할 필요가 있다.

- 분석에 이미 포함된 변수에 대한 추가적인 디테일: 미가공 첩보 보고 중 상당수는 이 범주에 포함된다. 우리는 그런 보충정보가 분석가의 판단의 전반적인 정확성에 영향을 미칠 거라고 예상하지 않으며, 기존 정보와 부합하는 추가적인 디테일이 분석가의 확신을 증가시킨다는 점은 충분히 이해할 수 있다. 결론을 뒷받침하는 데 사용할 수 있는 상당한 깊이의 디테일이 수반된 분석은 독자는 물론 저자를 더욱 납득시키는 경향이 있다.
- 추가적인 변수의 확인: 추가적인 변수에 대한 정보는 분석가가 (상황에 영향을 미칠 수 있는) 다른 요인을 고려하는 것을 가능케 한다. 이것은 경마 핸디캐퍼 실험에서 사용된 추가정보와 같은 유형의 정보다. 다른 실험에서는 추가적인 변

수와 (동일한 변수에 대한) 추가적인 디테일을 일부 결합하는 방법을 택했다. '판단은 모든 스펙트럼의 증거보다 몇 가지 결정적인 변수들에 기반한다'는 실험 결과는 '추가적인 변수가 통상적으로 예측의 정확성을 향상시키지 않는 이유'를 설명하는 데 도움이 된다.

간혹 분석가의 이해에 알려진 허점이 존재하는 상황에서, 이전에 고려되지 않았던 새로운 요인에 대한 보고서 한 건 (정책적 의사결정이나 계획된 쿠테타에 대한 권위 있는 보고서 등)이 분석가의 판단에 중요한 영향을 미친다. 그런 보고서는 다음에 말하는 두 가지 정보유형 중 하나에 속한다.

• 분석에 이미 포함된 변수에 귀속되는 가치에 관한 정보: 이러한 정보의 사례는 '110파운드의 핸디캡을 짊어질 거라고 생각한 말이 겨우 106파운드밖에 짊어지지 않았다'는 사실을 안 경마 핸디캐퍼의 경우다. 현행 첩보보고는 이런 종류의 정보를 다루는 경향이 있다. 예컨대 한 분석가는 반체제 그룹이 종전에 기대했던 것보다 더 강력하다는 사실을 알게 될 수 있다. 새로운 사실의 내용이 추정에 결정적인 변수의 변화에 관한 것일 때, 판단의 정확성에 영향을 미친다. 그런 정보에 기반한 판단에 관한 분석가의 확신은, 정보량은 물론 정보의 정확성에 관한 확신에 의해 영향을 받는다.

• '어떤 변수가 가장 중요하고, 그 변수들이 서로 어떻게 관련

돼 있는가'에 관한 정보: '어떤 정보가 가장 중요하고, 그 정보들은 상호간에 어떻게 관련돼 있는가'에 관한 지식과 가정은 (분석가에게 입수한 데이터를 어떻게 분석할 것인지를 말해주는) 정신모형을 구성한다. 그런 관계에 대한 명확한 분석은 체계적 연구를 현행 첩보보고 및 미가공 첩보와 구별짓는 요소 중 하나다. 예컨대 경마 핸디캐퍼 실험의 맥락에서, 핸디캐퍼들은 어떤 변수를 자신의 분석에 포함시킬 것인지를 결정해야 했다. 한 경주마가 부담하는 핸디캡이 경주마의 성과에 영향을 미치는 다른 변수들보다 더 중요할까, 아니면 덜 중요할까? 이러한 판단에 영향을 미치는 정보는 '핸디캐퍼가 가용 데이터를 분석하는 과정', 즉 그의 정신모형에 영향을 미친다.

분석가의 판단의 정확성은 '정신모형(위에서 언급한 네 번째 유형의 정보)의 정확성'과 '정신모형의 핵심 변수에 귀속되는 가치(위에서 언급한 세 번째 유형의 정보)의 정확성' 모두에 의존한다. 이미 분석가의 정신모형에 들어 있는 변수에 대한 추가적인 디테일과 분석가의 판단에 실제로 중요한 영향을 미치지 않는 다른 변수에 대한 정보(위에서 언급한 첫 번째 유형과 두 번째 유형의 정보)는 정확성에 극히 미미한(무시해도 될 만한) 영향을 미치지만, 분석가들이 작업에 사용하는 원자료의 상당 부분을 차지한다. 이러한 유형의 정보들이 확신을 증가시키는 이유는, 그런 다량의 데이터가 결정을 뒷받침하는 것처럼 보여서이다.

새로운 정보의 유형에 대한 논의는 두 가지 유형의 분석, 즉 '데이터 주도 분석'과 '개념 주도 분석'을 구별하는 기초가 된다.

데이터 주도 분석

이러한 유형의 분석에서, 정확성은 주로 가용 데이터의 정확성과 완전성에 의존한다. 만약 '데이터 모형은 정확하다'는 합리적인 가정을 하고 나아가 '분석가는 이 모형을 데이터에 적절히 적용한다'는 추가적 가정을 한다면, 분석적 판단의 정확성은 전적으로 데이터의 정확성과 완전성에 의존한다.

군부대의 전투준비 태세를 분석하는 것은 데이터 주도 분석의 한 가지 사례다. 전투준비 태세를 분석하는 데 있어서 지켜야 할 규칙과 절차는 비교적 잘 확립돼 있다. 이러한 절차의 총체성은 정신모형을 구성하는데, 이 정신모형은 첩보대에서 수집된 정보의 지각에 영향을 미치며, '어떤 정보가 중요하고, 전투태세에 대한 판단에 이르기 위해 그 정보가 어떻게 분석돼야 하는지'에 관한 판단을 안내한다.

정신모형을 구성하는 대부분의 요소들은, 다른 분석가들이 교육을 통해 이해한 후 동일한 분석 절차를 따라 동일하거나 유사한 결과에 도달할 수 있을 정도로 명확할 수 있다. 적절한 모형이 무엇인지에 대해서는 (반드시 보편적인 것은 아니지만) 광범위한 합의가 이뤄져 있다. 가용 데이터에 합의된 모형을 적용함으로써 논리적인 결론이 도출되는 한, 분석의 질을 판단하기 위한 비교적 객관적인 기준들이 존재한다.

개념 주도 분석

개념 주도 분석은 데이터 주도 분석과 정반대다. 대답을 요하는 질문들 사이에는 명확한 경계가 없고, 알 수 없는 것들이 많다. 잠재적으로 연관된 변수들과 변수들 간의 (다양하고 불완전하게 이해된) 관계는 분석가들을 복잡성과 불확실성에 연루시킨다. 분석가에게 '수많은 정보 중에서 어떤 것이 가장 중요하고, 가능성 높은 판단을 내리기 위해 정보를 어떻게 결합할 것인가'에 관한 정보를 제공할 수 있는 검증된 이론은 거의 없다.

합의된 분석 스키마가 없는 상태에서, 분석가들은 자신만의 도구에 의존할 수밖에 없다. 그들은 (명확하기보다는 대체로 암묵적인) 정신모형의 도움으로 정보를 해석한다. 관련된 국가의 정치적 세력과 절차에 관한 가정은 분석가 자신이 보기에도 명확하지 않다. 그런 모형은 분석적 합의를 대변하지 않는다. 동일한 데이터를 분석하는 다른 분석가들이 상이한 결론에 도달하거나, 상이한 이유로 동일한 결론에 도달하는 것은 당연하다. 이러한 분석은 개념에 이끌려 이뤄진다. 그 결과가 데이터 자체만큼이나 (데이터

분석에 사용된) 개념적 틀에 의존하기 때문이다.

　데이터 주도 분석과 개념 주도 분석 간의 차이를 좀 더 설명하기 위해, '현황정보를 담당하는 분석가(특히 정치 첩보)의 기능은 장기적 연구와 구별된다'고 간주하는 것이 유용하다. 현황정보의 일상적인 루틴은 통신사 뉴스, 대사관 핫라인, 은밀한 정보원이 제공한 정보에 의해 주도되며, 이것들은 해석을 거쳐 정보공동체와 관련된 소비자들에게 전파돼야 한다. 현황정보 보고는 이처럼 수신된 정보에 의해 주도되지만, 그게 데이터 주도 분석을 의미하는 건 아니다. 그와 정반대로, 현황정보 분석가의 과제는 종종 개념에 의해 극단적으로 주도된다. 분석가는 최신의(종종 뜻밖의) 사건에 대해 즉각적인 해석을 내놓아야 한다. 자신의 배경지식을 논외로 하고, 분석가는 (통상적으로 불완전한) 초기 보고서 외에는 데이터가 없다. 이러한 상황에서, 해석은 '분석가가 담당하는 국가에서, 사건은 통상적으로 어떻게 왜 발생하는가'에 관한 암묵적인 정신모형에 기반해 이뤄진다. 판단의 정확성은 정신모형의 정확성에 거의 전적으로 의존한다. 그것 말고는 다른 판단근거가 거의 없기 때문이다.

　이러한 정신모형의 현실성을 테스트하는 방안과 분석적 판단의 정확성을 향상시키기 위해 정신모형을 바꾸는 방안을 고려할 필요가 있다. 두 가지 요인이 사람의 정신모형을 바꾸는 것을 어렵게 한다. 첫 번째 요인은 인간의 지각 및 정보처리의 성격이다.

두 번째 요인은, 많은 분야에서 정확한 모형이 정말로 무엇인지를 배우기가 어렵다는 것이다.

인간의 지각 및 정보처리의 성격 때문에, 모든 유형의 신념들은 변화에 저항하는 경향이 있다. 정신모형을 형성하는 데 중요한 역할을 수행하는 '암묵적 가정'과 '추정상 자명한 진실'이 특히 그러하다. 분석가들은 내게 자명한 진실이 다른 사람들에게는 전혀 자명하지 않으며, 한때의 자명한 진실이 10년 후에는 정보에 입각하지 않은 가정으로 간주되는 일이 흔하다는 사실을 알고 종종 깜짝 놀란다.

기존의 고정관념과 일치하는 정보는 쉽게 인지되고 처리되며, 기존의 신념을 강화한다. 정신은 본능적으로 일관성을 추구하며 기존의 심상과 일치하지 않는 정보는 간과되거나, 왜곡된 방식으로 지각되거나, 기존의 가정 및 신념에 맞춰 합리화되는 경향이 있다.[11]

경험을 통해 더 나은 판단을 내리도록 학습하려면, '선행판단의 정확성에 대한 체계적인 피드백'과 '판단의 정확성을 관련 변수(분석가로 하여금 정확한 판단을 내리도록 촉진한 변수)들의 특별한 구성과 연관시키는 능력'이 필요하다. 실무에서 보면, 정보분석가들은 체계적인 피드백을 거의 받지 않는다. 설사 자신이 예측한 사건이 실제로 일어났거나 일어나지 않았음을 알았다 하더라도, 그 귀책사유가 자신에게 있는지를 모르는 것이 상례다. 따라서,

분석가의 개인적 경험은 자신의 사고방식을 개정하는 데 별로 도움이 되지 않는다.[12]

분석의 모자이크 이론

분석 과정의 이해는 그것을 기술하기 위해 흔히 사용되는 '모자이크 비유'에 의해 왜곡돼왔다. 정보의 모자이크 이론에 따르면, 작은 정보들이 수집돼 모자이크나 퍼즐처럼 취합되면, 궁극적으로 분석가가 현실에 대한 명확한 그림을 얻을 수 있게 해준다고 한다. 이러한 비유가 시사하는 것은, 정확한 추정은 주로 모든 조각들(즉, 정확하고 비교적 완벽한 정보)에 의존한다는 것이다. 작은 정보들을 수집해 저장하는 것은 중요하다. 이것들은 원재료로서, 그것들을 조립함으로써 전체적인 그림이 나올 수 있기 때문이다. 약삭빠른 분석가가 하나의 조각을 퍼즐에 끼워 맞추는 때가 언제인지를 알 수는 없다. 대규모 기술적 정보수집 시스템의 근거는 바로 모자이크 이론에 뿌리를 두고 있다.

인지심리학적 통찰에 따르면 정보분석가들은 그런 식으로 일하지 않으며, 가장 어려운 분석과제는 이런 식으로 접근할 수 없다. 분석가들이 흔히 발견하는 조각들은 수많은 상이한 그림에 맞는 것처럼 보인다. 모든 조각들을 맞춰 탄생하는 하나의 그림 대신, 분석가들은 전형적으로 일단 하나의 밑그림을 그린 다음 거기에 맞는 조각들을 선택한다. 정확한 추정은 수집된 퍼즐 조각의 개수는 물론 그림을 형성하는 데 사용된 정신모형에도 의존한다.

정보분석의 작동 방식을 정확히 기술하는 비유는, 모자이크 이론이 아니라 의학적 진단이다. 의사는 증상을 관찰한 다음, 인체의 작동 방식에 대한 전문지식을 이용해 증상을 설명할 수 있는 가설들을 수립한다. 그리고는 가설을 평가하기 위해 검사를 통해 추가적인 정보를 수집해 가설을 평가한 다음 진단을 내린다. 이러한 의학적 비유는 모든 납득할 만한 가설들을 확인하고 평가하는 능력에 초점을 맞춘다. 정보수집은 대안적 가설들의 상대적 개연성을 구별하는 데 도움이 되는 정보에 초점을 맞춘다.

이러한 의학적 비유가 분석 과정을 이해하는 데 적절한 지침이 되는 만큼, 한정된 정보자원의 할당에 대해 던지는 시사점을 더 많이 얻을 수 있을 것이다. 분석과 수집은 모두 중요하지만, 의학적 비유는 모자이크 비유보다 분석에 더 많은 가치를 두고 수집에 더 적은 가치를 둔다.

결론

정보제품의 품질 향상을 원하는 정보 지도자와 관리자들에게, 이상과 같은 연구 결과는 '정보의 수집뿐만 아니라 분석을 향상시킴으로써 그러한 목표를 달성할 수 있다'는 교훈을 준다. 정보수집을 향상시키기 위한 노력으로 얼마나 많은 것을 얻을 수 있는지에 대해서는 고유의 현실적 한계가 있는 것 같다. 그와 대조적으로, 창의적인 분석 향상 노력을 위한 개방적이고 비옥한 분야는 존재한다.

이러한 노력들은 (분석가들이 정보를 해석하기 위해 사용하는) 정신 모형과 (분석가들이 정보를 평가하기 위해 사용하는) 분석 과정을 향상시키는 데 집중해야 한다. 이를 달성하는 것은 어렵지만 효과적인 정보분석에 필수적이므로, 아무리 작은 향상일지라도 커다란 혜택을 누릴 수 있다. 구체적인 권고는 5, 6, 7장과 결론에 포함돼 있다.

5장
고정관념: 열린 마음을 가져라

　마음은 낙하산과 같아서, 열려 있을 때만 기능을 수행한다. 이 장에서는 생각이 고정관념으로 이어지는 과정과 이유를 분석함으로써, 분석가들이 열린 마음을 갖고, 가정에 의문을 품고, 상이한 관점으로 바라보고, 새로운 아이디어를 개발하고, 마음을 바꿔야 할 때를 인식하는 데 도움이 되는 정신적 도구를 소개할 것이다.

　새로운 아이디어는 창의적 과정의 끝이 아니라 시작이다. 그것은 조직의 제품이나 솔루션으로 받아들여지기 전에 수많은 장애물을 넘어야 한다. 조직의 분위기는 새로운 아이디어가 수면으로 부상할 것인지, 억제될 것인지를 결정하는 중요한 역할을 수행한다.

　중요한 정보실패는 '수집'의 실패가 아니라 '분석'의 실패에서 비롯되는 경우가 많다. 유행하는 정신모형이나 고정관념에 부합하지 않는다는 이유로, 적절한 정보가 평가절하되고, 잘못 해석되고, 무시되고, 기각되고, 간과된다.[1] 신호는 잡음 속에서 상실된다.[2] 분석가에게 새로운 경험에 마음을 열고 '변화하는 세상에 대응해, 장기적인 관점이나 전통적인 지혜가 개정돼야 할 때'라고 인식하게 하려면 어떻게 해야 할까?

　기억에서 인출되는 신념, 가정, 개념, 정보는 (새로운 정보의 지각과 처리를 안내하는) 고정관념이나 정신모형을 형성한다. 정보사업의 속성상, 우리는 확실한 정보가 부족한 초기 단계에서 이슈들을 다뤄야 한다. 이슈나 상황에 대한 정보에 공백이 없고 정보가 애매모호하지 않다면, 그것은 흥미로운 정보문제가 될 수 없다. 정보가 부족할 때, 분석가들은 종종 (특정 국가에서 사건이 통상적으로 어떻게, 왜 일어나는가에 관한) 사전 신념과 가정에 크게 의존할 수밖에 없다.

고정관념은 좋은 것도 나쁜 것도 아니며, 불가피한 것이다. 본질적으로 분석가들이 주제에 대해 알고 있다고 생각하는 모든 것의 집약체다. 그것은 '세상을 지각하는 렌즈'를 형성하며, 일단 형성되면 변화에 저항한다.

고정관념 이해하기

2장에서는 기억의 '정보에 관한 생각'이 크고 다차원적인 거미줄처럼 서로 연결돼 있다고 말한 바 있다. 거미줄의 어떤 점이든 다른 점과 연결하는 것이 가능하다. 분석가들이 똑같은 점들을 빈번하게 연결한다면, 점들이 하나의 경로를 형성하므로 미래에 그 길을 택하는 것이 더욱 쉬워진다. 일단 특정한 경로를 따라 생각하기 시작하면, 분석가들은 동일한 방식으로 계속 생각하는 경향이 있으며, 그 경로는 하나의 틀rut이 될 수 있다. 그 경로는 명확하고 자연스러운 길처럼 보인다. 경로 근처에 위치한 정보와 개념들은 쉽게 입수될 수 있으므로, 동일한 이미지가 계속 떠오르게 된다. 그 외의 정보들은 마음속에 떠오를 가능성이 낮다.

고정관념 깨기, 창의성 또는 새로운 정보에 관한 개방성을 논한다는 것은 기억의 거미줄에서 새로운 연결을 만들고 새로운 경로를 개척하는 것과 마찬가지다. 이러한 연결은 종전에는 직접적으로 연결되지 않았거나 단지 미약하게 연결됐던 사실과 개념, (사실이나 개념들을 체계화하는) 스키마들 간의 연결을 말한다.

오래된 요소들이 새로 결합되면서 생겨나는 연결에서 새로운 아이디어가 나온다. 종전에 거리가 멀었던 사고 요소들이, 새롭고 유용한 조합 속에서 갑자기 연결된다.[3] 연결이 만들어지면 서광이 비치게 된다. 종전에 무관했던 정보와 아이디어들을 의미 있는 방법으로 결합하는 능력은, 개방적이고 창의적이고 상상력이 풍부한 분석가의 전형적인 특징이다.

마음이 어떻게 작동하는지 설명하기 위해, 모든 분석가들에게 익숙한 일종의 정신적 블록*—작가의 블록에 대한 내 개인적 경험을 소개한다. 나는 글을 쓸 때 종종 정신적 블록을 깰 필요가 있다. 모든 것이 잘 진행되다가, 한 문단에 와서 꼼짝 못하게 되는

---

* 감정적 요인에 의한 생각과 기억의 차단.

경우가 있다. 나는 뭔가를 쓰고 그것이 옳지 않음을 알지만, 그보다 더 잘 쓸 방법이 생각나지 않는다. 문단을 고치려고 아무리 노력해도, 기본적으로 동일한 방식을 벗어나지 못한다. 내 생각은 코너에 몰렸고, 특정한 사고방식을 탈피해 다르게 쓸 수가 없다.

이런 문제에 대처하는 흔한 방법은, 잠깐 휴식을 취하며 뭔가 다른 일에 종사한 다음 나중에 그 어려운 부분에 복귀하는 것이다. 시간이 경과함에 따라 그 경로는 덜 두드러져, 다른 연결을 만드는 게 쉬워진다.

그런데 나는 또 하나의 해법을 찾아냈다. 나는 내 자신에게 그 문제를 크게 말하라고 재촉한다. 나는 (내가 혼자 중얼거리는 소리를 남들이 들을까 봐 걱정되기 때문에) 사무실 문을 닫고, 자리에서 일어나 이리저리 돌아다니며 중얼거린다. 나는 이렇게 말한다. "좋아, 이 문단의 요점이 뭐지? 네가 전달하려고 하는 게 뭐지?" 내가 마치 누군가 다른 사람에게 말을 하는 것처럼 크게 "내가 전달하려는 요점은 …"이라고 대답하면, 모든 게 해결된다. 크게 말하고 나면 블록이 파괴돼, 단어들이 다른 방식으로 합쳐지기 시작한다.

최근 연구에서 나의 작전이 성공하는 이유가 밝혀졌다. 과학자들에 따르면, 손으로 적는 언어와 입으로 말하는 언어가 각각 뇌의 다른 부분에서 처리된다고 한다.[4] 즉, 그것들은 각각 상이한 뉴런을 사용한다는 것이다.

문제해결 연습

분석가들이 새로운 정보에 마음을 여는 방법을 이야기하기 전에, 간단한 연습으로 이 주제에 대해 워밍업을 해보기로 하자. 종이에서 연필을 떼지 않은 채, 아래 그림의 아홉 개 점을 통과하는 네 개 이하의 곧은 선을 그어보라.[5]

혼자 힘으로 문제를 해결하려 노력해본 후, 이 장의 맨 마지막에 있는 해답을 참고하며 논의를 계속하자. 그리고 정보분석가들이 너무 자주 이와 비슷한 무의식적이고 자발적인 제한, 즉 '마음의 새장'에 갇혀 있는지를 생각해보라.

당신은 사회적 통념에 구애받을 필요가 없다. 그것은 종종 틀리기 때문이다. 굳이 기존의 정책에 얽매일 필요도 없다. 합당한 이유를 댄다면, 그것은 간혹 바뀔 수 있다. 당신은 당신에게 주어진 특정한 분석적 요구사항을 굳이 충족해야 할 필요가 없다. 요

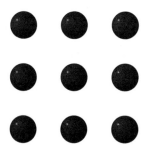

그림 5

구사항을 제시한 정책입안자가 자신의 수요를 철저히 생각해보지 않았거나, 요구사항이 여러 단계를 거쳐 전달되는 동안 왠지 알아듣기 어렵게 변질됐을 수도 있다. 당신이 정책입안자 자신보다 '해야 하는 것'과 '가능한 것'을 더 잘 이해하고 있을 수 있다. 명령체계를 거슬러 올라가, 요구받은 것과 약간 다른 것을 제안하는 것을 두려워하지 말아야 한다.

정신적 도구

사람들은 다양한 물리적 도구들(예: 망치, 톱)을 이용해, 다양한 물리적 과제를 수행할 수 있는 능력을 향상시킨다. 또한 사람들은 간단한 정신적 도구를 이용해 정신적 과제를 수행할 수 있는 능력을 향상시킬 수 있다. 그런 도구들은 인간의 (지각·기억·추론을 위한) 정신적 도구의 제한을 극복하는 데 도움이 된다. 이 장의 나머지 부분에서는 새로운 아이디어를 가질 수 있도록 분석가의 마음을 열어주는 도구를 설명하고, 6장에서는 복잡한 분석문제를 구조화하는 정신적 도구를 다루려고 한다.

가정에 대한 의문 제기

분석가들은 자신의 가정에 의문을 제기할 필요가 있다. 경험에 의하면, 분석적 판단이 틀리는 것은 정보가 틀려서가 아니다. 그것은 분석가가 만든 하나 이상의 불완전한 가정이 도전을 받지 않았기 때문이다. 문제는, 분석가들이 모든 가정에 문제를 제기하지 않는다는 것이다. 그렇다면 그들은 어디에 주의를 집중하고 있는 걸까?

민감도 분석. 한 가지 접근 방법은, 비공식적인 민감도 분석 sensitivity analysis을 하는 것이다. 중요한 변수나 추진력의 변화에 대한 궁극적 판단은 민감도가 얼마나 높을까? 분석가들의 분석을 추동하는 핵심 가정들에 대해 의문을 품을 필요가 있다. 분석가들은 스스로에게 '가정들을 낙후된 것으로 만드는 사건이 무엇인가?'와 '그런 사건이 이미 일어났음을 어떻게 알 수 있는가?'라고 물어야 한다. 그들은 자신의 가정을 시인하기보다 부인하려고 노력해야 한다. 정신과 고정관념의 변화를 초래할 수 있는 요인에 대해 말하지 못하는 분석가는 너무 꽉 막혀 있으므로, 상충되는 증거를 바라볼 수가 없다. 7장에서 설명하는 경합가설 접근 방법의 이점 중 하나는, 결론을 좌지우지하는 핵심적인 가설을 확인하는 데 도움이 된다는 것이다.

대안 모형을 확인하라. 분석가들은 자신에게 동의하기보다는 이의를 제기하는 사람들을 찾아냄으로써 대안 모형, 개념적 틀, 데이터 해석을 확인하도록 노력해야 한다. 대부분의 사람들은 그런 일을 그다지 자주 하지 않는다. 자신과 동일한 고정관념을 공유하는 사무실 동료들과 대화하는 것이 훨씬 더 편안하기 때문이다. 정책상 가능하고, 다른 부서에서 과거에 행했던 일 중에서 이러한 경향을 극복하는 데 도움이 되는 것들이 몇 가지 있다.

예컨대 CIA 첩보부의 보고서 평가는 적어도 한 가지 구성요소로 동료심사peer review 과정을 포함하고 있는데, 여기서는 어떤 심사자도 보고서를 생산한 부서에 소속돼 있지 않다. 분석가의 동료와 직속상관들은 공통적인 고정관념을 공유할 공산이 높아, 분석의 타당성에 도전하는 근본적 이슈를 제공할 가능성이 낮기 때문이다. 이러한 고정관념 문제를 회피하기 위해, 각각의 연구보고서는 (다른 나라나 다른 이슈를 다루는) 다른 부서의 분석가 세 명으로 구성된 위원회의 심사에 회부된다. 그들 중에서 해당 분야에 전문적인 지식을 가진 사람은 한 명도 없지만, 그들은 평소에 매우 높은 성과를 자랑하는 분석가들이다. 그들은 심사 대상 이슈에 몰입돼 있지 않기 때문에, 은폐된 가정과 기타 대안들을 더욱 잘 찾아내는 것은 물론, 분석 보고서가 결론을 충분히 뒷받침하는지 여부를 더욱 잘 판단할 수 있다.

거울상을 조심하라. 분석가가 늘 명심하고 의문을 제기해야 하는 가정은 거울 들여다보기mirror-imaging다. 거울 들여다보기란 '상대 국가가 미국이 특정 상황에서 행동하는 것처럼 행동할 것'이라고 가정함으로써 분석가가 지닌 지식의 허점을 메우는 것을 말한다. 이를테면 "내가 러시아의 정보장교라면…"이라든가 "내가 인도 정부를 다스린다면···"과 같은 경우가 있다. 러시아의 정보 장교나 인도 정부가 실제로 어떻게 행동하고 있는지 모를 때, 분석가들은 그렇게 할 수밖에 없을 수도 있다. 그러나 거울 들여다보기는 위험한 가정에 이를 수 있다. 다른 문화권의 사람들은 우리와 똑같이 생각하지 않기 때문이다. 그들이 빈번히 하는 가정은, 데이비드 제레미아David Jeremiah 장군이 정보공동체의 인도 핵무기 실험 예측 실패를 검토한 후 말한 "모두가 우리와 같이 생각한다"는 고정관념과 같다.[6]

'다른 나라 사람들은 자국의 관심사를 우리와 다르게 인식한다'는 사실을 이해하지 못하는 것은, 정보분석 실패의 지속적인 원천이다. 예컨대 1977년 정보공동체는 남아프리카공화국의 핵실험 장소로 보이는 곳에 대한 증거를 입수했다. 정보공동체의 많은 사람들(특히 남아공에 대해 잘 모르는 사람들)은 '남아공 정부는 핵무기를 원하지 않을 것이다. 그들에게는 그것을 효과적으로 사용할 적이 없기 때문이다'라는 근거에 입각해 그 증거를 묵살했다.[7] 다른 나라의 국가적 관심사에 대한 미국의 관점은 통상적으로 정보분석에 부적합하다. 그 판단은 '다른 나라가 자국의 관심사를 인식하는 방법'에 기반해야 한다. 분석가가 다른 나라의 생각에 대해 통찰을 얻을 수 없다면 거울상이 유일한 대안일 수 있지만, 분석가들은 그런 종류의 판단을 과신해서는 안 된다.

다른 관점에서 바라보기

또 한 가지 문제는, 익숙한 데이터를 다른 관점에서 바라보는 것이다. 만약 당신이 체스를 둔다면, 당신의 수를 잘 예측할 수 있을 것이다. 그러나 체스판 위에 놓인 모든 말을 상대편의 관점에서 바라보고, 당신의 행마에 상대편이 어떻게 대응할지 예상하는 일은 훨씬 더 어렵다. 이것은 분석가들이 미국 정부의 행동이 다른 나라의 관점에서 어떻게 보일지 알아내려고 노력할 때 직면하는 상황과 똑같다. 분석가들은 행마를 지속적으로 반복하며 처음에는 미국의 관점에서, 다음에는 다른 나라의 관점에서 상황을 바라봐야 한다. 1장에서 할머니와 젊은 여성의 이미지를 통해 확인한 것처럼 관점을 바꾼다는 것은 매우 어렵다.

대안적 관점에서 바라보는 기법들은 '다른 방향에서 문제에 접근하고, 다른 질문을 던진다'는 일반원칙을 이용하는 것이 보통이다. 이런 기법들은 당신이 다르고 익숙하지 않은 역할을 수행하게 함으로써 기존의 고정관념을 깨뜨릴 것이다.

미래에서 되돌아보라. 새로운 영역을 탐구하는 기법 중 하나는 '미래에서 되돌아보는 것'이다. 지적 훈련을 위해, 예상하지 못한 사건이 실제로 일어났다고 가정하자. 그다음, 미래로 이동해 그 사건이 어떻게 일어났는지 회고해보라. 6개월이나 1년 전, 어떤 일이 일어나 그런 결과가 발생할 기반을 마련했는지, 어떤 일이 일어나 그 길을 예비했는지 등을 생각해보라.

미래에서 되돌아보기는 '어떤 일이 일어날 건지 말 건지'에서 '그 일이 어떻게 일어날 것인지'로 초점을 바꾸는 것이다. 미래로의 이동은 새로운 관점을 창조해, 현재에 매몰되지 않도록 해준다. 분석가들은 종종—자신이 봐도 놀라울 정도로—종전에 불가능할 거라고 생각했던 사건에 대해 매우 그럴듯한 시나리오를 작성할 수 있다. 미래에서 되돌아보기는 '발생 가능성이 낮지만 매우 중대한 결과를 초래할 수 있는 사건(이를테면 사우디 군주제의 붕괴나 전복)'을 이해하는 데 특히 도움이 된다.

수정구슬. 수정구슬 접근 방법은 미래에서 되돌아보기와 동일한 방법으로 작동한다.[8] 완벽한 정보원이 '특정한 가정은 틀렸다'고 말해줬다고 상상하라. 그렇다면 당신은 그게 사실일 수 있는 이유를 설명하기 위해 시나리오를 작성해야 할 것이다. 그럴듯한 시나리오를 작성할 수 있다면, 그 가정으로 몇 가지 의문에 답변할 수 있음을 시사한다.

역할 연기. 역할 연기role playing는 사람의 사고 범위를 제한하는 제약과 방해요인을 극복하기 위해 흔히 사용된다. 역할 연기는 서 있는 자리를 바꿈으로써 다르게 생각하고 행동할 권리를 준다. 많은 분석가들이 종종 그러듯이, 다른 지도자나 국가가 어떻게 생각하고 반응할지를 상상하려고 노력하기만 하는 것이 역할 연기는 아니다. 역할 연기를 하는 사람은 실제처럼 연기해야 하고, 어떤 의미에서 자신이 상상하는 인물이 돼야 한다. 분석가의 통상적인 고정관념을 깨고 사실과 아이디어들을 (습관적 패턴과 다른 방식으로) 서로 연관시켜야만 진정한 역할 연기를 할 수 있다. 이런 역할 연기는 혼자서는 불가능하며, (일반적으로, 조직화된 시뮬레이션이나 게임의 맥락에서) 상이한 역할을 수행하는 상이한 분석가들로 이뤄진 그룹 내 상호작용이 요구된다.

미 국방부와 학계에서 지금껏 수행된 대부분의 역할 연기 게임은 상당히 정교하므로, 실질적인 준비 작업이 필요하다. 그러나 역할 연기를 그런 방식으로 진행할 필요는 없다. 준비 작업은 (참가자들이 배워야 하는) 개념적 시나리오 대신 (분석가에게 이미 알려진) 현 상황을 가정하고 게임을 시작함으로써 대신할 수 있다. 개념적 정보보고서 하나만 있으면, 역할 연기 게임을 시작하는 데 충분하다. 내 경험에 의하면, 준비 작업에 거의 투자하지 않더라도 하루 동안 유용한 정치적 역할 연기 게임을 할 수 있다.

게임이 정답을 제시하는 것은 아니지만, 연기자들에게 사물을 새로운 관점에서 바라보게 해주는 것이 보통이다. 연기자들은 '의견은 입장에 의존한다'는 점을 매우 의식하게 된다. 역할을 바꿈으로써, 참가자들은 문제를 다른 맥락에서 바라보게 된다. 이를 통해 마음을 자유롭게 함으로써 다르게 생각하게 된다.

악마의 변호인. 악마의 변호인devil's advocate*은 소수의 관점을 옹

---

* 어떤 사안에 대해 의도적으로 반대 입장을 취하면서 선의의 비판자 역할을 하는 사람.

호하는 사람이다. 그가 소수의견에 반드시 동의해야 하는 것은 아니지만, 가능하면 그것을 강력하게 대변하는 역할을 선택하거나 부여받을 수 있다. 악마의 변호인의 목적은 상충하는 해석들을 노출시키고, 대안적 가설과 이미지들이 세상을 달라 보이게 하는 방법을 보여주는 것이다. '다른 관점에서 보면 세상이 어떻게 보이는지'를 아는 데는 종종 시간, 에너지, 헌신이 필요하다.[9]

당신이 미국의 재외 기관 책임자로서 테러리스트 공격의 가능성을 염려한다고 상상하라. 그런 경우 표준적인 대응 방법은 기존의 조치들을 검토해 그 적절성을 판단하는 것이다. 정도의 차이는 있지만, 그런 조치를 감독하는 기관에서 만족스러운 조치를 촉구하는 압력이 가해질 수도 있다. 그런 경우 대안적(또는 보완적) 접근 방법은, 개인이나 소집단을 악마의 변호인으로 지정해 그런 공격을 개시하는 실행계획을 수립하도록 할당하는 것이다. 테러리스트처럼 생각하는 과제를 부여하면 지정된 사람에게 인습에 얽매이지 않고 자유롭게 생각하게 하고, 별다른 제약 없이 시스템의 약점을 발견하게 할 수 있다. 물론 동료들은 악마의 변호인에게 적이 당황할 것이다. 자신이 속한 시스템의 약점을 파헤치는 것이 그들의 임무이기 때문이다.

악마의 변호인은 정보공동체에서 논란 많은 역사를 갖고 있다. 상충하는 견해 간의 적절한 경쟁은 건강하며, 고무돼야 한다는 점을 언급하는 것만으로도 충분하다. 전면전 같은 정치적 논쟁은 비생산적이다.

마음을 바꿔야 할 때를 인식하라

일반적인 법칙을 말하면, 사람들은 변화에 너무 적극적이라기보다는 확립된 관점을 바꾸는 데 너무 소극적이다. 인간의 마음은 보수적이므로 변화에 저항한다. 과거에 타당했던 가정들은 구식이 된 지 한참 후에도 새로운 상황에 계속 적용된다.

충격에서 배워라. 산업계의 고위 경영자들을 대상으로 한 연구에서, 성공적인 경영자들은 이 같은 보수적 성향에 맞대응하는 것으로 밝혀졌다. 연구에 따르면, 성공적인 경영자들은 다음과 같이 행동한다고 한다.

특별한 사실이 기존의 이해와 부합하지 않을 때, 그들은 충격감에 주의를 기울인 다음 새로운 것을 부인하기보다 강조함으로써 보수적 성향에 맞대응한다. 충격이 그들의 마음을 언짢게 하지만, 그들은 충격의 원인을 심각하게 받아들이고 조사에 착수한다 … 성공적인 고위 경영자들은 과거의 관점이 부정되는 것을 부인하거나 과소평가하거나 무시하지 않고, 그것을 종종 호의적으로 대하고 어떤 면에서는 충격이 초래하는 불쾌감을 소중히 여긴다. 결과적으로, 이러한 경영자들은 새로운 상황을 종종 일찌감치 지각하고, 완고한 개념에 의해 왜곡된 마음 상태를 회피할 수 있다.[10]

분석가들은 예기치 않은 사건들을 기록하고, 그것을 무시하거나 변명할 게 아니라 그 의미를 곰곰이 생각해야 한다. 아무리 작더라도, 그런 충격이 어떤 대안적 가설과 일치하는지를 생각하는 것은 중요하다. 예기지 않은 사건은 무시하기 쉽지만, 충격의 패턴은 "현재 일어나는 사건에 대한 이해가 약간의 조정을 필요로 하고, 고작해야 불완전하며, 틀릴 수 있다"는 첫 번째 단서가 될 수 있다.

전략적 가정 대 전술적 지표. 에이브러햄 벤즈비Abraham Ben-Zvi는 기습을 예측하기 위해, 다섯 가지 정보실패 사례를 분석했다.[11] 그는 '전략적 가정에 기반한 추정'과 '전술적 지표에 기반한 추정'을 구별하는 유용한 방법을 제시했다. 전략적 가정의 사례에는 "일본이 미국의 군사적 우월성을 인식하므로, 어떤 부담을 감수하더라도 전쟁을 피하고 싶어 한다"는 1941년 미국의 판단과 "아랍국가들은 제공권을 장악할 수 있는 공군력을 충분히 확보할 때까지 이스라엘을 공격하지 않을 것이다"라는 1998년 이스라엘의 판단이 포함된다. 더욱 최근의 사례는 1998년 인도의 핵실험에 관한 것인데, 최소한 부분적으로 전문가들이 임박한 핵실험을 경고하지 못한 것은 큰 충격으로 받아들여졌다. 부정확한 전략적 가정은 "인도의 새 정부가 미국의 경제제재를 두려워해 핵무기 실험을 하지 않을 것이다"라는 것이었다.[12]

전술적 지표에는 특별한 대책 보고서, 적대적 행동을 시작하려는 의도, 최근 인도의 사례에서 보는 바와 같은 핵실험에 대한 대책 보고서가 있다. 벤즈비에 따르면, 임박한 공격에 대한 전략적 가정과 전술적 지표가 수렴할 때는 언제나 즉각적인 위협이 감지되고 적절한 예방조치가 취해진다고 한다.

벤즈비가 분석한 다섯 개 사례에서, 전술적 지표와 전략적 가정이 불일치할 때는 전략적 가정이 늘 우선시됐으며 상충되는 정보들의 유입이 증가하는 상황에서도 전혀 재평가되지 않았다. 벤즈비는 "의사결정 과정에서 전술적 지표에 대한 가중치를 증가시켜야 한다"고 결론지었다. 최소한 우리의 전략적 가정과 상충되는 전술적 지표가 등장할 경우, 더 높은 수준의 정보경계를 촉구해야 한다. 그것은 더 큰 충격이 도사리고 있음을 시사하기 때문이다.

7장에서는, 충격을 확인하고 전술적 지표와 (오랜 가정과 신념에 반하는) 다른 형태의 정보에 대한 가중치를 증가시키기 위한 틀을 제공한다.

창의적 사고를 촉진하라

대부분의 다른 노력에서와 마찬가지로, 상상력과 창의성은 정보분석에서 중요한 역할을 수행한다. 정보판단은 현재 상황의 가능한 원인과 결과를 상상할 수 있는 능력을 요구한다. 모든 가능한 결과들은 주어져 있다. 분석가는 (그것들이 어떻게 일어날지를 설명하는) 시나리오를 상상함으로써 그런 결과들을 고려해야 한다. 그와 마찬가지로, 어떤 문제가 외국 정부의 관점에서 어떻게 보일지를 재구축하는 데는 지식과 상상력이 필요하다. 오랫동안 당연시돼 왔던 것에 의문을 제기하려면 창의성이 필요하다. 사과가 나무에서 떨어진다는 사실은 모든 사람에게 잘 알려져 있었다. 뉴턴의 창의적 천재성은 "왜?"라고 물은 것이었다. 정보분석가도 새로운 의문을 제기하도록 기대되며, 새로운 의문은 종전에 인식하지 못했던 관계나 종전에 예상하지 않았던 가능한 결과를 확인하는 데 도움이 된다.

창의적인 분석 보고서는 상상력이 풍부하거나 혁신적인 동시에, 분석의 핵심적인 요구사항(정보수집, 정보분석, 증거제시, 결론도출)을 모두 충족하는 데 필요한 정확하고 효과적인 방법을 고안해내는 솜씨를 보여준다. 창의적 활동의 사례로는, 이례적인 자료원을 물색하고, 새로운 의문을 제기하고, 새로운 제품을 개발하거나 (소비자의 수요에 적합한 정보를 생산하는) 새로운 방법을 개발하는 것이 있다.

IQ로 측정되는 사람의 지능은 창의성과 별로 관계가 없으며, 조직환경이 중요한 영향력을 행사한다. 새롭지만 적절한 아이디어를 창출할 가능성이 가장 높은 것은, 창의력 개발과 의사소통을 장려하는 조직문화다.

'창의성은 선천적이며, 가르치거나 개발할 수 없다'는 구시대적 견해는 대체로 거짓이다. 선천적 재능 자체는 중요하고 바뀔 수 없지만, 자신의 타고난 재능을 좀 더 생산적으로 사용하는 방법을 학습하는 것은 가능하다. 분석가들은 이해와 실습과 의식적 노력을 통해 더욱 창의적이고 혁신적이고 상상력이 풍부한 보고서를 작성할 수 있다.

많은 문헌들이 창의성의 본질과 그것을 촉진하는 방법을 기술한다. 다섯 가지 이상의 창의적 사고를 가르치고 촉진하고 해방시키는 방법이 개발됐다. 창의성을 가르치거나 촉진하는 방법들은 하나같이 '사고과정은 사고의 내용과 분리될 수 있다'는 가정에 입각해 있다. 즉, 우리는 어느 주제에나 적용될 수 있는 정신적 전략을 학습할 수 있다는 것이다.

여기서 창의성 향상을 위한 상업용 프로그램을 소개하는 것은 나의 목적에 부합하지 않는다. 그런 프로그램적 접근 방법들은 정보분석보다는 신제품 개발, 광고, 경영과 관련된 문제에 더 적합하다. 그러나 그런 프로그램들이 공통적으로 포함하고 있는 핵심 원칙과 기법들을 논의할 필요는 있다. 정보분석가들이 자신들의 업무에 적용할 수 있기 때문이다.

정보분석가들은 '사건, 정책, 외국 정부의 행동의 잠재적 원인', '기존 상황의 가능한 결과', '어떤 결과가 실제로 일어날 것인지에 영향을 미치는 변수'에 대한 아이디어를 고안해내야 한다. 또한 정보분석가들은 자신의 기억과 상상력을 자극하고 익숙한 사건들을 새로운 관점에서 인식하기 위해, 고정관념에서 벗어나도록 박차를 가해야 한다.

정보분석에 적용될 수 있는 창의적 사고의 원칙과 기법들은 아래와 같다.

판단 보류. 판단 보류의 원칙은 더 말할 나위 없이 가장 중요하다. 분석에서 아이디어가 생성되는 국면은 아이디어를 평가하는 국면과 구별돼야 하며, 평가는 모든 아이디어들이 나올 때까지 보류돼야 한다. 이러한 접근 방법은 아이디어의 생성과 평가가 동시에 이뤄지는 통상적 절차와 배치된다. 상상력과 비판적 사고를 자극하는 것은 모두 중요하지만, 두 가지는 잘 뒤섞이지 않는다. 자기검열의 형태로 나타나든, 동료나 감독자overseer의 비판적 평가에 대한 두려움으로 나타나든, 판단적 태도는 상상력을 약화시킨다. 아이디어 생성은 자유분방하고 무제한적이고 무비판적인 과정이다.

새로운 아이디어란 개념상 비관습적이므로, 안전하게 보호되는 환경에서 태어나지 않을 경우 알게 모르게 억제되기 쉽다. 비판적 판단은 아이디어의 생성 단계가 완료될 때까지 유예돼야 한다. 일련의 아이디어를 서면으로 기록한 다음, 평가는 나중에 해야 한다. 이러한 방식은 개인의 아이디어 탐색은 물론 그룹의 브레인스토밍에도 적용된다. 아이디어를 평가하기 전에, 모두 꺼내어 테이블 위에 올려놓아야 한다.

양이 질로 이어진다. 두 번째 원칙은, 아이디어의 양이 궁극적으로 질로 이어진다는 것이다. 이 원칙은 '마음에 첫 번째로 떠오르는 아이디어가 가장 흔하거나 평범하다'는 가정과 상반된다. 독창적이거나 색다른 아이디어에 도달하기 전에, 그런 통상적 아이디어들을 훑어볼 필요가 있다. 사람들은 습관적으로 계속 사용하는 사고방식을 보유하는데, 그 이유는 그게 과거에 성공적이었던 것처럼 보여서이다. 그런 (맨 처음으로 떠오르는) 습관적 반응이 최상의 반응이며, 더 이상의 탐색이 불필요하다는 것도 무리는 아니다. 그러나 쓸만한 아이디어를 찾기 위해서, 우리는 평가를 내리기에 앞서서 가능한 한 많은 아이디어들을 생성하려고 노력해야 하다.

자발적 제한은 금물. 세 번째 원칙은, 가능한 한 자유로운 생각을 허용(더 나아가 격려)하라는 것이다. 분석적 습관이든, 제안된 관점이든, 사회적 규범이든, 감정적 블록이든 자발적 제한으로부터 자신을 해방할 필요가 있다.

아이디어의 교차수정. 창의적 문제해결의 네 번째 원칙은, 아이디어의 교차수정cross fertilization이 중요하고 필요하다는 것이다. 아이디어는 서로 결합돼 더욱 풍성하고 훌륭한 아이디어를 형성해야 한다. 만약 창의적 사고에 기존의 (무관하거나 약하게 관련된) 개념들 간의 연결을 강화하는 것이 포함돼 있다면, 창의성은 더 많은 개념들을 다른 개념들과 새로운 방식으로 엮는 행동에 의해 자극될 것이다. 다른 분석가들과의 상호작용은 교차수정을 위한 기본적 메커니즘이다. 일반적으로, 사람들은 다른 사람들과 팀을 이룰 때 더욱 창의적인 아이디어를 생성할 수 있다. 여러 사람이 모이면 서로 상대방의 아이디어가 형성되고 발달하는 데 도움을 주기 때문이다. 개인적 상호작용은 아이디어들 간의 새로운 연결을 자극하며, 또한 더욱 커다란 노력을 유도하고, 과업에 대한 집중력이 유지되도록 도와준다.

내가 집단적 과정을 이처럼 호의적으로 논평하는 의도는, (최소한의 공통분모에 기반한) 표준 위원회나 조정과정을 아우르려는 것이 아니다. 집단적 상호작용에 대한 나의 긍정적 진술은 주로 (새로운 아이디어를 생성하는 것을 목표로 하는) 브레인스토밍 과정에 적용된다. 위에서 언급한 첫 번째 원칙에 따라, 브레인스토밍 과정에서는 모든 비판과 평가가 아이디어 생성 단계가 완료될 때까지 보류된다.

혼자서 곰곰이 생각하는 것은 나름의 이점이 있다. 개인의 생각은 그룹 내의 상호작용보다 더 구조적이고 체계적인 경향이 있다. 최적의 결론은 '개인의 생각'과 '팀의 노력' 사이를 오가는 데서 나온다. 집단 내의 상호작용을 이용해, 개인의 생각을 보충하는 아이디어를 생성할 수 있다. 동질적인 집단보다는 다양성을 지닌 집단이 유리한 것은 당연하다. 집단의 구성원 중에 문제와 관련이 없는 분석가가 있을 경우, 상이한 통찰을 반영할 가능성이 높다는 장점이 있다.

아이디어 평가. 모든 창의력 향상 기법은 아이디어의 흐름을 자극하는 것과 관련이 있다. 최상의 아이디어를 결정하는 기법에 견줄 기법은 없다. 따라서 그 절차는 아이디어 평가보다는 아이디어의 생성을 겨냥한다. 그러나 동일한 절차가 아이디어 평가에도 도움이 된다. 더 많은 대안들을 생성할 수 있으면, 더 많은 잠재적 결과, 반향repercussion, (하나의 아이디어나 행동이 수반하는) 효과를 기대할 수 있기 때문이다.

조직환경

아이디어는 창의적 과정의 최종 산물이 아니다. 그보다는 차라리 하나의 아이디어를 혁신적인 결과물로 전환시키는, 때로 길고 고된 과정이 시작된다. 아이디어는 개발되고 평가된 다음 타인들에게 전달돼야 하는데, 이 과정은 (아이디어가 생성되는) 조직환경의 영향을 받는다. 잠재적으로 유용한 새 아이디어는 조직의 산물로 인정받기 전에 수많은 장애물을 넘어야 한다.

아래 단락에서는 프랭크 앤드루스Frank Andrews가 창의력, 조직환경, 혁신적 연구 결과 간의 관계를 분석하기 위해 수행한 연구를 비교적 상세히 기술하고자 한다.[13] 이 연구의 참가자는 115명의 과학자로, 각각 질병의 사회심리학적 측면을 다루는 연구 프로젝트를 지휘한 바 있었다. 그 과학자들은 창의력과 지능을 측정하는 표준 테스트를 받은 후, (자신들의 연구가 수행된) 환경에 관한 광범위한 설문지를 작성했다. 그런 다음 앤드루스는 의료사회학 분야의 내로라하는 전문가들로 구성된 판정위원회에 의뢰해 115개의 연구 프로젝트 각각의 주요 출판 결과를 평가했다.

판정위원들은 생산성과 혁신성에 기반해 연구 결과를 평가했다. 생산성은 '확립된 연구를 통해 지식을 첨가하거나, 기존의 이론을 확장한 정도'로 규정됐다. 혁신성은 '새로운 연구를 통해 지식을 첨가하거나, 새로운 이론을 개발한 정도'로 규정됐다.[14] 다시 말해서 혁신이란 새로운 의문을 제기하고 지식의 습득을 위한 새로운 접근 방법을 개발하는 것으로, 이미 확립된 틀 안에서 생산적으로 연구하는 것과 구별된다. 이러한 정의는 정보분석의 혁신에도 그대로 적용된다.

앤드루스는 과학자의 창의력과 연구의 혁신성 사이에서 사실상 아무런 상관관계도 발견하지 못했다(정보의 수준과 혁신성 사이에도 아무런 관계가 없기는 마찬가지였다). 창의력 테스트에서 높은 점수를 받은 사람이 연구의 혁신성 평가에서 높은 점수를 받은 건 아니었다. 그 이유는 뭘까? 가능한 이유 중 하나는, 창의력 또는 혁신성(또는 둘 다)이 정확히 측정되지 않았다는 것이다. 그러나 앤드루스는 다른 견해를 설득력 있게 제시한다. 그 내용인즉, 창의력을 혁신적 연구 결과로 전환시키는 데 필요한 단계에 큰 영향을 미치는 사회학적·심리학적 요인들이 너무도 많아, 창의력 하나에만 귀속시킬 수 있는 측정 가능한 효과가 존재하지 않는다는 것이다. 앤드루스는 과학자들이 자신의 연구환경을 기술한 설문지의 데이터를 분석했다.

분석 결과, 앤드루스는 "창의력이 높은 과학자들은 다음과 같은 호의적인 조건 아래에서만 더욱 창조적인 연구를 할 수 있다"는 사실을 발견했다.

- 자신이 새로운 활동을 선도하는 책임을 맡고 있음을 인식할 때: 혁신에 대한 기회와, 그를 위한 격려가 중요한 변수라는 점은 놀랍지 않다.
- 자신의 프로그램과 관련된 의사결정에 상당한 통제권(목표를 설정하고, 보조연구원을 고용하고, 연구비를 집행할 수 있는 자유 등)을 보유하고 있을 때: 이러한 환경에서, 새로운 아이디어가 창의적이고 유용한 제품으로 발달하기 전에 질식사할 가능성은 매우 낮다.
- 자신의 전문가적 역할에 대해 안전함과 편안함을 느낄 때: 새로운 아이디어는 종종 혼란스러우며, 그것을 추구하는 데는 실패의 위험이 수반된다. 자신의 지위에 대한 안전감을 느끼는 사람들은 새로운 아이디어를 발전시킬 가능성이 높다.

- 고위 관리자가 방해하지 않을 때: 관리자가 지시를 내릴 때
  보다는 지지하거나 편의를 제공할 때 연구자들의 혁신성이
  높아질 가능이 높다.
- 인력, 예산, 연구 기간에 비해 프로젝트의 규모가 작을 때:
  작은 규모는 탄력성을 촉진하며, 창의력에 더욱 큰 도움이
  된다.
- 연구 프로젝트 외에 다른 활동(예: 강의, 행정)에 종사할 때: 다
  른 활동은 유용한 자극을 제공하거나, 새로운 아이디어를
  개발하거나 실행할 기회를 확인하는 데 도움이 된다. 과제
  에서 잠시 벗어나 숙성기간을 갖는 것은 일반적으로 창의
  적 과정의 일부로 인식된다.

위에서 언급한 여섯 가지 요인의 개별적인 중요성은 그다지
높지 않지만, 영향력은 누적적이다. 이러한 요인들이 모두(또는 대
부분) 존재한다면 창의적 과정에 강력한 호의적 영향력을 행사한
다. 그와 반대로, 이러한 조건들이 존재하지 않으면 아무리 창의
적인 과학자들도 자신의 새로운 아이디어를 혁신적인 연구 결과
로 발전시킬 가능성이 낮다. 호의적이지 않은 조건 아래에서는
가장 창의적인 과학자들도 '상상력이 부족한 동료들'보다 연구의
혁신성이 떨어질 수 있다. 자신의 환경에 더욱 큰 좌절감을 느끼
기 때문인 듯하다.

요컨대 어느 정도의 선천적인 창의적 재능은 혁신적 연구에 필요한 전제조건이 될 수 있다. 그러나 (연구가 수행되는) 조직환경이 새로운 아이디어의 발달과 교류에 자양분을 제공하지 않으면, 그런 재능의 가치는 저하될 수 있다. 비호의적인 상황에서, 개인의 창의적 충동은 아마도 조직 밖에서 표출될 것이다.

물론 모든 법칙에는 예외가 있다. 어떤 창의성은 강력한 반대에도 불구하고 생겨난다. 적대적인 환경은 자극적이고, 활력을 불어넣으며, 도전적이다. 어떤 사람들은 자신을 '들판의 외로운 파이터'로 간주하는 데서 만족감을 느낀다. 그러나 커다란 조직과 창의적인 개인 간에 갈등이 생길 경우, 조직이 승리하는 것이 일반적이다.

창의성을 자극하거나 억압하는 조직환경의 역할을 인식하면, 창의적인 조직성과를 향상시키는 명확한 방법에 길을 열어준다. 최고감독자에서부터 CIA 국장에 이르기까지, 정보분석 관리자들은 분석가들 사이에서 '이 조직에서는 새로운 아이디어를 환영한다'는 인식이 강화되고 확장될 수 있는 조치를 취해야 한다. 이것은 쉽지 않다. 창의성이란 '기존의 것에 대한 비판'을 의미한다. 따라서 그것은 확립된 아이디어와 조직의 관행을 본질적으로 파괴한다.

특히 분석가들은 자신의 조직에서 안정감을 즐길 필요가 있다. 그래야만 '확립된 정설에서 벗어났다'는 비판이나 조롱에 대한 두려움을 최소화할 수 있고, 다른 사람들을 공명판으로 간주하고 설익은 아이디어를 대담하게 발표할 수 있다. 새로운 아이디어는 초기에 취약하고 비난받기 쉽다. 그것은 공개적 비판이라는 냉혹한 현실에 노출되기 전에, 보호받는 환경에서 양육되고 육성되고 테스트를 받아야 한다. 이러한 환경을 제공하는 것은 분석가의 직속상관과 동료들의 책임이다.

결론

새롭고 유용한 아이디어의 관점에서 볼 때, 창의성은 어떤 다른 인간적 노력만큼이나 정보분석에 중요하다. 이 장에서 제시한 창의적 사고를 향상시키는 절차는 새로운 것이 아니다. 창의적 사상가들은 지난 수세기 동안 그러한 절차들을 성공적으로 사용해 왔다. 새로운 요소가 있다면(심지어 이것조차도 더 이상 새로운 것이 아닐 수 있지만), '그러한 절차들이 어떻게 왜 작동하는지'를 설명하기 위해 심리학 이론에 대한 기초지식을 쌓고 '체계적인 창의성 프로그램의 공식화' 사례를 살펴봤다는 것이다.

창의적인 문제해결 기법을 배운다고 해서 분석가의 타고난 재능이 바뀌는 건 아니지만, 이는 분석가의 잠재력을 완전히 발휘하도록 도와준다. 대부분의 사람들은 자신이 생각하는 것보다 더 많은 혁신 능력을 갖고 있다. 이러한 절차의 효율성은 대체로 (일상적 의무, 우편물, 현황정보 보고의 압력에도 불구하고 사려 깊은 분석에 시간을 할애하고자 하는) 분석가의 동기, 추진력, 인내력에 달려 있다.

　새로운 아이디어를 성공적으로 탐색하는 데 필요한 전제조건은 의문을 품는 자세다. 자신이 이미 해답을 알고 있으며 그 해답이 최근 변하지 않았다고 확신하는 분석가는 혁신적이거나 상상력이 풍부한 결과물을 내놓을 가능성이 낮다. 창의성의 또 다른 전제조건은 기각되거나 때로는 심지어 조롱받을 각오를 하고 다른 사람들에게 새로운 아이디어를 제시할 수 있는 대담성이다. "창의적인 사람들의 아이디어는 종종 시대적 추세와 직접적인 갈등을 빚을 수 있으므로, 혼자 설 수 있는 용기를 필요로 한다."[15]

'마음의 새장' 문제의 해답

　이 장의 앞부분에서 출제한 한붓그리기 문제는, 편협하게 규정할 경우 풀기가 어렵다. "연필이 아홉 개 점 주변의 '상상의 정사각형'을 넘어가면 안 된다"고 가정하는 사람들이 놀라울 정도로 많다.

　그런 무의식적인 제한은 문제를 푸는 사람의 마음속에만 존재한다. 문제에서는 그런 제한사항을 언급하지 않았기 때문이다. 선의 길이에는 아무런 제한이 없으므로, 그림 6과 같은 해답이 비교적 쉽게 떠오른다.

　또 하나의 흔하고도 무의식적인 제한은 '선들이 점의 중심을 통과해야 한다'는 가정이다. 그러나 그런 제한 역시 문제를 푸는 사람의 마음속에만 존재한다. 그런 제한이 없다면, 그림 7에서 보는

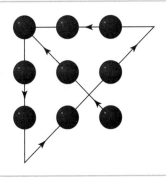

그림 6

것처럼 3개의 선으로 이뤄진 해답이 제법 명확하게 떠오른다.

더욱 미묘하고 만연한 정신적 블록은 '그런 문제는 2차원 평면에서만 풀어야 한다'는 것이다. 그러나 종이를 둘둘 말아 원통형을 만든다면, 그림 8에서 보는 바와 같이 빙빙 돌아가는 하나의 선으로 아홉 개의 점들을 모두 연결하는 것이 가능하다.

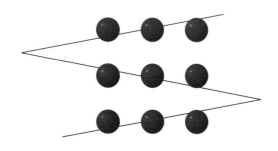

그림 7

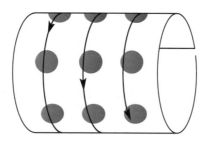

그림 8

6장
문제의 구조화: 펜과 종이

이 장에서는 모든 관련된 요인들을 의식의 최전선에 배치할 수 없을 때, 복잡한 분석문제를 '분해'하고 '외재화'하기 위한 다양한 구조를 논의한다.

분해decomposition란 하나의 문제를 여러 개의 부품으로 쪼개는 것을 말한다. 외재화externalization란 문제를 머리에서 꺼내어 (우리가 다룰 수 있는) 가시적 형태로 만드는 것을 의미한다.

2장에서 작업기억을 논의할 때, 대부분의 사람들이 작업기억에 동시에 보관할 수 있는 사물의 개수는 '매직넘버 7±2개'라고 말한 바 있다.[1] 정신적 과제를 수행하는 동안 이러한 작업기억의 한계를 직접 경험하려면, 두 개의 두 자리 숫자의 곱셈(이를테면 46 곱하기 78)을 암산으로 해보라. 이 계산을 종이에 하는 것은 쉽지만, 대부분의 사람들은 곱셈 과정에서 산출되는 많은 숫자들을 머릿속에 보관할 수 없다.

작업기억의 용량 제한은 많은 정보분석 문제의 근원이다. 분석이 얼마나 복잡할 수 있는지, 복잡성이 작업기억을 어떻게 능가해 정확한 판단 능력을 지연시킬 수 있는지를 생각해보는 것은 유용하다. 그림 9는 복잡성이 분석문제의 변수의 개수를 기하급수적으로 늘리는 과정을 설명한다. 직사각형은 "문제가 네 개의 변수를 갖고 있을 때, 네 변수 간의 상호관계는 6가지($_4C_2$)"임을 보여준다. 오각형의 경우, 다섯 개의 변수들이 가질 수 있는 상관관계는 10가지($_5C_2$)다. 육각형과 팔각형의 경우, 변수들이 가질 수 있는 상관관계는 각각 15가지와 28가지다.

변수들 간의 가능한 관계는, 변수가 증가함에 따라 기하급수적으로 증가한다. 분석에서 복잡성을 다루는 기본적 도구에는 두 가지가 있는데, 그것은 분해와 외재화다.

분해란 하나의 문제를 여러 개의 부품으로 쪼개는 것을 말한다. 그것이야말로 분석의 정수다. 웹스터 사전에서는 분석analysis

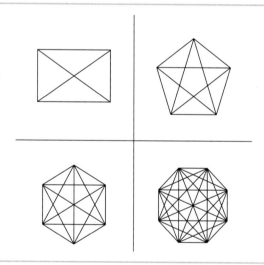

그림 9 변수 간의 가능한 관계의 가짓수는 변수의 개수가 증가함에 따라 기하급수적으로 증가한다.

을 '복잡한 전체를 부분 또는 요소로 나누는 것'이라고 정의하고 있다.[2]

의사결정의 핵심은 '분할 정복'이다. 하나의 복잡한 문제를 보다 단순한 문제들로 분해하고, 그 문제들을 각각 분석하고, 그런 분석들을 논리적 접착제로 붙이고 …[3]

외재화란 분해된 문제들을 머리에서 꺼내어, 종이에 적거나 컴퓨터 화면에 (주요 변수, 매개변수, 문제의 구성요소와 그들 간의 관계를 보여주는) 단순화된 형태로 나타내는 것을 말한다. 46 곱하기 78이라는 곱셈 문제를 종이에 풀면, 분석문제 외재화의 매우 간단한 사례가 된다. 그 과정을 종이에 적으면 문제의 각 부분들을 한 번에 하나씩 해결할 수 있으므로, 암산할 때보다 더 정확하게 계산할 수 있다.

나는 이것을 '문제의 가시화(그림으로 그리기)'라고 부르며, 어떤 사람들은 '문제의 모형화(모형으로 만들기)'라고 부른다. 그것은 장단점에 대한 목록을 작성하는 것만큼이나 간단하다.

분석문제를 분해하고 외재화함으로써 작업기억의 한계를 보상하라는 권고는, 새로운 아이디어는 아니다. 아래의 인용문은 벤저민 프랭클린Benjamin Franklin이 1772년 (산소의 발견자인) 영국의 위대한 과학자 조지프 프리스틀리Joseph Priestley에게 보낸 편지에 나오는 구절이다.

당신이 내게 조언을 구한 매우 중요한 문제에 대해, 나는 전제조건이 불충분해서 결정적인 조언을 하지 못하겠습니다. 그러나 원한다면 방법을 알려드릴 수는 있습니다. 그런 문제들을 해결하기가 어려운 이유는, 주로 우리가 그 문제를 고려할 때 모든 장단점들이 동시에 머릿속에 떠오르지 않아서입니다. 처음에는 이런 점이 떠올랐다가, 어떤 때는 저런 점이 떠올라 처음 떠올랐던 것을 까맣게 잊게 됩니다. 이처럼 다양한 목적이나 의향이 교대로 마음을 지배하다 보니, 불확실성이 당신을 당혹스럽게 만듭니다.

이런 난국을 타개하기 위해, 나는 종이 한 장을 꺼내 한 가운데에 수직선을 그어 둘로 나눕니다. 그리고 왼쪽에는 장점을, 오른쪽에는 단점이라는 제목을 적습니다. 그런 다음 사나흘 동안 각각의 제목 밑에 장점과 단점을 생각나는 대로 적습니다.

모든 장단점들을 일목요연하게 적고 나서, 나는 모든 항목의 중요성들을 평가합니다. 만약 양쪽에서 동등한 중요성을 가진 상반된 항목이 발견된다면, 둘 다 삭제합니다. 하나의 장점과 동등한 중요성을 가진 두 개의 단점이 발견된다면, 셋 다 삭제합니다. 이런 식으로 균형점을 찾고 나면 양쪽에서 골치 아픈 항목들이 사라지므로, 하루나 이틀 동안 더 생각해 결정을 내릴 수 있습니다.

비록 각각의 항목에 수학적으로 정확한 가중치가 부여되는 것은 아니지만, 이런 식으로 분리한 후 상대적 중요성을 감안해 제거하다 보면, 마지막에 남은 항목들을 갖고서 판단을 내리기가 쉬워진다고 생각합니다. 물론 신중한 절차를 밟아야 하겠지만, 나는 이런 대차대조 표식 분석의 덕을 톡톡히 봤습니다 ….[4]

지금으로부터 무려 200년 전 '제한된 작업기억의 문제점'과 '그것이 판단력에 미치는 영향'을 파악했다는 점은 주목할 만하다. 프랭클린이 지적한 대로, 의사결정이 어려운 것은 모든 장단점들을 동시에 생각할 수 없기 때문이다. "처음에는 이런 점이 떠올랐다가, 어떤 때는 저런 점이 떠올라 처음 떠올랐던 것을 까맣게 잊게 됩니다. 이처럼 다양한 목적이나 의향이 교대로 마음을 지배하다 보니, 불확실성이 당신을 당혹스럽게 만듭니다."

프랭클린은 해결책까지도 제시했는데, 그 내용인즉 머릿속에서 맴도는 장단점들을 끄집어내어 가시적이고 간략한 형태로 종이에 적는 것이다. 그런 부지런한 사람들 사이에서 이런 대화가 오갔다는 사실은, 그런 분석 도구를 사용하는 사람들의 유형을 반영하는 것이다. 이런 방법은 취약한 분석가들이 사용하는 보조 수단도 아니고, 강력한 분석가들에게 불필요한 것도 아니다. 작업기억의 기본적 한계는 모든 사람들에게 해당된다. 약삭빠르고 신중한 분석가일수록 이러한 한계를 가장 크게 의식하며, 이처럼 간단한 도구를 적용함으로써 얻는 이익을 가장 잘 인식한다.

아이디어를 가시적인 형태로 전환하면 오랫동안 지속시킬 수 있다. 가시적인 아이디어는 며칠 동안 당신을 들들 볶으며 깊은 생각을 하게 해준다. 목록이 효율적인 이유는 사람들의 강박적 경향을 이용해서이다. 목록을 보면 뭔가를 추가하고 싶은 게 인지상정이다. 목록에 적힌 아이디어는 뻔하고 습관적인 해답을 배제하도록 도와주므로, 우리는 '당장 떠오르는 아이디어'를 뛰어넘는 색다른 아이디어를 생각해내어 목록에 추가할 수 있다. 한 창의력 전문가는 다음과 같이 지적했다. "연필은 새로운 연관성을 기록해 목록을 만들게 함으로써 우리의 마음을 움직이는 쇠지렛대의 역할을 수행한다."5

문제의 핵심적인 요소들을 간단한 형태로 기록하면, 각각의 요소들을 개별적으로 다루는 동시에 문제를 전반적인 관점에서 바라보기가 훨씬 더 수월해진다. 이렇게 할 경우, 분석가들은 한꺼번에 판단을 내릴 때보다 더 많은 요인들을 고려할 수 있다. 그들은 문제의 개별적인 요소들을 다루는 동안 재배열, 결합, 변형을 통해 많은 대안들을 검토할 수 있다. 변수들에 가중치를 더 많이 부여하거나 삭제하고, 인과관계를 재설정하고, 개념적 범주를 재규정할 수 있다. 그런 생각들은 자발적으로 이뤄질 수도 있지만, 분석가는 각각의 요소들을 하나씩 바라보며 (대안적 해석의 검토를 장려하고 촉진하기 위해 설계된) 의문들을 제기할 수 있다.

문제의 구조

부분적 요소로 구성돼 있는 모든 문제들은 요소들 간에 연관된 구조를 갖고 있다. 분석을 행하는 첫 번째 단계는 분석할 문제의 적절한 구조를 결정한 다음, 다양한 부분들을 확인해 그것들에 관한 정보를 수집하기 시작하는 것이다. 분석할 문제에는 서로 다른 유형들이 많으므로, 분석을 구조화하는 데도 많은 상이한 방법들이 있다.

프랭클린이 만든 목록은 가장 단순한 구조 중 하나다. 정보분석가는 관련된 변수, 조기 경보, 대안적 설명, 가능한 결과, 외국의 지도자가 결정을 내릴 때 고려할 필요가 있는 요인, 주어진 설명이나 결과에 대한 찬반 목록을 만들 수 있다.

문제를 구조화하는 또 다른 도구로는 개요, 표, 다이어그램, 수형도tree, 매트릭스가 있으며, 각 도구별로 수많은 하위 유형이 있다. 수형도에는 의사결정수decision tree와 고장수목fault tree이 있으며, 다이어그램에는 인과관계 다이어그램, 영향 다이어그램, 플로 차트, 인지도cognitive map가 있다.

이루 헤아릴 수 없는 도구들을 다루는 것은 이 책의 범위를 넘어서지만, 나는 많은 도구들을 언급할 것이다. 10장에서는 착각상관Illusory Correlation이라는 단원을 두고, 2×2 분할표를 이용해 "위험이 가장 높을 때 기만deception의 가능성이 가장 높은가?"라는 문제의 분석을 구조화한다. 7장 '경합가설 분석'은 단언컨대 이 책에서 가장 유용하다. 그 장에서는, 하나의 매트릭스를 이용해 ('현재 무슨 일이 일어나고 있는지'와 '미래에 무슨 일이 이어날 것인지'에 관한) 경합하는 가설들에 대해 찬반 증거를 나열하라고 권고한다.

아래에서 논의하는 방법 역시 하나의 매트릭스를 이용해 분해와 외재화를 설명함으로써, '경합하는 가설의 분석'에 관한 다음 장을 대비하게 해준다. 그리고 우리가 일상생활에서 흔히 맞닥뜨리는 의사결정 유형에 이러한 도구들을 적용하는 방법을 설명한다.

차량 구매 매트릭스

승용차, 컴퓨터, 주택에 관한 대안적 구매를 선택할 때, 사람들은 종종 수많은(때로 상충되는) 차원에 대한 만족을 극대화하고 싶어 한다. 그들은 가능한 한 저렴한 가격, 가장 저렴한 유지비, 가장 높은 재판매 가격, 가장 화려한 스타일, 최고의 핸들링, 최고의 연비, 가장 넓은 트렁크 공간 등을 원한다. 모든 사양을 다 만족할 수는 없으므로 가장 중요한 것을 결정해 절충을 거쳐야 한다. 벤저민 프랭클린이 말했던 것처럼, 선택은 가끔 어렵다. 우리는 여러 선택 사이에서 망설이는 이유는 모든 선택안의 특징들을 작업기억에 동시에 보관할 수 없어서이다. 우리는 먼저 하나를 생각하고, 다음으로 다른 것을 생각하게 된다.

이 문제를 분석적으로 다루려면, 분할 정복 원칙에 따라 문제에 대한 큰 그림을 그린 다음 상충되는 사항들을 확인하고 절충하는 데 도움을 받아야 한다. 차량 구매의 부분적 요소들은 '구매를 고려하는 차량'과 '극대화하고 싶은 속성 또는 차원'이다. 결정에 영향을 미치는 바람직한 속성들을 확인한 다음, 각각의 차량이 각각의 속성을 얼마나 보유하고 있는지를 평가하라. 각각의 차량과 속성에 대한 당신의 판단을 계속 파악한 다음, 모든 부분적 요소들을 취합해 결정을 내리는 데 적절한 도구는 매트릭스다.

지금부터 차량 구매 매트릭스를 이용한 구매 결정 과정을 단계적으로 살펴보기로 하자. 먼저, 당신이 극대화하고 싶은 중요한 속성들의 목록을 작성해보라.

다음으로, 각 속성에 퍼센트 수치를 할당해 상대적인 중요성을 정량화하라. 다시 말해서, 가격이나 스타일에 각각 몇 퍼센트의 비중을 둘 것인지 스스로에게 물어라. 그렇게 해야만 (항목별로 나누지 않았다면 대충 얼버무리고 넘어갔을) 질문을 하고, 제대로 된 의

표 2

가격	유지비	스타일	연비	안락함	핸들링

표 3

가격	운영비	스타일	안락함	핸들링	안전성
30	10	20	20	15	5
계: 100 (단위: %)					

사결정을 내릴 수 있다. 가격과 스타일 중 어느 쪽이 얼마나 더 중요하다고 생각하는가? 번지르르한 겉모양을 더 좋아하는가, 아니면 내부의 아늑하고 편안함을 더 좋아하는가, 아니면 잘 나가는 것을 더 좋아하는가? 당신의 목록에 안전성은 포함되는가? 연비가 낮으면 저렴한 유지비가 상쇄될 것이므로, 이 두 가지는 운영비라는 하나의 속성으로 결합하는 게 좋겠다.

이러한 과정을 거치고 나면, 취향에 따라 표 3과 비슷한 목록이 완성될 것이다. 만약 배우자와 함께 목록을 작성한다면, 의견차를 정확히 반영함으로써 좀 더 명확한 정량화가 가능하다.

다음으로, 당신이 고려하고 있는 승용차들을 확인해 앞에서 제시된 6가지 속성별로 등수를 매겨라. 그리고 표 4에서 보는 바와 같은 매트릭스를 작성하고, 매트릭스의 첫 번째 열에 가중치(퍼센트)를 기입하라. 각 속성에 10점씩 부여한 후, 해당 속성의 요구사항을 얼마나 만족하는가에 따라 세 개의 승용차에 그 점수를 배분하라(이것은 100점을 각 승용차에 배분하는 것과 똑같지만, 그럴 경우 다

표 4

	가중치	승용차 1	승용차 2	승용차 3
가격	30%	3.5	3.0	3.5
운영비	10%	3.5	2.0	4.5
스타일	20%	2.5	4.5	3.0
안락함	20%	4.0	2.5	3.5
핸들링	15%	3.0	4.0	3.0
안전성	5%	3.5	2.5	4

음 단계로 넘어가면 숫자가 너무 커진다).

당신은 이제 분석문제에 관한 큰 그림을 얻었다. 그 내용인즉, 새로운 승용차의 주요 속성에 각각 가중치를 부여하고, 다양한 승용차들이 바람직한 속성을 만족시키는 정도를 비교하는 것이다. 대안을 세 대로 좁혔다면, 매트릭스는 표 4와 같이 될 것이다.

매트릭스가 빠짐없이 채워졌다면, 어떤 승용차가 선호에 적합한지 계산할 수 있다. 각각의 속성에 부여한 가중치를 각각의 차에 할당한 점수와 곱하면, 표 5와 같은 결과가 나온다. 각 속성에 할당한 가중치가 선호를 반영했고, 각각의 승용차가 정확히 평가됐다면, 다른 차들보다 승용차 3을 선택하는 것이 만족감이 가장 높다는 결론이 나올 것이다.

이 시점에서, 민감도 분석을 이용해 '매트릭스의 어떤 값들이 납득할 만큼 변했을 때 결정이 뒤바뀔 것인지' 여부를 결정할 수 있다. 배우자가 가격과 스타일의 상대적 중요성에 당신과 다른 가중치를 부여했다고 가정하자. 당신은 배우자의 가중치를 두 개

표 5

	가중치	승용차 1	승용차 2	승용차 3
가격	30%	105	90	105
운영비	10%	35	20	45
스타일	20%	50	90	60
안락함	20%	80	50	70
핸들링	15%	45	60	45
안전성	5%	17.5	12.5	20
총계		332.5	322.5	345

의 속성에 할당해, 승용차 결정이 바뀌는지 확인할 수 있다. (예컨대 가격의 가중치를 20퍼센트로 줄이고, 스타일의 가중치를 30퍼센트로 늘릴 수 있다. 그러나 이 정도로 스타일 점수가 높은 승용차 2가 선택되지는 않는다.)

이러한 유형의 분석을 전문용어로 다속성 효용분석multiattribute utility analysis이라고 부른다. 그리고 이 작업을 수행하는 복잡한 컴퓨터 프로그램도 존재한다. 그러나 단순화된 형태의 경우 연필과 종이, 고등학교 수준의 수학 실력으로도 충분하다. 그것은 여러 개의 경합하는 선호들 사이에서 절충해야 하는 구매 결정에 적절한 구조다.

결론

승용차 구매 사례는 다음 장으로 넘어가기 위한 워밍업이다. 이 장과 다음 장의 차이는 '그냥 자리에 앉아 문제를 생각하는 것'과 '문제를 실제로 분석하는 것'의 차이라고 보면 된다. 분석의 핵심은 문제를 부분적 요소로 분해해 각 요소들을 평가한 후 취합해 결정을 내리는 것이다. 이 사례에서 매트릭스는 복잡한 문제를 그림으로 나타낸 것인데, 이 그림은 복잡한 문제를 머리 밖으로 꺼내 종이에 논리적 형태로 적음으로써 각각의 부분들을 개별적으로 고려할 수 있게 해 준다.

장담컨대, 이런 유형의 분석을 개인의 일상적 의사결정이나 모든 정보판단에 사용하고 싶지는 않을 것이다. 그러나 특별히 중요하거나 어렵거나 논란 많은 판단을 내려야 할 때 또는 당신이 어떤 판단에 이른 과정을 보여주는 감사종적audit trail을 남겨야 할 때 이런 분석이 필요할 것이다. 다음 장에서는 해부, 외재화, 매트릭스 구조를 흔한 유형의 정보문제에 적용하는 방법을 다룰 것이다.

7장
경합가설 분석: 유력한 정보의 선별

경합가설 분석ACH, analysis of competing hypotheses은 (대안적 설명이나 결론들을 신중히 저울질할 필요가 있는) 중요한 이슈에 대한 판단을 돕는 도구다. 경합가설 분석은 '선견지명이 있는 정보분석'을 어렵게 만드는 인지적 한계를 극복하거나 최소화할 수 있게 해 준다.

경합가설 분석은 여덟 단계의 절차로, 인지심리학, 의사결정 분석, 과학적 방법에서 차용한 기본적 통찰에 기반한다. 그것은 놀랍도록 효과적이고 검증된 과정으로, 분석가들이 흔한 분석적 함정을 회피하는 데 도움이 된다. 경합가설 분석은 그 철저함 덕분에 논란 많은 이슈를 다루는 분석가들이 (어떤 항목을 검토했고, 어떤 과정을 거쳐 판단에 도달했는지를 보여주는) 감사종적을 남기기를 원할 때 특히 적당하다.[1]

어려운 정보 이슈를 다루는 동안, 분석가들은 사실상 여러 개의 대안적 가설들 중에서 선택을 한다. 수많은 가능한 설명들 중에서 가장 정확한 것은 무엇일까? 수많은 가능한 결과들 중에서 가장 가능성이 높은 것은 무엇일까? 앞에서도 언급한 바와 같이, 이 책은 '가설'이라는 용어를 '증거수집 및 제시를 통해 검증될 잠재적인 설명이나 결론'이라는 가장 광범위한 의미로 사용한다.

경합가설 분석이 분석가에게 요구하는 것은, 모든 합당한 가설들을 명확히 확인한 후, 한 번에 하나씩 타당성을 평가할 게 아니라, 여러 개의 경합가설 중에서 분석가의 선호를 충족하는 것을 선택하는 것이다.

대부분의 분석가들이 업무를 처리하는 방식은, 가장 가능성이 높다고 직감하는 해답을 선택한 다음, '그 해답을 뒷받침하는지 여부'라는 관점에서 가용정보를 바라보는 것이다. 어떤 증거가 선호하는 가설을 뒷받침하는 것처럼 보인다면 분석가들은 자화자찬하며("이것 봐, 나는 역시 전지전능하다니까?") 업무를 더 이상 진행하지 않는다. 만약 그 증거가 선호하는 가설을 뒷받침하지 않는다면, 분석가들은 그 증거를 '오해의 소지가 있다'며 기각하거나 다른 가설을 개발해 동일한 절차를 반복한다. 의사결정 분석가들은 이러한 절차를 '만족하기'라고 부른다(3장 "분석적 판단의 전략"). 만족하기란 최선의 해법을 확인하기 위해 모든 가능성들을 살펴보는 대신, 외견상 만족스러운 최초의 해법을 선택하는 것을 말한다. 그러나 외견상 만족스러운 해법들은 여러 가지가 있을 수 있지만, 최선의 해법은 단 하나밖에 없다는 점을 알아야 한다.

만족하기의 약점은 3장에서 논의한 바 있는데, 그 주안점은 '분석가들이 (사실이라고 추측하는) 하나의 가설을 확인하는 데 집중한다면, 쉽게 길을 잃고 방황하게 될 수 있다'는 것이다. 그들의 관점을 뒷받침하는 증거들은 수두룩하기 때문이다. 그들이 간과하는 점은, 대부분의 증거들이 다른 설명이나 결론과도 부합하는 데도 불구하고 다른 대안을 거들떠보지 않는다는 것이다.

여러 가지 경합가설을 동시에 평가하는 작업은 매우 어렵다. 네다섯 개, 심지어 일곱 개의 가설들을 작업기억에 보관하고, 각각의 정보 항목들이 각각의 가설에 적합한지 여부를 검토하는 일은 대부분 사람들의 두뇌 용량을 넘어선다. 그것은 '가장 가능성 높은 해답'으로 미리 판단된 단일 가설을 뒷받침하는 증거들을 죽 늘어놓는 것보다 훨씬 더 많은 용량을 요구한다. 그러나 여기서 소개하는 간단한 절차의 도움을 받는다면, 경합하는 여러 가지의 가설을 동시에 평가하는 게 가능하다. 아래의 박스에는 경합가설 분석의 단계가 요약돼 있다.

경합가설 분석의 단계 요약

1. 검토할 만한 가치가 있는 '개연성 높은 가설들'을 확인하라. 상이한 시각을 가진 분석가 그룹을 이용해 개연성들을 브레인스토밍하라.

2. 각 가설에 대한 유의미한 증거와 찬반양론의 목록을 작성하라.

3. 가설이 위에, 증거가 옆에 나열된 매트릭스를 작성하라. 증거와 주장의 진단성을 분석하라. 다시 말해서 어떤 항목이 가설의 상대적 개연성을 판단하는 데 가장 도움이 되는지 확인하라.

4. 매트릭스를 다듬으라. 가설들을 재검토하고 진단적 가치가 없는 증거와 주장들을 제거하라.

---

5. 각 가설의 상대적 개연성에 대해 잠정적 결론을 내려라. 가설을 시인하지 말고 부인하기 위해 노력하는 방식으로 진행하라.

6. 몇 가지 핵심적인 항목에 대해 결론의 민감도를 분석하라. 그 증거가 틀렸거나, 오해의 소지가 있거나, 상이한 해석의 여지가 있다면 분석의 결과를 재고하라.

7. 결론에 대한 보고서를 작성하라. 개연성이 가장 높은 것 하나에만 집중하지 말고 모든 가설의 상대적 개연성을 논하라.

8. 사건이 기대했던 것과 달리 전개될 것임을 시사하는 미래의 관찰에 대한 이정표를 확인하라.

1단계
검토할 만한 가치가 있는 '개연성 있는 가설들'을 확인하라. 상이한 시각을 가진 분석가 그룹을 이용해 가능성들을 브레인스토밍 하라.

사람들이 가설을 수립하는 과정에 관한 심리학적 연구 결과, 사람들은 모든 개연성을 검토하는 데 실제로 서투른 것으로 나타났다.[2] 만약 검토의 대상이 되는 가설을 제대로 수립할 수 없다면, 정확한 해답을 얻지 못하게 될 것은 불을 보듯 뻔하다.

분석 과정에서 가설수립 단계와 가설평가 단계를 명확히 구분하는 것이 유용하다. 내가 권고하는 분석 과정의 1단계는, 디테일한 검토가 요망되는 가설들을 모두 확인하는 것이다. 이 초기 가설수립 단계에서는, 상이한 배경과 시각을 가진 분석가 그룹을 구성하는 것이 유용하다. 그룹에서 브레인스토밍을 하면, 상상력을 자극하고 개별 구성원들이 생각하지 못했던 가능성들을 끄집어낼 수 있다. 그룹에서 이뤄지는 최초의 토론에서는, 발생가능성이나 실행가능성을 판단하기 전에 (아무리 먼 미래의 일이라도) 모든 가능성들을 드러내야 한다. 모든 가능성들을 탁자 위에 올려놓아야만, 잇따른 분석에서 더욱 상세히 검토할 가설들을 판단하고 선택하는 작업에 집중할 수 있다.

(시간을 낭비하고 싶지 않은) 외견상 불가능한 가설들을 걸러낼 때, '부인된 가설'과 '단지 검증되지 않은 가설'을 구분할 필요가 있다. '검증되지 않은 가설'이란, 그것이 정확하다는 증거가 존재하지 않는 가설을 말한다. '부인된 가설'이란, 그것이 틀렸다는 명백한 증거가 존재하는 가설을 말한다. 3장과 다음에 나오는 5단계에서 언급하는 바와 같이, 가설을 부인하는 증거를 찾아야 한다. '검증되지 않았지만 아직 부인되지 않은 가설'을 초기에 기각하면 잇따른 분석에 편향이 생긴다. 그럴 경우 기각된 가설들을 뒷받침하는 증거를 찾지 않게 될 것이기 때문이다. 검증되지 않은 가설들은, 부인될 때까지 기각하지 말고 살려둬야 한다.

이 같은 '검증되지 않았지만 아직 부인되지 않은 가설'의 범주에 포함되는 가설의 예로, "적이 우리를 기만하려고 노력한다"

는 가설이 있다. 당신은 아무런 증거가 없다는 이유로 기만과 시침떼기denial and deception의 가능성을 기각할 수 있다. 그러나 이런 상황에서는 기각이 정당화되지 않는다. 만약 기만이 잘 계획되고 적절히 실행되고 있다면, 우리는 눈앞에 닥친 기만의 증거를 기각하지 말아야 한다. 기만의 가능성은 부인될 때까지(또는 최소한 체계적 조사를 통해 아무런 증거가 발견되지 않을 때까지) 기각되지 말아야 한다.

검토해야 하는 가설의 '정확한 개수'는 존재하지 않으며, '분석문제의 성격'과 '분석가의 능력'에 달려 있다. 일반적으로 불확실성의 정도가 높을수록 또는 결정의 정책적 영향력이 높을수록 검토하고 싶은 대안의 수가 증가한다. 일곱 개 이상의 가설들은 관리하기가 어렵지만, 그렇게 많은 대안이 존재한다면 '초벌 다듬기'를 위해 그것들을 여러 개씩 묶어 그룹화하는 것이 바람직하다.

2단계
각 가설에 대한 유의미한 증거와 찬반양론의 목록을 작성하라.

적절한 증거와 주장의 목록을 작성하는 데 있어서, 증거와 주장이라는 용어는 매우 광범위하게 해석돼야 한다. 이 용어들은 가설에 대한 당신의 판단에 영향을 미치는 모든 요인들을 지칭하므로, 현행 정보보고에 포함되는 구체적인 증거에 한정하지 말아야 한다. 또한 다른 사람이나 그룹, 국가의 의향, 목적, 표준 절차에 관한 가정이나 논리적 추론도 포함시켜야 한다. 이러한 가정들은 '어떤 가설의 개연성이 가장 높은지'에 관한 강력한 선입견을 생성할 수 있다. 그런 가정은 종종 최종 판단을 추동하므로, 그것들을 증거목록에 포함시키는 것은 중요하다.

첫째, 모든 가설에 적용되는 일반적 증거의 목록을 작성하라. 그런 다음, 각각의 가설들을 개별적으로 검토해, 그것을 뒷받침하거나 반박하는 경향이 있는 요인들의 목록을 작성하라. 흔히 각각의 가설이 상이한 의문을 품게 함으로써 약간 다른 증거를 찾게 한다는 사실을 알게 될 것이다.

각각의 가설에 대해 스스로에게 다음과 같은 의문을 제기하라. 이 가설이 맞다면, 내가 발견하거나 발견하지 못할 것으로 예상되는 것은 무엇인가? 이미 일어났거나 아직 일어나고 있는 것은 무엇이며, 그에 대한 증거를 발견할 것으로 기대되는 것은 무엇인가? 만약 증거를 발견할 수 없다면, 그 이유는 뭔가? 일어나지 않아서인가, 아니면 통상적으로 관찰할 수 없어서인가, 아니면 은폐돼 있어서인가? 아니면 당신이나 정보수집가가 그것을 찾지 않아서인가?

증거의 존재뿐만 아니라 부재에도 주목하라. 예컨대 적국의 군사공격 가능성을 저울질할 때, 적군이 공격을 준비하기 위해 취하지 않은 조치는 이미 취한 관찰 가능한 조치보다 더 중요할 수 있다. 이것은 '밤에 짖지 않은 개'가 결정적 단서였던 셜록 홈즈의 스토리를 생각나게 한다. 우리의 주의는 '보고되지 않은 것'보다는 '보고된 것'에 집중되는 경향이 있다. 그것은 '누락됐지만 주어진 가정이 맞을 경우 존재할 가능성이 높은 것'을 의식적으로 생각하도록 노력할 것을 요구한다.

3단계

가설이 위에, 증거가 왼쪽에 나열된 매트릭스를 작성하라. 증거와 주장의 진단성을 분석하라. 다시 말해서 어떤 항목이 가설의 상대적 개연성을 판단하는 데 가장 도움이 되는지 확인하라.

3단계는 이 분석 절차에서 가장 중요한 요소일 것이다. 이 단계는 자연스럽고 직관적인 분석적 접근 방법과 가장 많이 다르므로, 간과하거나 오해할 가능성이 가장 높다.

3단계 절차는 1단계에서 나온 가설과 2단계에서 나온 증거와 주장을 매트릭스로 정리하되, 가설은 위에, 증거와 주장은 왼쪽에 배치하는 것이다. 이렇게 하면, 분석문제를 구성하는 모든 유의미한 요소들을 개관할 수 있다.

다음으로, 각각의 증거들이 각각의 가설과 어떻게 관련돼 있는지를 분석하라. 이것은 (한번에 하나의 가설을 취해, 증거가 그 가설을 얼마나 잘 뒷받침하는지 검토하는) 통상적인 절차와 다르다. 그것은 5단계에서 할 일이고, 현 시점에서는 한 번에 하나의 증거를 취해 그것이 각각의 가설과 얼마나 부합하는지 검토하라. 3단계와 5단계의 차이를 기억하는 방법은 다음과 같다. 3단계의 경우, 매트릭스의 열을 따라 내려가며 한 번에 하나의 증거를 취해, 가설이 각각의 증거와 얼마나 부합하는지를 검토한다. 5단계의 경우, 매트릭스의 행을 따라 옆으로 가며 한 번에 하나의 가설을 취해, 증거가 각각의 가설과 얼마나 부합하는지 검토한다.

매트릭스를 채워 넣기 위해, 첫 번째 증거 항목이 각각의 가설과 일치/불일치하는지를 질문하라. 그런 다음, 매트릭스에 있는 각 가설의 적당한 칸에 적절한 내용을 기입하라. 기입할 내용의 형태는 개인적 취향의 문제다. 플러스, 마이너스, 물음표가 될 수도 있고, C(일치consistent), I(불일치inconsistent), N/A(해당사항 없음not applicable)이 될 수도 있다. 또는 짧은 텍스트가 될 수도 있다. 어떤 경우가 됐든, ('이 증거가 각각의 가설과 어떻게 관련돼 있는지'를 생각하는 동안 진행되는) 복잡한 추론에 대한 단순하고 간략한 표시가 될 것이다.

하나의 증거에 대해 이상과 같은 작업을 한 후, 모든 칸이 채워지면 다음 증거로 넘어가 동일한 작업을 계속 반복하라. 표 6은 그런 매트릭스의 한 가지 사례다. 그것은 1993년 미국이 이라크 정보사령부를 폭격한 후에 제기된 "이라크가 보복을 감행할까?"라는 정보문제 사례를 이용한 것이다. 매트릭스의 증거와 증거가 평가되는 과정은 가설적이며, 납득할 만한 절차의 사례를 제공할 목적으로 각색됐음을 밝혀둔다. 이 매트릭스는 당시 정보공동체가 실제로 사용할 수 있었던 증거나 판단을 반영하지는 않는다.

이 매트릭스의 포맷은 각 증거 항목의 진단성을 저울질하는 데 도움을 주는데, 이것은 경합가설 분석과 전통적 분석의 핵심적인 차이다. 증거의 진단성은 중요한 개념이지만, 안타깝게도 많은 분석가들에게 익숙하지 않다. 그것은 3장에서 소개했으며, 독자들의 편의를 위해 여기서 다시 한 번 반복한다.

진단성은 의학적 비유로 설명할 수 있다. 높은 체온은 의사에

표 6

의문: 이라크는 미국이 자국의 정보사령부를 폭격한 데 대해 보복을 감행할까?

가설:

H1 - 이라크는 보복하지 않을 것이다.
H2 - 이라크는 일부 소규모 테러리스트 행동을 지원할 것이다.
H3 - 이라크는 (하나 이상의 CIA 시설에 대해) 대대적인 테러리스트 공격을 계획하고 있다.

	H1	H2	H3
E1. 사담 후세인Saddam Hussein(당시 이라크 대통령)은 "보복하지 않겠다"는 공식적인 성명서를 발표했다.	+	+	+
E2. 1991년 걸프전 당시 테러리스트 공격은 없었다.	+	+	−
E3. 이라크는 미국의 다른 공격을 초래하는 것을 원치 않을 것이다.	+	+	−
E4. 이라크 첩보기관의 라디오 방송 빈도와 길이가 증가하고 있다.	−	+	+
E5. 이라크 대사관은 보안을 주의하라는 훈령을 받았다.	−	+	+
E6. 보복에 실패할 경우, 후세인은 감당할 수 없는 손실에 직면할 것으로 예상된다.	− −	+	+

게 '이 환자는 아프다'고 말해준다는 점에서 큰 가치를 지니고 있지만, 그 환자가 어떤 질병에 걸렸는지를 결정하는 데는 비교적 낮은 가치를 지니고 있다. 고열은 환자의 질병에 대한 수많은 '가능한 가설'과 부합하므로, 어떤 질병(가설)의 가능성이 더 높은지를 결정하는 데 제한적인 진단적 가치를 지니고 있다.

진단성이 있는 증거란, (1단계에서 확인된 다양한 가설의 상대적 개연성에 대한) 당신의 판단에 영향을 미치는 증거를 말한다. 하나의 증거 항목이 모든 가설들과 부합하는 것처럼 보인다면, 진단적 가치가 적다고 할 수 있다. 우리는 '가장 개연성이 높다'고 믿는 가설을 뒷받침하는 증거 중 대부분은 실제로 별 도움이 되지 않는 상황을 자주 경험한다. 그 증거는 다른 가설들과도 부합하기 때문이다. 판단을 추동하는 증거 항목은 진단성이 매우 높은 것이라야 한다. 6단계에서 설명하겠지만, 이러한 증거는 정확성을 재확인하고 대안적 해석을 검토하는 데 사용되는 증거이기도 하다.

표 6에서, E1이라는 증거가 모든 가설들과 부합하는 것으로 평가된 것을 주목하라. 다시 말해서, E1은 진단적 가치가 없다. 우리가 그 의문에 대한 후세인의 공식 성명을 전혀 신뢰할 수 없기 때문이다. 그는 보복하지 않겠다고 말해놓고 보복할 수도 있고, 보복하겠다고 공언해놓고 보복하지 않을 수도 있다. 그와 대조적으로, E4라는 증거는 진단적 가치가 있다. 이라크가 보복을 계획하고 있다면, 그러지 않는 경우보다 라디오 방송의 빈도와 길이

가 증가할 가능성이 높기 때문이다. E6이라는 증거에 마이너스 두 개가 붙은 것은 H1에 대한 강력한 반증임을 시사한다. 그것은 H2 또는 H3을 선호하는 결론을 추동하는 핵심적인 가정이다. 이 매트릭스에 반영된 많은 판단들은, 4단계 이후의 분석 단계에서 의문에 직면하게 될 것이다.

어떤 경우에는 증거가 각각의 가설과 어떻게 관련되는지를 기술하기 위해 (플러스나 마이너스와 같은 일반적인 기호보다는) 숫자로 표시된 확률을 이용해 이러한 절차를 정교화하는 것이 유용할 수 있다. 그러기 위해서는 매트릭스의 모든 칸에 다음 질문을 던져야 한다. '이 가설이 참이라면, 이 증거 항목에 몇 퍼센트의 확률을 배정해야 할까?' 각각의 칸에 다음과 같이 하나 이상의 추가적인 기호를 기입할 수도 있다.

- 각 증거 항목의 본질적 중요성을 보여주는 척도를 추가한다.
- 증거 항목을 은폐하거나 조작하거나 사기치기 쉬운 정도, 또는 어느 한쪽이 그런 인센티브를 보유하고 있는 정도를 나타내는 척도를 추가한다. 이는 기만이나 시침떼기의 가능성이 심각한 이슈일 경우에 적절하다.

4단계
매트릭스를 다듬으라. 가설들을 재검토하고 진단적 가치가

없는 증거와 주장들을 제거하라.

가설의 정확한 표현이 (가설에서 도출될 수 있는) 결론에 매우 중요하다는 것은 두말할 나위도 없다. 이쯤 됐으면, 증거가 각각의 가설과 얼마나 부합하는지를 알았을 것이므로, 가설을 재검토하거나 표현을 다듬는 것이 종종 필요하게 된다. 모든 유의미한 대안들을 검토하기 위해 가설을 다듬거나 첨삭할 필요는 없는가? 두 개의 가설 사이에 별 차이가 없다면 하나로 합쳐야 하지 않는가?

증거도 재검토해야 한다. '어떤 가설의 개연성이 가장 높거나 낮은가'에 대한 당신의 생각이 증거 목록에 포함되지 않은 요인들에 의해 영향을 받는가? 만약 그렇다면, 그 요인들을 첨가하라. 이제 더 이상 중요하지 않거나 진단적 가치가 없다고 판단되는 증거나 가정들은 매트릭스에서 제거하라. 그러한 항목들은 별도의 목록에 '검토 완료'라는 명목으로 남겨두라.

5단계

각 가설의 상대적 개연성에 대해 잠정적 결론을 내려라. 가설을 시인하지 말고, 부인하기 위해 노력하는 방식으로 진행하라.

3단계에서 매트릭스를 훑어보는 동안 하나의 증거나 주장에 집중하며, 그것이 각각의 가설들과 어떻게 관련돼 있는지를 검토했다. 이제 그 매트릭스를 꼼꼼히 살펴보며 모든 가설을 전체적으로 바라보라. 매트릭스 포맷은 모든 가설에 대한 찬반양론을 전체적으로 보여줄 것이므로, 모든 가설들을 종합적으로 검토하며 서로 경쟁시켜 가장 마음에 드는 가설을 선택할 수 있을 것이다.

대안적 가설들의 상대적 개연성을 평가할 때, 가설을 기각하도록 해주는(또는 최소한 개연성이 낮다고 결정하게 해주는) 증거나 논리적 근거를 찾는 것으로부터 시작하라. 과학적 방법의 기본적 수칙은, 가설을 기각하거나 제거하며 진행하는 한편, 반박할 수 없는 가설만을 잠정적으로 채택하는 것이다. 과학적 방법을 직관적 판단에 그대로 적용할 수는 없지만, '가설을 시인하기보다는 부인하도록 노력한다'는 원칙은 유용하다.

아무리 많은 정보가 주어진 가설과 부합하더라도, 그 가설이 참이라고 인정할 수는 없다. 그 정보들이 하나 이상의 다른 가설과 부합할 수 있기 때문이다. 반면에 하나의 가설과 불일치하는 하나의 증거는 그 가설을 기각하는 근거로 불충분하다. 이것은 3장에서 자세히 언급한 바 있다.

사람들은 천성적으로 자신이 이미 참이라고 믿는 가설을 입증하는 데 집중하는 경향이 있다. 또한 그들은 흔히 가설을 약화시키기보다는 뒷받침하는 정보에 높은 가중치를 두는 경향이 있다. 그것은 잘못된 경향이며, 우리는 정반대로 행동해야 한다. 5단계는 "자연스러운 것과 반대되는 방향으로 행동하라"고 다시 한번 요구한다.

매트릭스를 검토하는 데 있어서 마이너스(또는 가설과 일치하지 않는다는 의미로 사용한 다른 기호)가 있는 칸들을 들여다보라. 어느 가설에 마이너스가 가장 많다는 것이, 기각의 좋은 근거가 된다는 것은 분명하다. 플러스는 하나의 가설과 일치하는 증거임을 의미하는 것으로, 마이너스보다 중요성이 훨씬 떨어진다. 플러스가 가장 많은 가설은 개연성이 가장 높다는 것으로 귀결되지 않는다. 거의 모든 그럴듯한 가설과 일치하는 증거의 긴 목록을 만드는 것은 쉽기 때문이다. 찾기 어렵고, 찾았을 때 가장 유의미한 것은 그럴듯한 가설과 명백히 불일치한다는 확고한 증거다.

그러나 '마이너스가 많은 순서'는 단지 개략적인 순위일 뿐이다. 어떤 증거는 다른 증거보다 더 중요한 게 분명하며, 불일치의 정도가 플러스나 마이너스와 같은 하나의 기호로 포착되는 것은 아니기 때문이다. '증거와 가설 간의 관계'의 정확한 성질을 재고함으로써, 그것에 얼마나 많은 비중을 둘 것인지 판단할 수 있다.

이러한 절차를 밟는 분석가들은 종종, 자신의 판단이 실제로 대량의 정보보다는 (자신의 견해에 영향력을 미친다고 생각하는) 극소수 정보에 기반한다는 점을 깨닫는다. 4장에서는 실험적 증거에 기반해 이 점을 잘 설명했다.

매트릭스가 결론을 진술하게 해서는 안 된다. 매트릭스는 '무엇이 중요하고, 그 중요한 요인들이 각각의 가설의 개연성과 어떻게 관련됐는가'에 대한 당신의 판단을 정확히 반영해야 한다. 결정을 내리는 것은 당신이지 매트릭스가 아니다. 매트릭스가 수행하는 역할은 생각과 분석을 도와주고, 증거와 가설 간의 모든 가능한 관계들을 검토하라고 강조하고, 이슈에 대한 판단을 뒤흔드는 극소수 항목을 확인하는 것이다.

　매트릭스가 '하나의 주어진 가설은 개연성이 높거나 낮다'고 말해줄 때, 납득하지 않을 수도 있다. 납득하지 않는다면, (생각에 중요한 영향을 미치는) 요인을 하나 이상 매트릭스에서 누락했기 때문이다. 그 자리로 돌아가 누락된 요인을 첨가하면, 그 분석이 당신의 최선의 판단을 반영하게 될 것이다. 이런 절차를 밟음으로써 '다른 경우였다면 간과했을 것'을 검토하게 됐다면(또는 종전에 평가했던 그 가설의 상대적 개연성을 개정하게 됐다면), 그 절차는 유용한 목적을 수행한 것이다. 당신이 간과했거나 잘못 평가한 것을 바로잡았다면, 매트릭스는 당신의 생각에 대한 속기 또는 (당신이 결론에 도달하게 된 과정을 보여주는) 감사종적의 구실을 한 것이다.

　이러한 절차는 '내가 생각하기에 개연성이 가장 낮은 가설'에 대한 분석에 더 많은 시간을 할애하게 해줄 것이다. 이것은 바람직하다. 외견상 개연성이 낮은 가설은 통상적으로 새로운 영역을 개척하는 것을 수반하므로, 더 많은 연구를 필요로 한다. 맨 처음에 개연성이 가장 높다고 생각했던 가설은 과거 생각의 연속성에 기반하는 경향이 있다. 경합가설 분석의 주요 이점은, 모든 대안과 공평하게 악수하게 한다는 것이다.

6단계

몇 가지 핵심적인 항목에 대해, 결론의 민감도를 분석하라. 그 증거가 틀렸거나, 오해의 소지가 있거나, 상이한 해석의 여지가 있다면 분석의 결과를 재고하라.

3단계에서 진단성이 가장 높은 증거와 주장들을 확인했고, 5단계에서는 그런 증거와 주장들을 이용해 가설에 대한 잠정적인 판단을 내렸다. 이제 처음으로 돌아가, 분석 결과를 좌우할 극소수의 핵심 가정 또는 증거 항목을 재검토해보자. 당신의 이해와 해석의 밑바탕을 이루는 의심스러운 가정이 존재하는가? 불완전하고 오해의 소지가 있는 증거가 존재하는가?

기만과 시침떼기에 대한 우려감이 있다면, 지금이야말로 그 가능성을 검토할 적절한 기회다. 당신의 핵심 가정의 근원을 들여다보라. 그중 외국 정부의 당국자들에게 노출된 건 없나? 정보가 조작됐을 가능성은 없나? 기만을 계획한 외국 관계자의 입장에서서, 기만의 동기, 기회, 수단, 비용, 이점을 평가하라.

분석이 틀렸다면, 그 이유는 종종 의심하지 않고 넘어간 가정이 타당성이 없는 것으로 판명돼서이다. 분석가들이 가정을 확인하고 의심해보는 건 기본이지만, 말만 쉽고 실천하기는 매우 어렵다. 문제는 '어떤 가정을 의심할 것인가'이다. 경합가설 분석 절차의 한 가지 이점은, 다시 체크할 필요가 있는 것을 알려준다는 것이다.

6단계에서 당신은 핵심 판단을 체크하기 위해 추가적 연구가 필요하다고 결정할 것이다. 예컨대 다른 누군가의 해석에 의존하는 대신, 처음으로 돌아가 원자료를 체크하는 것이 적절할 수 있다. 보고서를 작성할 때 해석에 포함된 핵심 가정을 확인하고, 그 가정의 타당성이 결론을 좌우한다는 점을 주목하는 것이 바람직하다.

7단계
결론에 대한 보고서를 작성하라. 개연성이 가장 높은 것 하나에만 집중하지 말고, 모든 가설의 상대적 개연성을 논하라.

보고서가 의사결정의 근거로 사용될 거라면 의사결정자에게 모든 대안적 가설의 상대적 개연성을 알리는 것이 도움이 된다. 100퍼센트 확실한 분석적 판단은 존재하지 않으며, 얼마간의 틀릴 가능성이 상존한다. 의사결정자들은 개연성이 가장 높은 가설 하나가 아니라, 풀세트의 잠재적 가설에 기반해 결정을 내릴 필요가 있다. 개연성이 낮은 것 중 하나가 참일 경우를 대비해, 비상계획 또는 만일을 위한 대비책이 필요할 수 있다.

당신이 특정한 가설을 '아마도 참일 것'이라고 말한다면, 그것은 미래의 사건들이 그 가설을 입증할 확률이 55~85퍼센트임을 의미한다. 이는 당신의 판단에 기반한 결정 중 15~45퍼센트가 잘못된 가정에 근거하므로, 틀릴 수 있음을 의미한다. 그렇다면 판단에 대해 좀 더 구체적일 수는 없을까? 11장에서는 이러한 '주관적 확률에 기반한 판단'과 '상대적 빈도에 관한 데이터에 기반한 통계적 확률' 간의 차이를 다룰 것이다.

가설시인보다 가설부인이 더 중요하다는 점을 인정할 때, 특정한 판단에 대한 서면 논증은 대안적 판단을 검토해 왜 기각됐는지를 논의하지 않는 한 불완전하다는 점이 명확해진다. 최소한 과거에는 이런 작업이 이뤄지지 않았다.

정보판단을 발표하는 데 있어서 지배적 형태인 내러티브 에세이의 경우, 경합가설의 비교평가에 적합하지 않다. 대안에 대한 검토는 보고서의 길이를 늘리므로, 많은 분석가들에 의해 '선택된 판단에 대한 논증의 설득력을 감소시키는 것'으로 인식된다. 분석가들은 '독자가 기각된 대안 중 하나를 좋은 아이디어로 생각하고 매달릴 수 있다'고 두려워할 수 있다. 그럼에도 불구하고 대안적 가설에 대한 논의는 정보평가의 중요한 부분이며, 포함될 수 있고 포함되어야 마땅하다.

8단계
'사건이 기대했던 것과 달리 전개될 것'임을 시사하는 미래의 관찰에 대한 이정표를 확인하라.

분석적 결론은 늘 잠정적인 것으로 간주되어야 한다. 상황은 변할 수도 있고, 당신이 (당신의 평가를 바꾸는) 새로운 정보를 인식하는 동안 변하지 않을 수도 있다. 우리가 기대하는 것을 사전에 명시하거나, 만약 관찰될 경우 확률을 유의미하게 변화시킬 수 있는 것들을 경고하는 것은 항상 도움이 된다. 이것은 상황을 지속적으로 추적하는 정보소비자들에게 유용하다. 또한 당신의 마음을 바꾸게 할 것들을 사전에 명시하는 것은, 당신이 '설사 그런 일들이 일어나더라도, 내 판단을 바꿀 것을 실제로 요구하지 않는다'고 합리화하는 것을 어렵게 만들 것이다.

요약과 결론

'경합가설 분석'을 전통적인 '직관적 분석'과 구별하는 세 가지 핵심 요소는 다음과 같다.

- (분석가가 확인하고 싶어 하는) 가장 개연성 높은 대안이 아니라, 다양한 개연성을 가진 풀세트 대안으로부터 분석이 시작된다. 이는 모든 대안적 가설들이 동등한 취급을 받고, 공평한 기회를 부여받도록 보장한다.
- 대안적 가설의 상대적 개연성을 판단하는 데 있어서, 진단적 가치가 가장 큰 소수의 증거나 가정을 확인해 강조한다. 전통적인 직관적 분석의 경우, '핵심 증거가 대안적 가설들

과 부합할 수 있다'는 사실이 명백히 고려되지 않으며 종종 무시된다.

- 경합가설 분석에는 가설을 반박하는 증거를 찾는 작업이 수반된다. 개연성이 가장 높은 가설은 통상적으로 '긍정적 증거가 가장 많은 것'이 아니라 '부정적 증거가 가장 적은 것'이다. 일반적으로, 전통적인 분석은 선호되는 가설을 확인하는 증거를 찾는 작업을 수반한다.

이러한 절차의 분석적 효율성은, 1998년의 인도 핵실험을 검토할 때 명백해진다. 제레미아 장군에 따르면, 정보공동체는 "인도가 가까운 시일 내에 핵무기를 실험할 거라는 증거는 없다"는 보고서를 제출했다.[3] 정보공동체의 그러한 결론은 '증명되지 않은 가설'과 '부인된 가설'을 구분하는 데 실패한 것이다. 증거가 부재하다고 해서 '인도가 정말로 핵실험을 할 것'이라는 가설을 부인할 수 있는 건 아니기 때문이다.

경합가설 분석 절차가 사용됐다면, 장담하건대 여러 가설들 중 하나는 '인도는 가까운 시일 내에 핵실험을 계획하고 있지만, 국제적인 압력을 미연에 방지하기 위해 계획을 은폐할 것이다'일 것이다.

이러한 대안적 가설을 신중히 검토했다면, 인도가 그런 의향을 (미국과 다른 나라가 더 이상 손을 쓸 수 없을 때까지) 숨길 만한 동기,

기회, 수단에 대한 평가가 필요했을 것이다. 또한 대안적 가설이 채택됐다면, 인도의 부정과 기만을 간파할 수 있는 미국의 첩보 능력을 평가하는 것이 필요했을 것이다. 그것이 인도의 성공적인 기만 가능성에 대한 인식을 제고하지 않았을 거라고 상상하기는 어렵다.

이 사건의 핵심적인 교훈은 다음과 같다. 정보분석가가 "이러이러한 증거는 없다"는 구절을 쓰려는 유혹을 느낀다면, 그는 다음과 같은 의문을 던져야 한다. "이 가설이 참이라면, 내가 현실적으로 그 증거를 발견할 거라고 기대할 수 있을까?" 다시 말해서 인도 정부가 자신의 의도를 고의적으로 은폐하는 가운데 핵실험을 계획하고 있었다면, 분석가는 현실적으로 실험 계획의 증거를 발견할 거라고 기대할 수 있었을까? 경합가설 분석 절차는 분석가로 하여금 이런 유의 의문을 확인하고 직면하게 한다.

일단 경합가설 분석을 응용하는 실습을 해봤다면, 이 절차의 기본 개념을 통상적인 분석적 사고과정에 통합하는 것은 얼마든지 가능하다. 그럴 경우, 논란이 매우 많은 이슈를 제외하면 8단계 절차를 모두 사용하는 것은 불필요하다.

경합가설 분석이나 다른 어떤 절차가 정확한 답변을 내놓으리라는 보장은 없다. 결국에는 예상과 달리, 그 결과는 여전히 (불완전하고 애매모호한 정보에 적용된) 오류투성이인 직관적 판단에 의존할 수 있다. 그러나 *경합가설 분석은 적절한 분석 과정을*

보장한다. 이러한 절차는 합리적이고 체계적인 절차를 거쳐 흔한 분석적 함정을 회피할 수 있게 해준다. 그것은 올바른 해답을 얻을 가능성을 높여주며, (분석에 사용된 증거와, 그 증거가 해석된 과정을 보여주는) 감사종적을 남긴다. 다른 사람들이 당신의 판단에 동의하지 않는다면, 그 매트릭스는 정확한 의견 충돌 부분을 강조하는 데 사용될 수 있다. 뒤이은 토론은 의견 충돌의 궁극적인 원인에 생산적으로 집중할 수 있게 될 것이다.

경합가설 분석의 특징은 전통적 분석이 그러한 것보다 대안적 가설들에 더 많은 개연성을 부여한다는 것이다. 대안적 설명에 더 많은 주의를 기울이는 절차에서 (데이터가 부족하지만 가능성이 풍부한) 상황들에 내재하는 완전한 불확실성을 부각시킬 것이다. '알고 있었다'는 것에 대한 자신감이 감소하는 것이다. 그런 불확실성은 좌절스럽지만, 상황의 정확하고 진정한 반영이다. 볼테르가 말한 것처럼 "의심은 유쾌하지 않은 일이지만, 확신은 어리석은 상태이다."[4]

경합가설 분석 절차는 (불확실성을 초래하거나, 만약 입수할 수 있다면 불확실성을 감소시킬 수 있는) 소수의 결정적 증거 항목에 집중한다는 이점이 있다. 이것은 미래의 정보수집과 연구를 안내할 수 있고, 분석가들이 불확실성을 해소하고 더 정확한 판단을 내리도록 도와줄 수 있다.

분석하지 않으면
피할 수 없는

8장
인지편향이란

이 짧은 장에서는 인지편향cognitive bias의 일반적인 속성을
다룬다. 이어지는 네 개 장에서는 증거 평가, 인과관계 인식,
확률 평가, 정보보고 평가 과정에 특이적인 인지편향을 다룬다.

인간 정신과정의 근본적 한계는 1장과 2장에서 이미 다룬 바
있다. 인지심리학과 의사결정학 연구의 상당수는 "이러한 인지한
계가 사람들로 하여금 다양한 단순화 전략과 경험법칙을 이용해
(판단과 의사결정에 필요한) 정신적 정보처리 부담을 줄이게 한다"는
가정에 기반하고 있다.[1] 이 같은 단순한 경험법칙들은, 우리가 복
잡성과 모호함을 해결하는 데 종종 유용하다. 그러나 많은 상황
에서, 그런 법칙들은 인지편향이라는 예측 가능한 판단오류를 초
래한다.

인지편향이란 단순화된 정보처리전략에 의해 초래되는 정신
적 오류를 말한다. 인지편향을 다른 형태의 오류(문화적 오류, 조직
적 오류, 또는 자기 자신의 사리사욕에서 비롯되는 편향 등)와 구별하는 것
은 중요하다. 다시 말해서 인지편향은 특정한 판단에 대한 어떠
한 감정적 · 지적 소인과도 무관하며, 그보다는 차라리 정보처리

에 대한 잠재의식적 정신과정에서 비롯된다. 인지심리학자인 아모스 트버스키Amos Tversky와 대니얼 카너먼Daniel Kahneman에 의하면, 인지편향은 지속적이고 예측 가능한 정신적 오류다.

> 대상의 명확한 거리는 부분적으로 명확성에 의해 결정된다. 즉, 피사체가 명확하게 보일수록 거리는 가까워 보인다. 이 법칙은 어느 정도 타당성이 있다. 어떤 주어진 상황에서든 가까운 피사체는 먼 피사체보다 더 명확하게 보이기 때문이다. 그러나 이 법칙에 의존하면, 거리를 추정하는 데 있어서 체계적인 오류를 초래할 수 있다. 특히 시계視界가 불량할 경우 거리는 종종 과대평가된다. 피사체의 윤곽이 흐릿하기 때문이다. 그와 반대로, 시계가 양호할 경우에는 피사체가 뚜렷이 보이므로, 거리가 종종 과소평가된다. 따라서, 명확성을 거리의 지표로 간주하고 의존하는 관행은 흔한 편향으로 귀결된다.[2]

경험법칙은 거리를 판단하는 데 매우 유용하다. 그것은 통상적으로 잘 작동하며, 우리 주변을 둘러싼 삶의 모호함과 복잡성을 다루는 데 도움이 된다. 그러나 예측 가능한 특정 상황에서, 그것은 편향된 판단을 초래할 수 있다.

본인이 그 속성을 완전히 인식하면서도 오류를 면치 못한다는 점에서, 인지편향은 착시와 비슷하다. 편향을 인식한다고 해서 저절로 더욱 정확한 인식을 갖게 되는 것은 아니기 때문이다.

따라서 인지편향을 극복한다는 것은 엄청나게 어렵다.

심리학자들은 수많은 실험을 통해 (사람들이 불완전하거나 모호한 정보에 기반해 판단하는 데 사용하는) 단순화된 경험법칙을 확인했고, 최소한 실험실 상황에서 그런 법칙이 판단과 결정에 편견을 도입하는 메커니즘을 증명했다. 이어지는 네 개 장에서는 정보분석에 특히 내재하는 인지편향을 다룰 것이다. 그러한 인지편향은 증거 평가, 인과관계의 인식, 확률 추정 그리고 정보보고의 사후평가에 영향을 미치기 때문이다.

그러나 구체적인 편향을 논의하기에 앞서서, 그런 실험적 증거의 성질을 살펴보고 동일한 편향이 정보공동체에도 만연할 수 있는지를 생각해보는 것도 적절해 보인다.

심리학 실험에서 어떤 편향의 존재가 드러났다고 해서 모든 사람의 모든 판단이 편향되기 마련임을 의미하는 것은 아니다. 그보다는, 모든 그룹에서 '대부분의 사람들'이 내리는 '대부분의 판단'에 다소간의 편향이 존재한다는 것을 의미한다. 이러한 실험적 증거에 기반해, 우리는 그룹의 경향에 대해 일반화할 수 있을 뿐 어떤 특정한 개인이 생각하는 방법을 진술할 수는 없다.

나는 이 같은 실험실 연구에 기반한 결론이 모든 정보분석가들에게 일반적으로 적용될 수 있다고 믿는다. (전부는 아니지만) 대부분의 경우 실험 참가자는 해당 분야의 전문가들이었다. 그들은 의사, 주식시장 분석가, 경마 핸디캐퍼, 체스 마스터, 연구 책임자,

전문 심리학자였고 많은 심리학 실험과 달리 학부생들은 없었다. 대부분의 사례에서, 참가자들이 수행한 정신적 과제는 현실적이었다. 다시 말해서 그들은 해당 분야에서 통상적으로 요구되는 전문적 판단과 동일한 수준의 판단을 요하는 과제를 수행했다.

실험실 연구를 현실 세계의 경험에 외삽外挿할 때는 언제나 약간의 오류의 여지가 존재하기 마련이지만, CIA 분석가들의 논평에 의하면, 그런 연구는 적절하고 계몽적이라고 한다. 나의 경우에는 미 해군대학원 국가안보학과의 장교들을 대상으로, 그보다 간단한 실험을 여러 번 반복적으로 실시했다.

9장
증거 평가의 편향: 보고 들은 것의 위력

증거를 평가하는 것은 분석의 결정적 단계이지만, 어떤 증거에 의존하고 그 증거를 어떻게 해석할 것인지에 영향을 미치는 것은 다양한 외생요인들이다. 생생하고 구체적이고 디테일하게 제시되는 정보들은 종종 예기치 않은 영향력을 발휘하며, 사람들은 (더욱 큰 증거가치가 있는) 추상적이거나 통계적인 정보들을 무시하는 경향이 있다. 우리는 증거의 부재를 좀처럼 고려하지 않는다. 또한 인간의 마음은 증거의 일관성에는 과도하게 예민하지만, 증거의 신뢰성에는 불충분하게 민감하다. 마지막으로, 증거의 기반에 대한 신뢰성이 완전히 사라진 후에도, 인상은 종종 남아 있다.[1]

정보분석은 약간 독특한 정보환경에서 수행된다. 증거는 이례적으로 다양한 종류의 정보원에서 입수된다. 신문, 통신 서비스, 미국 외교관, 통제 가능한 요원의 보고서와 비공식 보고서, 외국 정부와의 정보교환, 사진 정찰, 커뮤니케이션 첩보…. 각각의 정보원은 나름 독특한 강점, 약점, 잠재적이거나 실제적인 편향, 조작과 기만에 대한 취약성을 갖고 있다. 정보환경의 가장 두드러진 특징은 다양성이다. 모든 정보원들은 신뢰도가 다양하며, 하나만 떼어놓고 보면 '불완전하고 때로 일관성이 없거나 심지어 다른 정보원의 보고와 양립하지 않는 정보'를 흔히 보고한다. 신뢰성이 의심되는 모순된 정보들은 '모든 증거들이 입수되기 전에 신속한 판단을 내릴 필요성'과 더불어 정보분석의 고질적인 문제다.

분석가는 정보의 흐름에 대해 제한적인 통제권만을 갖고 있다. 특정한 주제에 대해 보고하라고 정보원을 재촉하는 것은 종종 번거로우며 시간이 많이 소요되는 과정이다. 어떤 중요한 주제에 대한 증거는 산발적이거나 아예 존재하지 않는다. 정보원이 인간인 경우, 대부분의 정보는 고작해야 간접적이다.

이러한 환경에서 편향성을 인식하고 회피하는 것은 특히 어렵다. 이 장에서 논의되는 대부분의 편향들은 서로 무관하지만, 그럼에도 불구하고, 그룹별로 묶어 설명하는 이유는 단지 '증거를 평가하는 데 있어서 특정한 측면과 관련되어 있어서'이지 다른 의도는 없다.

'생생함'의 기준

'정보가 인간의 마음에 미치는 영향'은 '증거로서의 진정한 가치'와 불완전하게 연관돼 있을 뿐이다.[2] 특히 생생하고 구체적이고 개인적인 정보는 (실제로 더 많은 정보가치를 갖고 있을 수 있는) 모호하고 추상적인 정보보다 우리의 생각에 더 많은 영향을 미친다.

예를 들면,

- 사람들이 직접적으로 인식하거나, 자신의 눈으로 보거나 귀로 들은 정보는 (더 많은 증거가치를 갖고 있을 수 있는) 간접적으로 입수된 정보보다 많은 영향력을 발휘할 수 있다.
- 사례 연구와 일화는 (유익한 정보를 제공하지만) 추상적인 내용의 집합체나 통계적 데이터보다 더 막강한 영향력을 행사한다.

사람들이 개인적으로 경험한 사건은 책에서 읽은 것보다 더 잘 기억된다. 구체적인 단어는 추상적인 단어보다 기억하기 쉬우며,[3] 모든 종류의 단어들은 숫자보다 떠올리기 쉽다. 간단히 말해서, 앞 문단에서 언급한 특징을 가진 정보들은 우리의 주의를 끌거나 유지할 가능성이 높다. 그런 정보는 '추상적인 추론'이나 '통계적인 요약'보다 저장되고 기억될 가능성이 높으므로, 우리의 미래 생각에 지속적이고 직접적인 영향력을 행사할 것으로 예상된다.

정보분석가들은 일반적으로 간접적인 정보를 다룬다. 분석가들이 다루는 정보는 눈과 귀를 통해 직접 인식되기보다는, 다른 사람들이 쓴 글을 매개로 해 입수된다. 부분적으로 CIA의 정식 직원이라는 제한 때문에, 많은 정보분석가들은 (학자나 공무원들에 비해) 자신이 분석하고 있는 국가에서 많은 시간을 보내지 않으며, 그 국가의 국민들과 빈번히 접촉하지 않는다. 그러므로 간혹 자신이 분석하는 나라를 직접 방문하거나 그 나라의 국민과 직접 대화를 나누는 경우, 정보분석가의 기억에 인상적인 경험으로 저장된다. 그런 경험은 종종 새로운 통찰의 근원이지만, 기만적일 수도 있다.

증거 평가 시스템이 잘 확립되어 있는 경우, 이처럼 구체적이고 감각적인 데이터가 우선시되는 것은 당연하며 마땅히 그러해야 한다. 추상적인 이론이나 간접적인 보고서가 개인적 관찰과 배치되는 경우, 대부분의 환경에서 후자가 전자를 압도하는 것은 적절하다. 간접적인 데이터를 불신하라고 조언하는 격언들은 수두룩하다. "읽은 것을 다 믿으면 안 된다" "통계학이면 다냐?" "백문이 불여일견" "나는 미주리주 출신으로 ….."

그에 반해 '자신의 관찰에 오도되지 말'고 경고하는 대응 격언이 하나도 없다는 게 신기하다. "눈에 보이는 것이 전부가 아니다."

정보분석가와 정보요원의 개인적 관찰은 간접적인 설명만큼이나 기만적일 수 있다. 외국을 방문하는 개인은 대부분, 그 사회의 좁은 부분을 대변하는 소수의 사람들과 친숙해질 뿐이다. 그로 인해 흔히 발생하는 결과는 '불완전하고 왜곡된 인식'이다.

이런 오류의 익숙한 형태 중 하나는, 하나의 생생한 사례가

'방대한 통계적 증거'나 '추상적 추론을 통해 도달한 결론'보다 중시되는 것이다. 잠재적인 승용차 구매자가 한 낯선 사람의 '내가 타는 볼보가 왜 불량품인가'라는 설명을 엿들었을 때, 그의 생각은 〈컨슈머리포트Consumer Reports〉(미국 최대의 소비재 전문 월간지)에에 실린 (외국산 승용차의 연간 수리비 평균에 관한) 통계자료만큼이나 강력한 영향을 받을 수 있다. 만약 개인적 증언이 잠재적 구매자의 형제나 가까운 친척에게서 나온 것이라면, 훨씬 더 큰 가중치를 부여받을 것이다. 그러나 이 같은 새로운 정보의 논리적 지위는, 〈컨슈머리포트〉의 통계자료가 기반한 샘플 중 하나만큼 증가할 뿐이다. 한 명의 볼보 소유자의 개인적 경험은 증거가치가 거의 없다.

리처드 니스벳Richard Nisbett과 리 로스Lee Ross는 이러한 "누구누구가 이렇다 증후군"을 지적하며, 다음과 같은 설명을 덧붙였다.[4]

- 나는 하루에 담배 세 갑을 피웠지만 아흔아홉 살까지 산 사람을 알고 있다.
- 나는 터키에 가본 적이 없지만, 지난달에 거기에 다녀온 사람을 만나 이러이러한 이야기를 들었다.

두말할 것도 없이, "누구누구가 이렇다"는 사례는, 그 사례를 인용한 사람이 의도하는(또는 이야기를 들은 사람이 그 사례에 부여하는)

증거가치에 거의 기여하지 않는다.

생생함이 (증거의 영향력을 결정하는) 기준으로 간주되는 현실의 가장 중대한 시사점은, 매우 가치 있는 특정한 유형의 정보가 단지 추상적이라는 이유로 영향력을 거의 행사하지 못한다는 것이다. 특히 통계적 데이터는 (생생한 이미지를 떠오르게 할 만한) 풍부함과 구체적 디테일이 부족하므로, 종종 간과되거나 무시되거나 최소화된다. 예컨대 미군 의무감Surgeon General이 발표한 '흡연과 암의 관계'에 관한 보고서는, 논리적으로 1인당 담배 소비량을 감소시켰어야 한다. 그러나 지난 20여 년 동안 그런 현상은 발생하지 않았다. 그에 대한 의사들의 반응은 특히 시사하는 바가 크다. 모든 의사들은 통계적 증거를 알고 있으며, 흡연에 의한 건강 문제에 일반인보다 더 많이 노출돼 있다. 그들이 그런 증거에 반응하는 정도는 의학적 전문성에 의존한다. 의무감의 보고서가 발표된 지 20년 후, 의사들 중에서 흡연율이 가장 낮은 사람들은 (매일 폐엑스선을 검사하는) 영상의학 전문의인 것으로 나타났다. 폐암 환자들을 진단하고 치료하는 의사들 역시 흡연율이 매우 낮은 것으로 나타났다. 요컨대 의사가 흡연을 계속할 확률은 '폐에서 자신의 전공 분야까지의 거리'에 직접적으로 관련돼 있는 것으로 나타났다. 다시 말해서 심지어 (통계 데이터를 잘 이해하고 평가할 능력을 보유한) 내과의사일지라도, 타당한 통계 데이터보다는 생생한 개인적 경험에 더 휘둘리는 것으로 나타났다.[5]

개인적 일화, 사람들의 반응, 정보원과 대조실험에 대한 무관심은 모두 "데이터 요약은 논리적 타당성을 지닌 시사점에도 불구하고, 열등하지만 생생한 증거보다 낮은 영향력을 행사한다"는 명제를 뒷받침하며, 이런 사례를 제시하자면 끝이 없다. 정보분석가들도 통계적 정보에 불충분한 가중치를 부여하기는 마찬가지인 것으로 보인다.[6]

증거의 부재

정보분석의 중요한 특징은 종종 핵심 정보가 부족하다는 것이다. 분석문제는 '중요성'과 '인지된 소비자 수요'에 기반해 선택되며, 정보의 가용성은 별로 고려할 문제가 아니다. 분석가들은 '관련성이 높은 정보는 누락된 것으로 알려져 있다'는 사실을 어떻게든 감안해, '현재 보유하고 있는 정보'를 이용해 최선을 다해야 한다.

이상적으로, 정보분석가들은 어떤 관련 정보가 부족한지를 인식하고 이를 계산에 넣을 수 있어야 한다. 또한 그들은 누락된 데이터의 잠재적 영향을 추정한 다음 그에 상응해 자신의 판단에 대한 확신을 조정해야 한다. 하지만 안타깝게도 이러한 이상은 규범으로 자리잡지 못한 것 같다. 실험 결과에 따르면, "눈에 보이지 않으면 잊힌다out of sight, out of mind"는 말은 증거의 부족이 미치는 영향을 잘 드러내는 명언이라고 할 수 있다.

이러한 문제점은 고장수목fault tree에서 이미 증명됐다. 고장수목이란 모든 노력에 대해 잘못될 수 있는 것들을 도식적으로 보여주는 그림이다. 고장수목은 종종 복잡한 시스템(핵 원자로, 우주캡슐space capsule* 등)의 오류 가능성을 연구하기 위해 사용된다.

한 대의 승용차가 출발하지 못할 수 있는 모든 이유들이 적혀 있는 고장수목을 여러 그룹의 숙련된 기계공들에게 보여준 적이 있다.[7] 그 수목에는 일곱 개의 굵은 가지가 있는데, '배터리 충전 불충분', '시동시스템 결함', '점화시스템 결함', '연료시스템 결함', '그 밖의 엔진 문제', '장난 또는 고의적인 파손', '기타 문제'가 그것이다. 그리고 각각의 가지에는 수많은 잔가지들이 달려 있다. 실험자는 한 그룹에게 완벽한 고장수목을 보여주면서, "승용차가 출발하지 못하는 사례를 100가지 상상해보라"고 요구했다. 그 다음으로, 실험자는 그 그룹의 구성원들에게 "100가지 사례 중에서, 일곱 개의 굵은 가지에 귀속될 수 있는 것은 몇 가지인가요?"라고 물었다. 실험자는 또 한 그룹에게 불완전한 고장수목을 보여줬는데, 그 수목은 참가자들이 누락된 항목에 얼마나 민감한지를 테스트하기 위해 세 개의 굵은 가지만 달린 것이었다.

- 생물이나 인간이 우주 공간에서 필요한 기간만큼 생존할 수 있도록 갖가지 장비를 갖춘 최소한의 비행체.

만약 기계공의 판단이 '누락된 정보 항목'에 완전히 민감하다면, 통상적으로 누락된 가지에 귀속되는 실패 사례들이 '기타 문제'에 귀속돼야 했다. 그러나 '기타 문제'라는 범주에 속하는 사례의 증가는 예상했던 수치의 절반에 불과했다. 이는 불완전한 수목을 제시받은 기계공들이 '승용차가 출발하지 못하는 이유' 중 일부가 누락됐다는 사실을 완전히 인식하지 못해, 판단에 반영하지 않았음을 시사한다. 동일한 실험을 일반인들을 대상으로 수행해보니, 누락된 가지의 효과는 훨씬 더 컸다.

정보분석과 관련된 대부분의 실험들과 비교해볼 때, '승용차 출발 실험'은 '매우 체계적인 방법으로 제시된 정보'에 기반한 '다소 단순한 분석적 판단'을 평가한 실험이라고 볼 수 있다. '생략된 고장수목의 관련 변수가 불완전하다'는 사실은 (실험 대상으로 선택된) 숙련된 기계공들에게 인식될 수 있고, 그래야 마땅하다. 정보분석가들도 종종 이와 비슷한 문제에 맞닥뜨린다. 정보문제에서 데이터가 누락되는 것은 보통이지만, 중요한 정보가 부재한다는 사실을 인식해 정보문제에 대한 판단에 그런 사실을 반영한다는 것은 '승용차 출발 실험'보다 더욱 어려울 것이다.

이러한 문제에 대한 해결책으로, 분석가들은 '정보가 부족한 관련변수'를 명확히 확인해 그런 변수의 실태에 대한 대안적 가설을 검토한 다음, 그에 상응해 자신의 판단(그리고 특히 판단에 대한 확신)을 변경해야 한다. 또한 그들은 비정상적 활동이나 무활동

inactivity의 지표로 삼기 위해, 정보의 부재가 통상적 수준인지 아닌지 자체를 검토해야 한다.

일관성에 대한 과민반응

증거의 패턴의 내적 일관성은 그 증거에 기반한 판단에 대한 우리의 확신을 결정한다.[8] 어떤 의미에서, 일관성은 증거를 평가하는 데 있어서 적절한 지침임이 분명하다. 사람들은 대안적 설명이나 추정을 공식화하고, 논리적으로 일관된 시나리오의 범위 내에서 가장 많은 양의 증거가 포함된 것을 선택한다. 그러나 어떤 경우에는 일관성이 기만적일 수 있다. 정보가 일관될 수 있는 것은, 고도의 상관관계나 잉여성이 존재하다 보니 복수의 연관된 보고서들이 하나의 보고서보다 더 이상 유용하지 않기 때문이다. 또는 정보가 극소수의 샘플이나 편향된 샘플에서 도출되기 때문일 수도 있다.

그런 문제들은 분석가가 정보를 별로 갖고 있지 않은 정보분석 상황, 예컨대 러시아 장교의 정치적 태도나 아프리카의 특정 부족들 사이에서 발생할 수 있다. 만약 가용정보가 일관적이라면, 분석가들은 종종 '극소수를 대변하며, 대규모 이질적 집단에서 추출된 신뢰성 없는 샘플'이라는 사실을 간과하게 된다. 이것은 단순히 (아무리 불완전한 정보라도 사용할 수밖에 없는 상황에서 발생하는) 불가피한 문제는 아니며, 차라리 정보의 일관성이 초래하는 '타당성의 환상'이다.

소규모 샘플에 과도하게 의존하는 경향은 '소수의 법칙law of small numbers'이라는 별명으로 불려 왔다.[9] 이것은 '대수의 법칙law of large numbers'의 패러디인데, 대수의 법칙이란 "매우 많은 샘플이 모집단을 잘 대표한다"는 내용의 기본적인 통계원칙이다. 이것은 여론조사의 밑바탕에 깔린 원칙이지만, 대부분의 사람들은 훌륭한 직관적 통계자가 아니다. 사람들은 '얼마나 큰 샘플을 추출해야 타당한 결론을 도출할 수 있는가'에 대해 그다지 정확한 직관적 느낌을 갖고 있지 않다. 소위 소수의 법칙이란 우리가―직관적으로―작은 샘플을 마치 큰 샘플인 양 착각하고 다룬다는 것이다.

소수의 법칙은 심지어 광범위한 통계 훈련을 받은 수리심리학자들에게도 적용되는 것으로 증명됐다. 실험을 설계하는 심리학자들은 소규모 데이터에 내재하는 오류와 신뢰성부족에 대해 심각할 정도로 부정확한 개념을 갖고 있고, 초기의 극소수 데이터 포인트에서 나온 초기 추세를 과도하게 신뢰하며, '다른 샘플을 대상으로 동일한 실험을 반복해도 동일한 결과를 얻을 수 있다'는 비합리적으로 높은 기대를 갖고 있다.

정보분석가들도 극소수 데이터에서 도출된 결론을(특히 데이터가 일관되게 보인다면) 과도하게 신뢰할까? 작지만 일관된 증거를 갖고서 작업할 때, 분석가들은 그 증거가 잠재적인 가용정보 전체를 얼마나 대표하는지 검토해볼 필요가 있다. 더 많은 보고서를 입수할 수 있다면, 그 정보 역시 기존의 가용증거와 일치할 가능성은 얼마나 될까? 만약 분석가가 소량의 증거 채택을 강요당한 나머지 증거의 대표성을 결정할 수 없다면, 그 증거에 기반한 판단에 대한 확신은 정보의 일관성과 무관하게 낮을 것이다.

부정확한 증거에 대처하기

정보의 완벽한 정확성을 보장할 수 없는 이유에는 여러 가지가 있다. 오해, 오지각, 일부분에 불과한 스토리, 궁극적 원천의 편향, 보고 라인(정보원 → 사례 담당자 → 보고 담당자 → 분석가)을 거치는 과정에서의 정보의 왜곡 등. 게다가 분석가가 분석에 쏟아붓는 증거의 상당 부분은 기억에서 인출되지만, 분석가들은 때로 (처음 정보를 입수했을 때, 그 정보에 할당한 확실성의 정도는 차치하고라도) 기억에 보관하고 있는 정보의 원천을 불러올 수 없다.

인간의 마음은 복잡한 확률적 관계에 대처하는 데 어려움을 겪으므로, 사람들은 (그런 정보를 처리하는 부담을 덜어주는) 단순한 경험법칙을 채용하는 경향이 있다. 정확성이나 신뢰성이 불확실한 정보를 처리할 때 분석가들은 단순한 예/아니오 식의 결정을 내리는 경향이 있다. 만약 증거를 기각한다면, 그들은 그것을 완전히 기각하고 정확성이나 신뢰성의 확률적 성격을 무시하는 경향이 있다. 이것이 소위 최선의 추측 전략이다.[10] 그런 전략은 확률적 정보의 통합을 단순화하지만, 불확실성의 일부를 무시하는 비용을 치른다. 만약 분석가들이 70~80퍼센트만 확실한 정보를 갖고 있으면서도 마치 100퍼센트 확실한 것처럼 취급한다면, 판단은 과신될 것이다.

더욱 정교한 전략은, '가용증거는 완벽하고 정확하고 신뢰할 만하다'하는 가정에 기반해 판단을 내린 다음, 정보의 타당성 평가 점수를 감안해 자신의 판단에 대한 확신을 하향조정하는 것이다. 예컨대 가용정보가 한 사건의 발생 확률이 75퍼센트임을 시사할 수 있지만, 분석가는 그 판단이 기반한 정보가 완전히 정확하거나 신뢰할 수 있는지 확신할 수 없다. 따라서 그 분석가는 증거의 불확실성을 감안해, 사건의 평가확률을 (이를테면 60퍼센트로) 낮춘다. 이것은 최선의 추측 전략에 비하면 진보라고 할 수 있지만, 수학적 확률계산 공식에 비하면 여전히 과신된 판단으로 귀결된다.[11]

수학 용어로 말하면, 두 사건의 동시확률은 각 사건의 확률을 곱한 것과 같다. 당신이 확률 75퍼센트짜리 X라는 사건에 대한 보고서를 받았다고 치자. 보고서가 옳다면, 당신은 Y라는 사건이 75퍼센트의 확률로 일어날 거라고 판단한다. 이 경우 Y의 실제

확률은 56퍼센트인데, 이것은 75퍼센트를 제곱해서 나온 것이다.

그러나 현실은 실제로 그렇게 간단하지 않다. 분석가들은 상이한 정확성과 신뢰성을 가진 수많은 증거들을 검토해야 한다. 이러한 사건들은 다양한 확률을 가진 방법을 통해 여러 가지 잠재적인 결과를 초래한다. 분명한 것은 이 모든 확률적 관계를 고려한, 깔끔한 수학적 계산이 불가능하다는 것이다. 우리는 직관적 판단을 내리는 과정에서 무의식적으로 이러한 복잡성을 분류하는 지름길을 찾으며, 이러한 지름길은 (완벽하게 신뢰할 수 없는 정보에 내재하는) 불확실성을 얼마간 무시한다. 여기서 분석가가 할 수 있는 일은 거의 없으며, 분석문제를 (개별 정보 항목에 확률을 부여하도록 허용하는 방법으로) 분해한 다음, 수학 공식을 이용해 이런 개별적인 확률적 판단을 통합하는 수밖에 없다.

이러한 절차는 불확실한(그럴듯하지만 애초부터 진실성을 담보할 수 없는) 정보에 대한 우리의 반응에도 영향을 미칠 수 있다. 외국 공무원의 외견상 사적인 진술은 종종 정보채널을 통해 입수된다. 많은 경우, (외국 외교관, 각료, 그 밖의 공무원이 내뱉은) 그런 사적인 진술은 사적인 견해에 관한 실제적 진술, 무분별한 행동, 미국 정부를 기만하기 위한 일종의 고의적 행동, 또는 (외국 정부가 비공식 채널을 통해 전달해도 좋다고 믿는, 진실한 메시지를 전달하고자 하는) 승인된 계획의 일부일 수 있다.

그런 보고서를 접수한 분석가는 종종 정보원의 동기를 판단할 만한 근거가 거의 없으므로, 그 정보를 재량껏 판단할 수밖에 없다. 그런 평가를 하는 데 있어서, 분석가는 납득할 만한 인과관계의 영향을 받는다. 분석가가 그 관계를 이미 인지하고 있다면, 그 보고서는 기존의 견해를 단순히 뒷받침하는 한 별로 영향력이 없다. 그러나 납득할 만한 새로운 관계가 존재한다면, 그것을 감안하기 위해 생각이 재구축된다. 보고서가 분석가의 생각에 미치는 영향력은 정보의 내용에 의해서만 결정되며, 정보원에 관한 주의사항은 정보의 영향력을 전혀 약화시키지 않는다. 정보가 통제할 수 없는(우리를 조종하려고 노력할 수 있는) 정보원에서 나온 것이라고 해서 반드시 정보의 영향력을 감소시키는 것은 아니다.

신빙성 없는 정보에 기반한 인상의 유지

인상은 (그 인상을 형성한) 증거의 신빙성이 완전히 떨어진 후에도 계속 유지되는 경향이 있다. 심리학자들은 이러한 현상에 관심을 갖게 됐다. 그들이 수행하는 실험 중 상당수가 실험 참가자를 기만할 것을 요구하기 때문이다. 예컨대 실험자는 때로 참가자가 '어떤 과제를 수행하는 데 성공하거나 실패할 수 있다'고 믿도록 만들어야 한다. 또는 참가자가—실제로 그렇지 않음에도—특정한 능력이나 성격을 갖고 있다고 믿도록 만들어야 한다. 전문적인 윤리학자들은 "실험이 끝나는 시점에서, 참가자들은 거짓 인상에서 깨어나야 한다"고 요구하지만, 이것을 달성하기는 놀랍도록 어려운 것으로 밝혀진 바 있다.

자신의 논리적 문제해결 능력에 대한 참가자의 잘못된 인상은, "당신이 이 실험에서 성공하거나 실패한 것은, 양호하거나 불량한 학습 성과가 조작됐기 때문입니다"라는 말을 들은 후에도 지속된다.[12] 이와 마찬가지로, 가짜 유서 중에서 진짜를 구별하라고 요구받은 참가자들은 실제 성과와 아무런 관련이 없는 피드백을 받았다. 그런 다음 참가자들은 무작위로 두 그룹으로 나뉘어, 한 그룹은 평균 이상 성공했다는 인상을 받았고, 다른 그룹은 그 과제를 수행하는 데 실패했다는 인상을 받았다. 과제 수행의 어려움과 성과에 대한 참가자들의 거짓 인상은, 기만(참가자의 성과는, 특정 그룹에 할당됨으로써 이미 정해졌다)임이 밝혀진 후에도 지속됐다. 심지어 직접적인 참가자는 물론 실험을 관찰한 사람들 사이서도 동일한 현상이 발견됐다.[13]

이러한 현상을 설명할 수 있는 인지과정에는 여러 가지가 있다. '새로운 정보를 기존 인상의 맥락에서 해석하는 경향'은 적절하지만, 새로운 정보가 기존 인상의 기반이 된 증거를 권위 있게 부인한 후에도 기존 인상이 제거되지 않는 이유를 설명하는 데는 불충분한 것 같다.

흥미롭지만 사변적인 설명은, 다음 장에서 논의하는 '인과적 설명을 찾으려는 강력한 경향'에 기반한다. 정보가 처음 입수됐을 때, 사람들은 (그 증거를 설명하는) 일련의 인과관계를 상정한다. 예컨대 유서를 이용한 실험에서, 한 참가자는 자신이 진짜 유서를 구별하는 데 성공한 원인을 공감적 성격과 (자살을 시도한 소설가가 쓴 작품에서 얻은) 통찰 탓으로 돌렸다. 또 한 명의 참가자는 실패의 원인을 (자살을 생각하는 사람들과의) 친근감 부족 탓으로 돌렸다. 인과관계를 크게 의식할수록, 증거에 의해 생성되는 인상의 강도는 증가했다.

심지어 자신들의 성과가 타당하지 않다는 사실을 안 후에도, 참가자들은 '내가 그런 과제에 소질이 있다/없다'는 추론에 대한 그럴듯한 근거를 포기하지 않았다. 기존에 의식했던 (자신의 능력/능력 부족에 대한) 인과적 설명은 (처음에 떠올랐지만 지금은 신빙성이 없어진) 증거와 무관하게 쉽게 떠올랐다.[14] 구어체로 말하면, "일단 엎어진 물은 다시 담을 수 없다."

이 같은 유지 현상이 작동하는 이유는, 현실 세계의 상황이 대부분 모호해서이다. 실험실에서처럼 신빙성이 전혀 없는 증거는 이 세상에 거의 존재하지 않는다. 예컨대 '한동안 정보를 제공해왔던 비밀 정보원이 알고 보니 적의 통제를 받고 있었다'는 이야기를 들었다고 하자. 한걸음 더 나아가 당신이 그 정보에 기반해 많은 인상을 형성한 뒤라고 하자. '정보원이 통제를 받고 있었음에도 불구하고, 정보 자체는 사실이었다'고 주장하거나, '정보원이 통제를 받고 있다'고 주장하는 보고서의 타당성을 의심함으로써 그러한 인상의 유지를 합리화하기는 쉽다. 후자의 경우, 인상의 보존 자체가 (인상의 신빙성을 떨어뜨릴 것으로 추정되는) 증거의 평가에 영향을 미친다.

10장
인과관계 인식의 편향: 연결고리 만들어내기

　　과거를 설명하고 현재를 이해하고 미래를 예측하려면 인과관계에 대한 판단이 필요하다. 이러한 판단은 종종 '사람들이 의식적 통제를 별로 가하지 않는 요인들'에 의해 편향되며, 이것은 정보분석가들이 내리는 많은 종류의 판단에 영향을 미친다. 환경에 질서를 부여할 필요성 때문에, 우리는 '실제로는 우연하거나 무작위적인 현상'에 대한 원인을 찾으며 종종 그럴 수 있다고 믿는다. 사람들은 '다른 나라들이 일관되고 조정되고 합리적인 계획을 추구한다'고 과대평가하므로, 그런 나라에서 일어나는 미래의 사건들을 예측할 수 있는 자신들의 능력을 과대평가한다. 또한 '중요하거나 커다란 효과는 커다란 이유가 있다'는 의미에서, 사람들은 원인도 그 효과와 비슷하다고 가정하는 경향이 있다.

　　사람들은 행동의 원인을 추론할 때 인물의 개인적 특질과 기질에 너무 많은 비중을 두며, 인물의 행동의 상황적 결정요인에는 충분한 비중을 두지 않는다. 또한 사람들은 '타인의 행동의 원인과 표적'으로서 자신의 중요성을 과대평가한다. 마지막으로, 사람들은 종종 '사실은 존재하지 않는 관계'를 인식한다. 관계를 증명하는 데 필요한 정보의 종류와 양에 대한 직관적 이해를 갖고 있지 않기 때문이다.

　　우리는 '책상이나 나무를 본다'는 것과 같은 의미의 인과관계를 볼 수 없다. 하나의 당구공이 다른 공에 부딪쳐 종전에 멈춰 있던 공이 움직이기 시작하는 것을 관찰할 때조차도, 원인과 결과를 인식하지 않는다. '하나의 공이 다른 공을 움직이게 했다'는 결론은 직접적인 감각지각이 아니라 추론이라는 복잡한 과정에서만 비롯된다. 그러한 추론은 '사건의 시공간적 병치'와 더불어 '(그 사건이 일어난 이유에 대한) 얼마간의 이론이나 논리적 설명'에 기반한다.

사람들이 인과관계를 추론하는 데 사용하는 분석 모델은 여러 가지가 있다. 비교적 형식적인 분석에서, 추론은 (과학적 방법을 구성하는) 일련의 절차를 통해 이뤄진다. 과학자는 가설을 수립한 다음, 문제되는 현상의 많은 사례들에 대한 데이터를 수집해 통계적으로 분석함으로써 가설을 검증한다. 그런 경우조차도, 모든 가능한 의심에서 벗어난 인과성은 증명될 수 없다. 과학자들은 가설을 시인하려는 것이 아니라 부인하려고 노력하며, 기각할 수 없는 경우에만 가설을 채택한다.

인과관계에 대한 가설을 검증하기 위해 많은 비교 가능한 사례에 대한 데이터를 수집하는 것은 대부분의 정보공동체의 관심사에 대해 실행가능하지 않으며, 특히 다른 나라의 의향과 관련해 광범위한 정치적·전략적 중요성이 있는 문제는 더욱 그렇다. 사실, 그것은 종종 실제보다 더 실행가능하며 정치적·경제적·전략적 연구에 있어서 과학적 절차의 사용을 늘리도록 권장해야 한다. 그러나 '정보분석에 대한 지배적인 접근 방법은 실행 가능한 방법과 완전히 동떨어진다'는 점을 명심해야 한다. 그것은 과학자보다는 역사가들의 접근 방법이며, 그런 접근 방법은 인과성에 대한 정확한 추론에 걸림돌이 된다.

대부분의 역사가가 인과성에 적용하는 절차와 기준은 과학자의 그것보다 덜 엄밀하게 정의돼 있다.

역사가의 목표는, 자신이 연구하는 사건들을 이용해 일관된 전체를 만들어내는 것이다. 내가 보기에, 그의 방법은 특정한 지배적 개념이나 선도적 아이디어들을 찾아내, 그것들을 이용해 사실들을 설명하고 아이디어들 간의 관련성을 추적한 다음 (연구 대상 기간에 일어난 사건들에 대한) 유의미한 내러티브를 구축함으로써, 그런 점들을 감안해 디테일한 사실들이 납득되는 과정을 보이는 것이다.[1]

위의 인용문에서 핵심적인 아이디어는 '일관성'과 '내러티브'다. 이 두 가지는 체계화된 관찰들을 유의미한 구조와 패턴으로 전환하도록 유도하는 원칙이다. 많은 비교 가능한 사례에서, 역사가들은 공분산(두 개의 사물이 엮여 있어, 하나가 변화하면 다른 하나도 따라 변화하는 경우)의 패턴을 관찰하지 않고, 흔히 하나의 사례만을 관찰한다. 더욱이 역사가들은 수많은 변수들 중에서 동시적인 변화들을 관찰하므로, 공분산의 원칙은 (그들 간의 복잡한 관계를 분류하는 데) 일반적으로 도움이 되지 않는다. 한편 내러티브 스토리는 역사가의 관찰들 중에서 풍부한 복잡성을 체계화하는 수단을 제공한다. 역사가는 상상력을 이용해 단편적인 데이터들로부터 일관된 스토리를 구축한다.

역사적 분석 방법을 이용하는 정보분석가는 본질적으로 스토리텔러다. 그는 과거의 사건들에서 플롯을 구성한 다음 그 플롯에 의존해 불완전한 스토리의 가능한 엔딩을 예측한다. 이 플롯은 지배적인 개념이나 선도적인 아이디어로 구성되며, 분석가는 이것들을 이용해 가용 데이터들 사이의 관계 패턴을 상정한다. 물론 분석가가 소설 집필을 준비하는 것은 아니다. 분석가의 상상력에는 제한이 있지만, 그럼에도 불구하고 상상력은 개입된다. 가용 데이터를 체계화해 유의미한 스토리를 만드는 방법은 거의 무제한적으로 다양하기 때문이다. 여기서 적용되는 제한은 가용증거와 일관성의 원칙이다. 스토리는 논리적이고 일관된 전체를 형성해야 하며, 가용증거와는 물론 내적으로도 일관성을 유지해야 한다.

'역사적이거나 내러티브한 분석모드가 일관된 스토리를 이야기하는 것을 포함한다'는 점을 인식하면, (일관성이라는 게 주관적 개념이라는 전제조건 위에서) 분석가들 사이의 수많은 불일치를 설명하는 데 도움이 된다. 그것은 (세상이 돌아가는 이치에 대한) 얼마간의 선험적 신념이나 정신모형을 가정한다. 논의와의 관련성을 높이기 위해 말하자면, 진실 판단의 기준으로서 과학적 관찰보다 일관성을 사용하는 것은 (모든 분석가들에게 어느 정도 영향을 미치는) 편향을 초래한다. 일관성의 판단은 많은 외재적 요인의 영향을 받을 수 있으며, 만약 분석가들이 다른 설명보다 특정 유형의 설명을 선호하는 경향이 있다면, 그런 설명을 선호하도록 편향된다.

인과적 설명을 선호하는 편향

'일관성 추구'에 기인하는 한 가지 편향은 '인과적 설명'을 선호하는 경향이다. 일관성이란 질서를 의미하며, 사람들은 천성적으로 관찰한 것들을 정리해 규칙적인 패턴과 관계를 도출하는 경향이 있다. 아무런 패턴이 눈에 띄지 않는다면, 우리의 첫 번째 생각은 '내가 목적이나 이유가 없는 무작위 현상을 다루는구나'가 아니라 '내가 이해가 부족하구나'이다. 최후의 수단으로, 많은 사람들은 자신이 납득할 수 없는 해프닝을 (좌우지간 미리 예정되어 있는) 신의 의지나 운명에 귀속시킨다. 그들은 "결과는 '무작위적이고 예측할 수 없는 방법으로 상호작용하는 힘'에 의해 결정된다"는 생각에 저항한다. 사람들은 일반적으로 우연이나 무작위성이라는 개념을 받아들이지 않는다. 심지어 주사위놀이를 하는 사람들조차 자신이 주사위 던지기 결과에 얼마간의 영향력을 행사할 수 있는 것처럼 행동한다.[2] 우리의 일상적 언어생활에서 '왜냐하면'이라는 단어가 유행하는 것은 원인을 밝히려 하는 인간의 성향을 반영한 것이다.

사람들은 패턴화된 사건들이 패턴화된 것처럼 보이고 무작위적인 사건들이 무작위적인 것처럼 보일 거라고 예상하지만, 그건 사실이 아니다. 무작위적인 사건들은 종종 패턴화된 것처럼 보인다. 동전을 여섯 번 무작위로 던졌는데, 여섯 번 연속으로 앞면이 나올 수 있다. 64가지 경우의 수 중에서, 실제로 무작위적인 것처럼 보이는 것은 거의 없다.[3] 무작위성randomness이란 생성되는 데이터를 발생시키는 과정의 속성일 뿐이기 때문이다. 무작위성은 어떤 경우에는 과학적(통계적) 분석에 의해 증명될 수도 있다. 그러나 직감적으로 볼 때, 사건이 도저히 무작위적이라고 느껴지지 않을 수 있다. 우리는 거의 모든 데이터세트에서 외견상 패턴을 발견할 수 있으며, 어떤 세트의 사건에서도 일관된 내러티브를 만들어낼 수 있다.

환경에 나름의 질서를 부여할 필요성 때문에, 사람들은 '실제로 무작위적인 현상'에 대해 원인을 추구하며 종종 그 원인을 찾아냈다고 믿는다. 제2차 세계대전 도중, 런던 시민들은 독일군의 폭격 패턴에 대해 다양한 인과적 설명을 꾸며냈다. 그런 설명들은 종종 '어디에 살아야 할까'와 '언제 방공호로 피신해야 할까'에 대한 의사결정을 좌우했다. 그러나 전쟁 후 조사해본 결과, 탄착지점은 거의 무작위분포에 가까웠다.[4]

독일군은 아마도 합목적적 패턴을 의도했겠지만, 그들의 목적은 시간경과에 따라 달라졌고, 늘 목적이 달성된 것도 아니었다. 그러니 탄착의 순결과net result는 거의 무작위적인 패턴으로 나타났을 수밖에. 런던 시민들은 (독일군의 의도에 관한) 자신의 가설을 뒷받침하는 소수의 탄착지점에 주의를 집중했을 뿐, 그러지 않은 수많은 경우에는 관심을 기울이지 않았다.

어떤 고생물학 연구에서도 동일한 경향을 설명한 것 같다. 고생물학자들로 구성된 한 연구팀은 시간경과에 따른 동물종의 진화적 변화를 시뮬레이션하는 컴퓨터 프로그램을 개발했다. 그러나 한 기간에서 다음 기간으로의 이행은 자연선택이나 그 밖의 규칙적인 과정에 의해 결정되지 않고, 컴퓨터가 생성한 무작위 숫자에 의해 결정된다. 그 프로그램이 생성한 패턴은 (고생물학자들이 이해하려고 노력하는) 자연계 패턴과 유사하다. 사실, 직관적으로 강력한 패턴을 가진 것처럼 보이는 가설적 진화 사건은 무작위 과정에 의해 생성됐다.[5]

그러나 무작위적 사건에 인과적 설명을 부여하는 또 하나의 사례는, 심리학의 연구관행을 다룬 연구에서 나왔다. 실험 결과가 예상을 빗나갔을 때, 심리학자들은 그 편차를 샘플의 가변성 탓으로 돌리는 경우가 거의 없었다. 그들은 늘 불일치의 이유에 대해 '더욱 설득력 있는 인과적 설명'을 들이댈 수 있었다.[6]

B. F. 스키너B. F. Skinner는 심지어 비둘기의 행동적 조건화 실험 과정에서도 이와 유사한 현상을 지적했다. 그런 실험의 통상적인 패턴은, 비둘기가 적절한 시간에 적절한 레버를 쫄 때마다 먹이

형태로 긍정적 강화를 제공하는 것이다. 먹이를 규칙적으로 얻기 위해, 비둘기들은 레버를 특정한 순서로 쪼는 방법을 학습할 수밖에 없다. 스키너가 증명한 바에 따르면, 비둘기들은—심지어 먹이를 사실상 무작위로 준 경우에도—어떤 패턴(스키너는 이것을 미신이라고 불렀다)을 학습해 따랐다.[7]

이러한 사례들이 시사하는 것은, (패턴을 헤아리기가 매우 어려운) 군사문제나 외교문제에 있어서 타당한 인과적 설명을 들이댈 수 없는 사건들이 매우 많다는 것이다. 이는 사건의 예측 가능성에 영향을 미칠 게 분명하며, 정보분석가들이 논리적으로 예상하는 것의 한계를 시사한다.

집권화된 지시의 인식을 선호하는 편향

인과적 설명을 향한 편향과 매우 비슷한 것은, 다른 정부(또는 여하한 유형의 그룹)의 행동을 집권화된 지시와 계획의 의도적 결과로 간주하는 경향이다. "대부분의 사람들은 커다란 결과에 이르는 사건, 의도되지 않은 결과, 우연의 일치, 작은 원인들을 더디게 인식한다. 그 대신 조정된 행동, 계획, 음모는 금세 인식한다."[8] 분석가들은 다른 국가들이 일관되고 합리적인 목표 극대화 정책을 추구하는 경향을 과대평가한다. 이러한 편향은 분석가와 정책입안자 모두에게 다른 나라의 미래 사건들의 예측 가능성을 과대평가하게 만든다.

분석가들은 결과라는 것이 때로 사고나 실수, 우연의 일치, 잘 의도된 정책의 '의도하지 않은 결과', 부적절하게 실행된 명령, 준독립적인 관료기구들 간의 거래, 부적절한 상황에서 수행되는 표준 절차 등 때문에 일어날 수 있다는 사실을 알고 있다.[9] 그러나 그런 원인에 초점을 맞추는 것은 (결과가 목적보다는 우연에 의해 결정되는) 무질서한 세상을 암시한다. 무작위적이고 통상적으로 예측 불가능한 요소들을 일관된 내러티브에 통합하는 것은 특별히 어렵다. 증거를 적시에 입수하는 것이 거의 불가능하기 때문이다. 풀스토리를 제공하는 것은, 회고록이 집필되고 정부의 기밀문서가 공개된 후 등장하는 역사적 고찰뿐이다.

이러한 편향은 중요한 결과를 낳는다. 외국 정부의 행동이 논리적이고 중앙집권화된 계획에서 나온다는 가정은 분석가를 다음과 같은 방향으로 이끈다.

• 너무 자주 변하는 일관성 없는 가치, 관료적 거래, 순수한 혼동과 실수에 따라 행동하는 정부에 대한 실현 불가능한 기대.

• (집권화된 지시보다는 자신의 의사에 따라 행동하는) 공무원의 고립된 발언이나 행동에 기반한, 파급력이 크지만 보증할 수 없는 추론.

- 미국의 타국 정부에 대한 영향력 과대평가.
- 일관성 없는 정책을 '나약한 리더십, 동요, 다양한 관료적·정치적 이해세력 간의 거래의 산물'보다는 '표리부동과 마키아벨리즘적 술책'의 산물로 인식.

원인과 결과의 유사성

공분산에 대한 체계적 분석이 비현실적이고 수많은 대안적 인과설명이 가능한 것처럼 보일 때, 사람들이 인과관계를 파악하기 위해 사용하는 한 가지 경험법칙은 '원인의 속성과 결과의 속성 간의 유사성'을 고려하는 것이다. "'원인의 속성'은 '결과의 속성'과 상응하거나 비슷하다는 전제 위에서 추론된다."[10] 육중한 사물은 커다란 잡음을 만들어내며, 조그만 사물은 조용히 움직이기 마련이다. 커다란 동물은 커다란 자취를 남기기 마련이다. 물리적 속성을 다룰 때, 그런 추론들은 일반적으로 정확하다.

그러나 사람들은 그런 추론이 타당하지 않은 상황에서도 동일한 방식으로 추론하는 경향이 있다. 따라서 분석가들은 경제적 사건들이 주로 경제적 원인을 갖고 있고, 커다란 사건들은 중요한 결과를 낳으며, 작은 사건들은 역사의 과정에 영향을 미치지 않는다고 가정하는 경향이 있다. 원인과 결과 사이의 그러한 상응성은 더욱 논리적이고 설득력 있는(그리고 더욱 일관된) 내러티브를 만들지만, 그런 추론이 역사적 사실과 부합할 거라고 기대하는 것은 근거가 별로 없다.

데이비드 피셔David H. Fischer는 '원인은 어쨌든 그 결과와 닮기 마련이다'라는 가정을 정체성의 오류fallacy of identity라고 부르며,[11] 스페인 무적함대에 관한 역사 편찬의 사례로 인용한다. 지난 수 세기 동안, 역사가들은 1588년 영국이 스페인의 무적함대를 격파한 사건의 중요한 결과를 논해왔다. 피셔는 그런 논증들을 일일이 반박한 다음, 다음과 같이 지적했다.

> 간단히 말해서, 무적함대가 패배한 것은—비록 강력하고 멜로드라마적이긴 하지만—놀라울 정도로 결과가 미미했다. 그 패배가 초래한 것은 스페인의 구태의연한 전략이 와해된 것 말고는 거의 없다. 이러한 판단은 모든 영국인의 애국적 본능과 우리 모두의 미적 감성에 위배되는 게 분명하다. 우리는 커다란 사건이 커다란 결과를 낳을 거라고 생각한다.[12]

원인과 결과의 유사성에 따라 추론하는 경향은 앞에서 언급한 '집권화된 지시를 추론하는 편향'과 종종 연계되어 발견된다. 이 두 가지 편향은 합세해 음모론의 설득력을 설명한다. 그런 이론들은 (그에 상응하는 커다란 원인이 딱히 없어 보이는) 커다란 결과를 설명하려고 동원된다. 예컨대 "리 하비 오즈월드와 같은 한 명의 불쌍하고 나약한 인물이 세계사를 바꿨다는 것은 언어도단이다."[13] 오즈월드가 존 F. 케네디를 암살했다고 알려진 동기가 '그것이 설명한다고 주장되는 결과'와 너무 다르므로, 많은 사람들의 마음속에 들어 있는 일관된 내러티브적 설명이라는 기준을 충족하지 못한다. 만약 실수, 사고, 개인의 일탈 행동과 같은 '하찮은' 원인이 큰 결과를 초래한다면, 중대한 사건들이 의도적인 지시보다 무의미하고 무작위적인 이유로 발생한다는 결론이 나온다.

정보분석가들은 대부분의 사람들보다 (국제적인 경기장에서 벌어지는 진정한 플롯, 쿠테타, 음모에 대한) 확고한 증거에 더 많이 노출되어 있다. 그럼에도 불구하고(또는 그 때문에), 대부분의 정보분석가들은 '일반적으로 음모이론으로 간주되는 것'에 특별히 치우치지 않는다. 분석가들은 그런 극단적인 형태에 편향을 보이지는 않지만, 그러한 편향은 무수한 작은 방법으로 분석적 판단에 영향을 미치는 것으로 보인다. 인과관계를 분석하는 데 있어서, 분석가들은 일반적으로 (결과의 크기와 어떤 식으로든 비례하고, 인간의 나약함, 혼동, 비의도적 결과보다는 인간의 목적이나 예측 가능한 힘과 결부시키는) 인과적 설명을 시도한다.

행동의 내적 원인과 외적 원인

'사람들이 행동의 원인을 평가하는 방법'을 연구하는 학자들은 인간 행동의 내적 결정요인과 외적 결정요인이라는 기본적인 이분법을 채택한다. 행동의 내적 원인에는 개인의 태도, 신념, 성격이 포함되며, 외적 요인에는 인센티브, 제한, 역할 요구, 사회적 압력, 기타 개인이 거의 통제할 수 없는 힘이 포함된다. 연구자들이 검토하는 상황에서, 사람들은 행위자의 행동을 '행위자의 안정적인 기질'과 '행위자가 반응하는 상황의 특징' 중 어느 한 쪽에서 비롯된다고 생각한다.

'다른 사람이나 정부의 행동을 초래하는 원인'에 대한 판단의 차이는, 사람들이 그 행동에 반응하는 방법에 영향을 미친다. 사람들이 타인의 우호적이거나 비우호적인 행동에 반응하는 방법은, 그 행동을 '개인이나 정부의 본성'과 '(개인이나 정부가 별로 통제하지 않는) 상황적 제한' 중 어느 쪽에서 비롯된다고 보느냐에 따라 크게 달라진다.

행동의 원인을 판단하는 데 있어서 발생하는 근본적인 오류는, 내적 요인의 역할을 과대평가하고 외적 요인의 역할을 과소평가하는 것이다. 타인의 행동을 관찰할 때, 사람들은 그 행동이 광범위한 개인적 특질이나 자질에 의해 초래됐다고 추론하고, 그런 내재적 특질이 다른 상황에서도 행위자의 행동을 결정할 거라고 기대하는 경향이 있다. (타인의 행동 선택에 영향을 미칠 수 있는) 외부환경에 충분한 가중치를 두지 않는 것이다. 이런 만연한 경향은 다양한 환경에서 수행된 많은 실험에서 증명된 바 있으며,[14] 외교적 · 군사적 상호작용에서도 종종 관찰됐다.[15]

이러한 편향된 인과성 부여에 대한 민감성은 '자기 자신의 행동을 검토할 것인지', 아니면 '타인의 행동을 관찰할 것인지'에 의존한다. 사람들은 타인의 행동에 대해서는 행위자의 본성에 귀속시키는 데 반해, 자기 자신의 행동은 (자신이 처해 있는) 상황에 의해 거의 전적으로 조건화된다고 간주한다. 이러한 차이는 행위자와 관찰자가 사용할 수 있는 가용정보의 차이에 의해 대체로 설명된다. 요컨대, 사람들은 자기 자신에 대해 더 많은 것을 알고 있다.

행위자는 유사한 환경에서 자신의 내력을 디테일하게 인식하고 있다. 우리는 자신의 행동에 대한 원인을 평가하는 데 있어서, 종전의 행위를 고려해 '상이한 상황에 의해 어떻게 영향을 받았는지'에 집중하는 경향이 있다. 따라서 상황변수는 우리 자신의 행동을 설명하는 근거가 된다. 이것은 (전형적으로 타인의 과거 행동에 대해 상세한 지식이 부족한) 관찰자와 대비된다. 그에 반해 관찰자는 '타인의 행동이 유사한 상황에서 다른 사람들의 행동과 어떻게 비교되는지'에 집중하는 경향이 있다.[16] 행위자와 관찰자가 입수할 수 있는 정보의 유형 및 양의 이러한 차이는 사람들뿐만이 아니라 정부에도 적용된다.

'관찰되는 행동'에 행위자가 연루되어 있다는 것은 편향의 가능성을 증가시킨다. "관찰자가 동시에 행위자인 경우, 그는 독특성을 과장하고, 자신의 행동에 대한 타인의 반응의 기질적 기원을 강조할 가능성이 높다.[17] 관찰자는 '내 행동은 도발적이지 않고, 다른 행위자들에 의해 명백히 이해되며, 원하는 반응을 이끌어내도록 잘 설계됐다'고 가정하기 때문이다. 실로, 다른 행위자와 상호작용하는 관찰자는 자신이 (다른 행위자가 반응하는) 상황을 결정한다고 간주한다. 행위자가 기대한 대로 반응하지 않을 경우의 논리적 추론은 '그 반응이 상황의 성질보다는 행위자의 성질에 의해 초래됐다'는 것이다.

정보분석가들은 수많은 맥락에서 이뤄지는 행동의 내적·외적 원인을 저울질하는 문제에 익숙하다. 새로운 리더가 외국 정부의 통제권을 장악했을 때, 분석가들은 변화한 리더십이 정부 정책에 미칠 영향을 평가한다. 예컨대 수상이 된 전임 국방장관이 방위비 예산 증액을 계속 밀어붙일 것인가? 분석가들은 과거의 직위에서 거둔 성과에 바탕을 두고 (가능한 옵션을 제한하는) 현 상황의 요구조건에 비춰 신임 수상의 알려진 성향을 저울질한다. 만약 상황제한에 대한 비교적 완벽한 정보를 입수할 수 있다면, 분석가들은 그러한 의문에 대해 정확한 판단을 내릴 수 있다. 그러나 그런 정보가 부족하다면, 그들은 지나치다 싶을 정도로 '그 사람의 개인적 성향이 과거 행동의 지속을 부추길 것'이라고 가정하는 경향이 있다.

소련의 아프가니스탄 침공을 생각해보자. 자기 자신의 행동에 대한 소련의 인식은, 두말할 것도 없이 미국의 인식과 매우 달랐다. 귀인이론causal attribution theory에 따르면, 소련의 지도자들은 그 침공을 당시 중동 상황(이란과 아프가니스탄에서 소련으로 파급된 이슬람 민족주의의 위협)의 명령에 대한 반응으로 간주할 것이다. 더 나아가, 그들은 미국이 그들의 정당한 국가적 관심사를 이해하는 데 실패한 것을 '미국의 근본적인 적대감'에서 비롯된 것'으로 인식했을 것이다.[18]

그와 반대로, 소련 침공의 관찰자들은 소련 체제의 공격적이고 확장적인 성질을 탓하는 경향을 보일 것이다. 그들은 소련을 혐오하고 소련이 인식하는 상황제한에 대한 정보가 부족하므로 귀인편향이 더욱 악화될 가능성이 높다.[19] 설상가상으로, 이러한 편향이 상황적 압력과 제한에 대한 불충분한 지식에서 비롯되는 정도에 따라, (소련 전문가가 아닌) 정책입안자들은 (소련 전문가인) 분석가들보다 더 강력한 편향을 가질 거라고 예상된다. 전문가들은 상황변수에 대한 정보를 풍부하게 갖추고 있으므로, 그런 변수들을 고려할 수 있는 능력이 뛰어나다.

전문가들은 간혹 자신이 분석하고 있는 국가의 일에 너무 깊이 몰입한 나머지 그 국가 지도자들의 관점(그리고 편향)을 취하기 시작한다. 냉전 시기 중에, CIA의 소련 전문가들과 중국 전문가들은 중소관계를 다룰 때 지속적인 차이를 보였다. 예컨대 1969년 양국 간에 국경분쟁이 벌어졌을 때 소련 전문가들은 "중국이 도발적이다"라고 주장했다. 그들은 국경의 역사와 조정에 대해 소련 체제의 버전을 받아들이는 경향이 있었다. 그에 반해 중국 전문가들은 정반대 생각, 즉 '건방진 러시아인들이 늘 하던 짓을 하고 있으며, 중국인들은 단지 소련의 강경함에 대응하고 있을 뿐'이라고 생각하는 경향이 있었다.[20] 다시 말해서 분석가들은 '자신들이 가장 잘 알고 있는 나라의 지도자들'과 똑같이 편향된 시각을 갖고 있었던 것이다. 인과관계에 대한 객관적 설명은 양극단의 어디쯤엔가 있을 것이다.

1978년과 이듬해의 이집트-이스라엘 평화협상은 귀인편향의 또 다른 명백한 사례라고 할 수 있다. 당시 한 관찰자의 말에 따르면,

이집트인들은 이스라엘과의 평화협정에 서명하려는 자신들의 의향을 '천성적인 평화적 기질' 탓으로 돌리고, 이스라엘인들은 이집트의 화해 의도를 '악화하는 경제와 이스라엘 군사적 우월성에 대한 인식 제고' 탓으로 돌린다. 한편 이스라엘은 자신들의 협상지향성을 '늘 갖고 있었던 평화선호 사상' 탓으로 돌린다. 그러나 이집트는 이스라엘의 타협(이를테면 시나이반도 반환)을 외압(미국의 긍정적 유인책과 부정적 제재라는 위협)에서 비롯된 것으로 간주한다. 더욱이 일부 이집트인들

은 이스라엘의 바람직하지 않은 행동(요르단강 서안의 유대인 정착촌 건설)을 시오니즘적 확장주의 탓으로 돌린다. 이스라엘이 요르단강 서안에 정착촌을 건설하지 않는다면, 이집트인들은 그런 바람직한 행동을 외적 제한(예: 정착촌에 대한 서구의 비난) 때문이라고 설명할 것이다. 반면에 이스라엘인들은 이집트인들의 바람직하지 않은 행동(예: 이스라엘 사람들을 바다로 몰아내겠다고 공언하던 과거의 경향)을 중동의 유대국가에 대한 이집트의 고질적 반감에서 비롯된 것으로 설명한다. 이집트인들이 그런 위협을 멈췄을 때, 이스라엘인들은 그 바람직한 행동을 외부상황(예: 이스라엘의 군사적 비교우위)에서 온 것으로 간주했다.[21]

원인과 결과를 이런 식으로 연계하는 지속적 경향은, 상대방의 사리사욕 추구나 선전의 결과만은 아니다. 그보다는 차라리, '사람들이 수많은 상이한 상황에서 통상적으로 인과성을 설명하는 방법'을 즉흥적으로 이해하거나 예측한 결과물이다.

일반적으로, 편향된 귀인은 사람들과 정부들 사이에 불신과 오해의 씨앗이 뿌려지는 데 기여한다. 우리는 서로 간에 행동의 원인을 매우 다르게 인식하는 경향이 있다.

우리 자신의 중요성에 대한 과대평가

개인과 정부는 자신이 타인의 행동에 영향을 미치는 데 성공하는 정도를 과대평가하는 경향이 있다.[22] 이것은 앞에서 지적했던 '관찰자는 타인의 행동을 행위자의 본성 탓으로 돌린다'라는 일반화의 예외다. 이러한 과대평가가 일어나는 이유는, 사람들은 타인에게 영향을 미치는 자신의 노력에 대체로 익숙하지만, (타인의 결정에 영향을 미치는) 다른 요인들에 대해서는 정보가 매우 부족해서이다.

미국의 정책이 다른 나라의 행동에 미치는 영향을 평가하는 데 있어서, 분석가들은 종종 '미국의 행동'과 '그들이 성취하고자 하는 바'를 모름에도 불구하고, 많은 경우 내적 과정, 정치적 압력, 정책갈등, 기타 표적이 되는 정부의 의사결정에 미치는 영향력에 대한 정보가 별로 없다.

이러한 편향은 최근 미국이—새로운 인도 정부가 부분적으로 '인도의 무기고에 핵무기를 첨가하겠다'는 공약 덕분에 집권에 성공했음에도—인도의 핵실험 예측에 실패하는 데 한몫했다. 대부분의 미국 정보분석가들은 '인도가 경제적 재재와 외교적 압력에 굴복해 핵무기클럽에 가입하지 못할 것'이라고 믿고, 그 캠페인을 수사로 평가절하한 게 분명하다. 분석가들은 미국의 정책이 인도의 결정에 행사할 수 있는 영향력을 과대평가했다.

다른 나라의 행동이 미국의 바람과 부합할 때, 강력한 반대 증거가 없는 경우 가장 명확한 설명은 '미국의 정책이 그 결정에 효과적으로 영향력을 발휘했다'는 것이다.[23] 그와 반대로, 다른 나라가 바람직하지 않은 방식으로 행동할 때, 그것은 통상적으로 '미국의 통제권을 벗어난 요인 때문'으로 간주된다. 사람들과 정부들은 자신들의 행동이 예기치 않은 결과를 초래할 가능성을 좀처럼 고려하지 않는다. 그들의 가정에 따르면, 그들의 의도는 행위자에게 정확히 인식됐으며, 행위자가 외부원인에 좌절하지 않는 한 바람직한 결과가 나올 것이다.

많은 조사와 실험실 연구에서, 사람들은 일반적으로 자신의 행동을 성공의 원인으로만 인식하고 실패의 원인으로는 인식하지 않는 것으로 밝혀졌다. 어린이나 학생이나 근로자의 성과가 좋을 경우 부모, 선생님, 감독자가 나서서 공을 차지하려 들지만, 성과가 나쁠 경우 멘토들은 나 몰라라, 하는 경향이 있다. 의회에 입성한 후보들은 자신의 행동이 승리의 일등공신이라고 믿지만, 실패한 후보들은 자신의 통제권을 벗어난 요인에 비난의 화살을 돌린다.

또 다른 예로는, 소련이 붕괴한 후 일부 미국인들이 늘어놓은 호언장담이 있다. 어떤 이들에 따르면, 미국의 강력한 정책(예: 방위지출 증가, 전략방위계획Strategic Defense Initiative)이 소련 지도자들로 하여금 '미국과 더 이상 경쟁할 수 없겠구나'라고 깨닫게 만든 덕분에 소련이 붕괴했다고 한다. 미국의 뉴스매체들은 몇 주 동안 이런 스토리를 쏟아내며, 많은 사람들(일부는 전문가이고, 일부는 일반인임)과 '소련이 붕괴한 이유'에 대해 인터뷰를 했다. 대부분의 진지한 학생들은 소련이 붕괴한 이유가 여러 가지라는 점을 이해하고 있었는데, 그중에서 가장 중요한 것은 '소련 체제의 본질에 의해 초래된 내부 문제'였다.

또한 사람이나 정부는 '타인의 행동의 표적'으로서 자신의 중요성을 과대평가하는 경향이 있다. 그들은 타인의 행동이 자신에게 미치는 영향에 민감하며, 일반적으로 '다른 사람이나 타국 정부가 자신을 겨냥할 의도로 그렇게 행동한다'고 가정한다. 그러나 사실은 그렇지 않으므로, 결과적으로 그 행동의 중요성과 다른 원인 또는 결과가 과소평가되는 경향이 있다.

타인이 지금 그런 식으로 행동하는 이유를 분석할 때, 우리는 흔히 다음과 같은 의문을 품게 된다. "저 사람이나 정부가 추구하는 목표가 뭘까?" 그러나 목표는 일반적으로 행동의 결과에서 유추되지 않으며, 가장 많이 알려지고 종종 가장 중요한 것처럼 보이는 결과는 우리 자신에 대한 것이다. 따라서 우리를 해치는 행동은 흔히 '우리 자신을 향한 적대감의 의도적 표현'으로 해석된다. 물론 이는 종종 정확한 해석일 수 있지만, 사람들은 간혹 '나를 겨냥한 것처럼 보이는 행동이, 사실은 다른 원인 때문에 내린 결정의 의도치 않은 결과'라는 점을 인식하지 못한다.

환상에 불과한 상관관계

이 장의 시작 부분에서, 공분산은 인과성 추론의 기반 중 하나로 언급됐다. 공분산은 직관적으로 관찰되거나 통계적으로 측정될 수 있다는 점도 지적됐다. 이 단원에서는, 공분산의 직관적 인식이 통계적 측정과 어긋나는 정도를 살펴보려고 한다.

공분산의 통계적 측정을 상관관계라고 한다. 한 사건의 존재가 다른 사건의 존재를 암시할 때, 두 사건 사이에는 상관관계가 있다. 한 변수의 변화가 다른 변수의 '유사한 정도의 변화'를 암시할 때, 두 변수 사이에는 상관관계가 있다. 그런데 상관관계가 반드시 인과관계를 암시하는 것은 아니다. 예컨대 두 사건이 동시에 일어나는 이유는, 하나가 다른 것을 초래해서가 아니라 공통적 원인을 갖고 있어서일 수 있다. 그러나 두 사건이나 변화가 동시에 일어나고, 시간상으로 볼 때 하나가 일어난 후 다른 것이 잇따라 일어나는 경우, 사람들은 종종 '첫 번째 것이 두 번째 것을 초래했다'고 유추한다. 따라서 상관관계의 부정확한 인식은 인과관계의 부정확한 인식으로 귀결된다.

상관관계에 대한 판단은 모든 정보분석가들에게 필수적이다. 예컨대 '악화되는 경제상황이 야당의 정치적 지지율을 높인다', '대내 문제가 외국의 모험주의로 이어질 수 있다', '군사정부는 민주주의 체제를 와해시킨다', '협상은 힘의 우위를 바탕으로 할 때 가장 성공적이다'와 같은 가정들은 모두 변수들 사이의 직관적 상관관계에 기반한 것이다. 많은 경우 이러한 가정들은 정확하지만, 체계적 관찰과 통계분석을 통해 검증되는 경우는 거의 없다.

많은 정보분석은 '사람이나 정부는 통상적으로 어떻게 행동하는가?'에 대한 상식적 가정에 기반한다. 문제는, 사람들이 비슷한 상황에서 일어나는 상이한 행동들을 설명, 예측, 정당화하기 위해 상반되는 행동법칙들을 들먹이는 편의적 경향이 있다는 것이다. "급할수록 돌아가라"와 "쇠뿔도 단김에 빼라"는 상반된 설명과 훈계의 대표적인 사례다. 두 가지 격언은 단독으로 사용될 때는 설득력이 있지만, 함께 사용되면 우리를 바보로 만든다. "유화정책은 공격을 부른다"와 "협상은 타협에 기반한다"도 이와 비슷한 상반된 표현이다.

이상과 같은 외견상 모순에 직면할 때, "그때그때 다르다"라고 생각하는 것이 자연스러운 해법이다. 잠재의식적 정보처리와 체계적·의식적 분석의 차이 중 하나는 그런 한정적인 진술의 필요성을 인식하는 것이다. 박식한 분석가들의 특징은, 늘 이 점을 명심하고 신중한 분석을 게을리하지 않는다는 것이다.[24]

환상에 불과한 상관관계는, 사람들이 '실제로 존재하지 않는 관계'를 인식할 때 생겨난다. 일련의 사례를 볼 때, 사람들은 종종 '상관관계의 존재'를 뒷받침하는 사례에만 집중하고 그렇지 않은 사례들은 무시하는 것 같다. 많은 실험에서 증명된 바와 같이, 사람들은 '두 사건이나 변수 간의 관계를 평가하는 데 진정으로 필요한 정보가 무엇인지'를 직관적으로 이해하지 못한다. 사람들의 직관적 통찰에는, 상관관계의 통계적 개념에 부합하는 것이 존재하지 않는 듯하다.

연구자들은 간호사들을 대상으로 경험을 통해 증상과 질병진단 간의 관계(또는 상관관계)를 판단하는 능력을 테스트했다.[25] 모든 간호사들은 각각 100장의 카드를 받았는데, 각 카드는 표면상 한 명의 환자에 대한 진료기록을 의미했다. 카드의 맨 위 행에는 다양한 증상을 나타내는 글자 네 개, 맨 아래 행에는 진단을 나타내는 글자 네 개가 적혀 있었다. 간호사들은 증상 하나를 나타내는 글자 A와 진단 하나를 나타내는 글자 F에 집중한 다음, A가 F와 관련이 있는지 판단하라는 지시를 받았다. 다시 말해서, 100명의 환자들에 대한 경험을 바탕으로, A라는 증상의 존재가 F라는 질병의 존재를 진단하는 데 도움이 되느냐는 것이었다. 실험은 'A와 F 사이의 다양한 정도의 관련성'을 이용해 여러 번 수행됐다.

참가자의 입장이라고 생각해보라. 카드를 훑어본 결과 약 25명의 환자들(즉, 4분의 1의 경우)이 A라는 증상과 F라는 질병을 동시에 보유하고 있다는 사실을 알게 됐다. 무슨 의미일까? A와 F 사이의 관련성에 대한 가설을 뒷받침하는 사례의 빈도에만 기반해 판단을 내리는 것이 적절할까? 그 밖에 알 필요가 있는 것은 또 무엇일까? F 없이 A가 존재하는 경우의 수를 따져보면 도움이 될까? 그런 환자가 25명이라고 한다면, 100명의 환자 중에서 50명은 A가 있고, A와 F가 동시에 있는 환자는 25명이다. 다시 말해서 A라는 증상이 있는 사람 중에서 F라는 질병이 있는 사람은 절반이다. 그렇다면 A와 F 사이의 관계를 확립하는 게 충분한가, 아니면 증상 없이 질병만 있는 사람의 수를 알 필요가 있을까?

사실 그런 관계의 존재를 결정하려면, 2×2 분할표를 작성해야 한다. 아래 표는 참가자 한 사람이 받은 100장의 카드를 분석한 것이다. 표에는 증상과 진단(질병)의 네 가지 가능한 조합을 가진 환자의 수가 각각 적혀 있다.

(1) 이러한 특별한 조합을 가진 카드 100장을 받은 19명의 참가자 중 18명은 A와 F 사이에 최소한 약한 상관관계가 있다고 생각했으며, 그중 상당수는(사실은 아무런 상관관계가 없는데도) 강력한 관계가 있다고 생각했다. 절반 이상은 A와 F에 모두 해당하는 경우의 빈도에만 의존해 판단을 내렸다. 그것은 표에서 왼쪽 위 칸에 해당하는데, 그 참가자들은 A와 F 사이에 관계가 있는지 결정하려고 노력했다. 카드를 모두 살펴보니, 그중 25퍼센트는 '증상과 진단이 완벽한 상관관계를 갖고 있다'는 신념과 부합했다. 증

표 7

	A	A가 아님
F	25	25
F가 아님	25	25

거가 그 정도라면 가설적 관계를 뒷받침하는 데 충분하다는 게 그들의 생각이었다. (2) 다른 소수의 참가자들은 약간 정교한 추론을 했다. 그들은 A 사례의 총수를 본 후, 그중에서 F 사례가 동시에 존재하는 경우는 몇 가지인지를 물었다. 이것은 표 7에서 1열에 해당한다. (3) 세 번째 그룹은 통계적 일반화라는 기본적 개념에 저항했다. 연구자가 그들에게 논리를 제시하라고 했더니, "관계가 존재할 때도 있고 그렇지 않을 때도 있으므로, 일반화를 할 수 없다"고 대답했다.

실험을 여러 번 계속한 86명의 참가자 중에서, 상관관계를 직관적으로 이해한 사람은 단 한 명도 없었다. 다시 말해서 관계의 존재 여부를 적절히 판단하기 위해서는, 표의 네 칸에 적혀 있는 정보를 모두 고려해야 한다는 점을 이해하는 사람이 한 명도 없었다는 이야기다. 가장 기본적인 형태의 통계적 상관관계는 2×2 분할표의 대각선 칸에 적혀 있는 빈도의 비율에 기반한다. 다시 말해서 두 쌍의 대각선에 적혀 있는 빈도의 비율이 매우 높으면, 두 변수 사이에 강력한 통계적 관계가 있다고 볼 수 있다.

이번에는 정보분석가들의 관심사와 관련해, 이와 유사한 상관관계 문제를 생각해보자. 전략적 기만의 특징은 무엇이며, 분석가들은 그것을 어떻게 탐지할 수 있을까? 기만을 연구하는 데 있어서 중요한 의문 중 하나는, 기만과 관련된 변수가 뭐냐는 것이다. 역사적으로 볼 때, 분석가들은 기만의 사례를 연구할 때, 그에 수반되는 다른 무엇을 관찰했을까? 기만과 관련된 것? 기만의 지표로 해석될 수 있는 것?

기만과 관련된 특정한 관행이나 기만이 일어날 가능성이 높은 상황으로서, "x나 y나 z가 관찰되면, 기만이 진행되고 있을 가능성이 높다"고 말할 수 있는 게 존재할까? 이것은 의사가 특정한 증상을 관찰한 후 어떤 질병이 존재한다는 결론을 내리는 것에 비견된다. 그것은 본질적으로 상관관계의 문제다. 만약 기만과 관련된 변수를 확인할 수 있다면, 그것을 탐지하는 노력에 유의미하게 기여할 것이다.

"위험성이 매우 높을 때 기만이 발생할 가능성이 높다"는 가설이 있다.[26] 이 가설이 옳다면, 분석가들은 그런 상황에서 기만에 특히 유의해야 한다. 이 가설을 뒷받침하는 좋은 사례는 진주만 공습, 노르망디 상륙작전, 독일의 소련 침공이다. 기만이 사용된 위험성 높은 사례를 떠올리기가 쉽다는 전제조건 위에, 그 가설이 상당히 설득력이 높은 것처럼 보인다. 그러나 그런 관계가 실제로 존재하는지를 실증적으로 증명하려면 뭐가 필요한지 생각해보라. 아래 표에서는 이 문제를 2×2 분할표로 정리했다.

표 8

	고위험	고위험 아님
기만	68	?
기만 없음	35	?

바턴 웨일리Barton Whaley는 1914년부터 1968년 사이에 벌어진 군사작전 시에 발생했던 기습 또는 기만 사례 68건을 분석했다.[27] 68건의 사례 모두에서 일종의 기습은 물론 기만이 일어났다고 가정하고, 그것을 표의 왼쪽 위에 기입하라. 기만이 사용되지 않은 고위험 상황은 얼마나 될까? 그런 사례는 생각하기도 어렵고 발견하기도 어렵다. 연구자들은 (뭔가가 일어나지 않은) 부정적 사례를 기록하는 데 좀처럼 큰 노력을 기울이지 않기 때문이다. 다행히도, 웨일리는 그 기간에 기만과 기습이 없었던 대전략grand strategy 사례의 비율이 3분의 1에서 2분의 1 사이라고 개략적으로 추정했다. 표 8의 왼쪽 아래에 35라는 숫자가 기입된 근거는 바로 이것이다.

그렇다면 고위험이 아닌 상황에서 기만은 얼마나 흔할까? 그에 대한 답은 표 8의 오른쪽 위에 있어야 한다. 그러나 오른쪽 위와 아래 칸에 기입할 수치는 추정하기가 어렵다. 그러려면 저위험 상황을 포함해 모든 사례들을 규정해야 하기 때문이다. 이러한 맥락에서 저위험 상황이란 무엇일까? 고위험 상황은 규정할 수 있지만, 저위험 상황에는 거의 무제한적인 다양성이 존재한다. 이런 어려움 때문에, 기만과 고위험 간의 관계를 분석하기 위해 2×2 분할표를 사용하는 방법은 실행 불가능할 것이다.

어쩌면 표 8의 1열에 만족해야 할지도 모르겠다. 그러나 그럴 경우, 우리는 "고위험 상황에서는 기만에 더욱 주의해야 한다"는 가설을 실증할 수 없다. 고위험과 저위험 사례를 비교할 근거가 없기 때문이다. 만약 고위험 상황에서보다 전술적 상황에서 기만이 훨씬 더 흔하다면, 전략분석가들은 위험이 높을 때 기만을 더 의심해서는 안 된다.

데이터가 불충분하므로, 기만과 고위험 상황 사이에 관계가 있는지 여부는 그다지 명확하지 않다. 당신의 육감은 직관적으로 그렇다고 말하지만, 그런 느낌은 정확하지 않을 수 있다. 그러나 그런 느낌을 갖는 이유는, 주로 그런 관계를 시사하는 왼쪽 위 칸의 수치에 집중하는 경향이 있어서이다. 두드러지지 않는 한, 사람들은 그런 관계가 존재하지 않는 사례들을 간과하는 경향이 있다.

우리가 여기서 배워야 할 교훈은, 분석가들은 모든 관계를 통계적으로 분석해야 한다는 게 아니다. 그들은 통상적으로 통계분석을 위한 데이터, 시간 또는 관심이 부족하다. 그러나 분석가들은 '관계가 존재하는지 여부를 이해하려면 어떻게 해야 하는지'를 전반적으로 이해하고 있어야 한다. 그것은 저절로 아는 게 아니라 학습이 필요하다. 그런 이슈들을 다룰 때 분석가들은 네 개의 칸 모두의 내용과 각각의 칸을 채우는 데 필요한 데이터를 의식적으로 생각해야 한다.

설사 분석가들이 이런 훈계를 새겨듣더라도, 관찰을 수행하고 기록하는 과정에서 엄밀한 과학적 절차를 밟지 않는다면 판단을 왜곡시킬 수 있는 요인들이 수두룩하다. 그런 요인들은 네 개의 칸에 알맞은 사례를 떠올리는 능력에 영향을 미친다. 예컨대 사람들은 일어나지 않은 일보다 일어난 일을 더 쉽게 기억한다. "역사는 대체로 '실패한 것'보다 성공한 것'의 기록이다."[28]

따라서 기만이 일어난 사례는 그렇지 않은 사례보다 기억하기가 쉽다. 분석가들은 (자신이 분석하고 있는) 관계를 뒷받침하는 사건들을 그렇지 않은 사건들보다 더 잘 기억한다. 기대가 인식에 영향을 미치는 데 비례해, 분석가들은 그와 반대 사례들을 잊거나 평가절하한다. 또한 사람들은 최근에 일어난 사건들, 자신이 개인적으로 관여한 사건들, 중요한 결과를 초래한 사건들을 더 잘 기억한다. 분석가들이 표의 네 칸 모두를 의식적으로 생각하지 않고 직관적인 판단을 내릴 때, 이런 요인들은 상관관계 인식에 유의미한 영향력을 행사한다.

수많은 잘못된 이론들이 영속화하는 이유는 그것들이 그럴듯해 보이고, 사람들이 자신들의 기억을 그 이론을 반박하기보다는 뒷받침하는 방식으로 기록해서이다. 로스는 그런 과정을 다음과 같이 기술했다.

직관적인 관찰자는 X와 Y 간의 관계에 적합할 가능성이 있는 데이터를 선택적으로 수집한다. 자신의 가설에 적합한 데이터와 예측은 신뢰할 만하고 타당하고 대표성 있고, 오류나 제3변인에서 자유로운 것으로 받아들여진다. 그러한 데이터들은 X와 Y의 진정한 관계를 반영하는 것으로 간주된다. 그와 대조적으로, 직관적 기대나 이론에서 현저하게 벗어난 데이터는 커다란 가중치가 부여되지 않고, 신뢰할 수 없고 오류가 있고 대표성이 없고, 오염성 있는 제3변인의 영향의 산물로 간주되어 기각되는 경향이 있다. 따라서 '뚱뚱한 사람은 행복하다'거나 좀 더 구체적으로 '비만이 행복감을 초래한다'고 믿는 직관적 과학자는 '뚱뚱하고 행복한' 특정인을 그 이론의 강력한 증거로 간주할 것이다. 그는 '어떤 개인의 행복감은 단순한 가식이거나, (비만이 아니라) 특별히 행복한 가정생활의 산물이다'라는 가설을 달가워하지 않는다. 그리고 뚱뚱하고 시무룩한 사람들은 그 과학자의 적합한 데이터 보관소에 편입되기 전에 매우 면밀한 조사를 받는다. 예컨대 그 과학자는 개인의 시무룩함이 (안정적인 속성의 반영이라기보다는) 이례적이거나, 지긋지긋한 감기나 그날 느낀 실망 때문임을 밝히려고 노력한다. 설사 무작위로 생성된 데이터라 할지라도, 방금 설명한 방식으로 수집된 거라면 일고의 가치도 없다.[29]

11장
확률 추정의 편향: 숫자의 함정

    사람들은 개략적인 확률을 판단할 때, (의사결정의 부담을 크게 줄이는) 수많은 단순화된 경험법칙 중 하나에 흔히 의존한다. 사람들은 가용성 법칙을 이용해, '비슷한 사건 중에서 적합한 사례를 얼마나 쉽게 상상할 수 있는지'와 '쉽게 기억할 수 있는 유사한 사건이 얼마나 많은지'에 기반해 사건의 확률을 판단한다. 사람들은 앵커링 전략을 이용해 자연스러운 1차 근사치를 정한 후 추가적인 정보나 분석 결과에 기반해 그 수치를 조정한다. 전형적으로, 그들은 최초의 판단을 충분히 조정하지 않는다.

    확률적 표현, 이를테면 가능성과 개연성은 모호성의 흔한 원인으로, 독자들이 하나의 보고서를 기존의 선입견과 부합하는 쪽으로 쉽사리 해석하게 만든다. 시나리오의 확률은 종종 잘못 계산된다. 사전확률에 대한 데이터는 인과관계를 설명하지 않는 한 흔히 무시된다.

가용성 법칙

    확률을 추정하는 데 흔히 사용되는 단순한 경험법칙 중 하나는 가용성 법칙availability rule이다. 여기서 가용성이란, '상상할 수 있는 가능성'이나 '기억에서 인출할 수 있는 가능성'을 말한다. 심리학자들에 따르면, 사람들이 사건을 판단할 때 의식적으로 사용하는 두 가지 단서는 '적절한 사례를 상상할 수 있는 용이성'과 '쉽게 기억할 수 있는 유사한 사건의 빈도'라고 한다.[1] 사람들은 '내가 추정하려는 것의 사례를 얼마나 쉽게 기억하거나 상상할 수 있는가'에 기반해 빈도나 확률을 추정할 때마다, 가용성 법칙을 이용하는 것이다.

가용성 법칙은 통상적으로 잘 작동한다. 만약 한 사건이 다른 사건보다 실제로 더 빈번히 일어난다면, 가능성이 더 높으므로 우리는 그에 대한 사례를 더 많이 기억할 수 있을 것이다. 통상적으로 일어날 가능성이 높은 사건들은 그렇지 않은 사건들보다 상상하기 쉽다. 사람들은 끊임없이 이러한 가정에 기반한 추론을 한다. 예컨대 우리는 비슷한 지위와 경험을 갖춘 동료들의 승진 사례를 기억해냄으로써 자신의 승진 가능성을 추정한다. 또는 한 정치인이 인기를 잃을 수 있는 방법을 상상함으로써 선거에서 패할 확률을 추정한다.

이러한 방법은 종종 잘 들어맞지만, 확률과 무관한 요인들이 기억의 용이성에 영향을 미칠 경우 사람들은 종종 갈피를 잡지 못하고 오락가락한다. 한 사건의 사례를 기억할 수 있는 능력은 '사건이 얼마나 최근에 일어났는지', '개인적으로 관여하고 있는지', '사건과 관련된 생생하고 기억할 만한 디테일이 있는지', '사건이 당시에 얼마나 중요했는지'에 좌우된다. 판단에 영향을 미치는 이런저런 요인들은 사건의 진정한 확률과 무관하다.

흡연자 두 사람을 가정해보자. 한 사람은 폐암으로 사망한 아버지가 있고, 다른 사람은 폐암에 걸렸던 사람을 단 한 명도 알지 못한다. 한 건의 사례는 위험을 판단하는 데 있어서 통계적으로 무의미하지만, 아버지가 폐암으로 사망한 사람은 '흡연은 통상 건강에 부정적인 영향을 끼칠 확률이 높다'고 인식하고 있다. 그렇다면 두 명의 CIA 요원의 경우는 어떨까? 한 명은 알드리치 에임스Aldrich Ames[*]를 알고 있으며, 다른 한 명은 개인적으로 알고 있는 배신자의 사례가 한 건도 없다. 내통의 위험을 더 높게 인식하는 사람은 누굴까?

또한, 소련 붕괴를 예견하는 것은 어려웠다. 지난 50년 동안 우리의 경험에 비춰 볼 때 그런 사건은 매우 낯선 것이었기 때문이다. 그렇다면 이제 러시아가 공산주의 체제로 되돌아간다는 것을 상상한다는 것은 얼마나 어려울까? 그리 어렵지 않을 것이다. 우리가 어느 정도는 소련에 대한 기억을 아직도 생생히 갖고 있기 때문이다. 그러나 그게 사건(러시아의 공산주의 체제 복귀)의 가능성을 추정하는 합리적인 근거일까? 상황을 제대로 분석하지 않고 빠른 직관적 판단을 내릴 때, 분석가들은 가용성 편향에 좌우될 가능성이 높다. 가상적 시나리오가 자신의 경험과 일치할수록, 그것을 상상하기는 더 쉽고 가능성도 더 높아 보인다.

- CIA의 고위 관료로 1994년 KGB(소련 국가보안위원회)의 이중간첩인 것이 발각돼 기소됐다.

정보분석가들은 다른 사람들보다 가용성 편향에 좌우될 가능성이 낮다. 분석가들은 빠르고 쉬운 추론을 하는 게 아니라 가용정보를 평가하고 있다. 반면에, (시간이 없거나 디테일한 정보에 대한 접근성이 부족한) 정책입안자들과 저널리스트들은 불가피하게 지름길을 택한다. 명백한 지름길은 가능성에 대한 추론을 위해 가용성 법칙을 사용하는 것이다.

정보분석가들이 관심을 갖고 있는 사건들은 대부분 다음과 같은 특징을 갖고 있다.

그런 사건들은 매우 독특하므로 과거사가 사건의 개연성 평가에 부적절해 보인다. 우리는 종종 그런 사건들을 감안해 시나리오(과거의 상황을 참고해 현재의 사건을 기술하는 스토리)를 구성한다. '마음에 떠오르는 시나리오의 타당성'이나 '시나리오 작성의 어려움'은 사건의 개연성의 실마리로 작용한다. 만약 설득력 있는 시나리오가 떠오르지 않는다면, 그 사건은 불가능하거나 개연성이 매우 낮은 것으로 평가된다. 만약 많은 시나리오들이 쉽게 떠오르지 않거나, 하나의 시나리오가 특히 설득력이 있다면, 문제의 사건은 개연성이 높아 보인다.[2]

많은 외재적 요인들이—기억에서 사건을 인출할 수 있는 가능성에 영향을 미치는 것과 마찬가지로—미래 사건에 대한 시나리오를 상상할 수 있는 가능성에 영향을 미친다. 흥미로운 점은,

분석행위 자체가 그런 요인 중 하나라는 것이다. 가능한 미래의 사건에 대해 상세한 시나리오를 구성하는 행위가 그 사건의 상상 가능성을 더욱 쉽게 만들므로, 지각된 확률을 증가시키는 역할을 수행한다. 이것은 CIA 분석가들의 경험과 일치하는데, 그들은 미묘한 가설(개연성이 낮음에도 불구하고 가능성이 있고 중요한 가설)을 분석하기 위해, 그런 분석에 필요하거나 특별히 적합한 첩보도구를 이용한다. (그런 기법들은 5장과 7장에서 논의한 바 있다.) 그런 분석은 통상적으로 함량 미달의 시나리오가 필요 이상으로 신중하게 고려되는 결과를 초래한다. 이러한 현상은 심리학 실험에서도 증명됐다.[3]

요컨대, 가용성 법칙이라는 경험법칙은 확률이나 빈도에 대한 판단을 내리는 데 종종 사용된다. 더욱 자세한 분석의 확실성이나 실행가능성이 낮은 상황에서 시간이 절약되는 한, 사람들은 다른 방안을 강구하기가 어렵다. 그러나 정보분석가는 지름길을 택해야 하는 때가 언제인지를 인식할 필요가 있다. 그들은 그런 절차의 강점과 약점을 알아야 하며, 길을 잃을 가능성이 가장 높은 때가 언제인지를 확인해야 한다. 정보분석가들에게 자신들이 가용성 법칙을 채택하고 있음을 인식한 정보분석가들은 스스로 경고 깃발을 흔들어야 한다. 확률을 신중하게 분석하려면, (상황의 결과를 결정하는) 많은 변수들의 상호작용의 장단점을 확인하고 평가해야 한다.

앵커링

사람들이 판단을 내리는 과제를 단순화하기 위해 직관적이고 무의식적으로 사용하는 것으로 보이는 또 한 가지 전략은 앵커링 anchoring이다. 그것은 (동일한 주제에 관한 선행분석이나 부분적 계산에서 비롯된 것으로 보이는) 다소 자연스러운 출발점으로, 바람직한 판단을 위한 1차 근사치로 사용된다. 그다음으로, 이러한 출발점은 추가적인 정보나 분석의 결과에 기반해 조정된다. 그러나 전형적으로, 출발점은 조정량을 감소시키는 닻이나 저항으로 작용하므로, 최종 추정치는 필요 이상으로 출발점에 가깝게 결정된다.

앵커링은 교실에서 학생들에게 하나 이상의 양(예: 아프리카의 UN 회원국 비율)을 추정하라고 요구함으로써 쉽게 증명할 수 있다. 절반의 학생들에게는 낮은 퍼센트를 주고 다른 절반의 학생들에게는 높은 퍼센트를 준 다음, 그 수치를 출발점으로 해 정답을 추정하라고 요구한다. 그러면 학생들은 생각을 거듭해 수치를 조정해, 자신들이 믿는 정답에 가능한 한 가깝게 다가간다. 한 실험이 끝났을 때, 10퍼센트의 앵커에서 시작한 학생들은 평균적으로 25퍼센트라는 결론에 도달했다. 반면에 65퍼센트에서 시작한 학생들은 평균적으로 45퍼센트라는 결론에 도달했다.[4]

불충분한 조정 때문에, 너무 높은 앵커에서 시작한 학생들은 너무 낮은 앵커에서 시작한 학생들보다 유의미하게 높은 추정치로 낙착을 보았다. 심지어 완전히 임의적인 출발점도 앵커로 작용해, 추정치의 완전한 조정을 억제하는 저항이나 타성을 초래했다.

분석가들이 새로운 분석 영역에 입문하거나 (선배들이 담당한) 일련의 판단이나 추정치를 업데이트할 과제를 부여받은 경우, 선행판단은 어김없이 앵커링 효과를 초래할 수 있다. 심지어 분석가들이 스스로 최초의 판단을 내린 다른 새로운 정보나 후속 분석에 기반해 그 판단을 개정하려고 시도하는 경우에도, 그들은 으레 최초의 판단을 충분히 바꾸지 않는 것으로 밝혀졌다.

앵커링은 '분석가들은 신뢰구간을 설정하는 데 있어서 지나친 자신감을 보이는 경향이 있다'는 실험 결과를 부분적으로 설명한다. 미래의 미사일 또는 탱크 생산량을 추정하는 군사분석가는, 종종 특정 수치를 점추정point estimate 형태로 제시할 수 없다. 따라서 분석가는 '최고치~최저치'라는 범위를 설정하고, "실제 생산량이 그 구간에 포함될 확률은 이를테면 75퍼센트"라고 추정한다. 만약 적절한 신뢰 수준을 반영하는 추정치들이 무수히 제시된다면, 진정한 수치는 75퍼센트의 확률로 범위에 들어오고, 25퍼센트의 확률로 범위를 벗어나야 한다. 그러나 실험에서 대부분의 참가자들은 자신의 추정치를 과신하는 경향이 있다. 진정한 수치가 범위를 벗어날 확률은 25퍼센트를 훨씬 넘어서는 것으로 나타났다.[5]

상한과 하한에 관한 비교적 엄밀한 정보에 기반해 추정 범위가 결정된다면, 추정치는 정확할 가능성이 높다. 그러나 하나의 최선의 추정치에서부터 시작해 위아래로 조정해 최고 추정치와 최저 추정치에 도달하는 방법으로 범위가 결정된다면, 앵커링이 작동해 조절이 불충분해질 가능성이 높다.

앵커링 현상의 이유는 제대로 이해되지 않았다. 최초의 추정치가 갈고리로 작용해, 사람들이 최초의 인상이나 이전의 계산 결과에 얽매이게 한다. 그들은 계산을 되풀이할 때 최초의 추정치를 '무대포 대신 사용하는 출발점'으로 간주하지만, 그것이 잇따른 추론의 범위를 제한하는 이유는 명확하지 않다.

몇몇 연구에서, 앵커링 문제에 대한 인식은 충분한 해결책이 아니라는 증거가 제시됐다.[6] 이것은 인지편향을 다루는 실험에서 흔히 발견된다. 심지어 실험자가 참가자들에게 사전정보를 제공하고, 앵커링을 회피하거나 보상하라고 당부하는 경우에도 편향은 지속된다.

앵커링 편향을 회피하는 기법, 이를테면 앵커를 저울질하는 기법 중 하나는 자신이나 타인의 선행판단을 무시하고 문제를 밑바닥에서부터 다시 생각하는 것이다. 즉, 출발점으로 작용할 수 있는 모든 선행판단을 의식적으로 회피하는 것이다. 이 기법이 가능하거나 작동하는지에 대한 실험적 증거는 존재하지 않지만, 시도해볼 가치는 있는 것 같다. 다른 대안으로는, 간혹 정식 통계 절차를 채용함으로써 인간의 오류를 회피하는 것도 가능하다. 예컨대 베이지언 통계분석의 경우, 새로운 정보에 기반해 선행판단을 개정함으로써 앵커링 편향을 회피하는 방법으로 사용될 수 있다.[7]

불확실성의 표현

확률은 두 가지 방법으로 표현될 수 있다. 첫째로, 통계적 확률은 상대적 빈도에 관한 실증적 증거에 기반한다. 대부분의 정보판단은 (통계적 확률을 할당하는 게 불가능한) 유일무이한 상황을 다룬다. 둘째로, 정보분석에 흔히 사용하는 접근 방법으로, 주관적 확률 또는 개인적 확률에 기반해 판단을 내린다. 이러한 판단은 (특정한 설명이나 추정이 정확하다는) 분석가 개인적 신념의 표현으로, '어떤 말이 우승할 확률은 3대 1이다'라는 식의 판단과 비슷하다.

불확실성에 대한 구두 표현들("가능하다", "개연성이 있다", "가능성이 없다", "아마도…", "…수 있다")은 주관적인 확률적 판단의 형태이지만, 오랫동안 모호성과 오해의 원인으로 인식돼왔다. 뭔가가 '일어날 수 있다'거나 '가능하다'는 것은 1퍼센트와 99퍼센트 사이의 어느 확률도 지칭할 수 있다. 자신을 명확히 표현하기 위해, 분석가들은 확률값이나 승산비와 같은 수치를 사용해 불확실성을 일상적으로 전달하는 방법을 배워야 한다.

1장에서 설명한 바와 같이, 사람들은 '자신이 볼 거라고 기대하는 것'을 보는 경향이 있으며, 새로운 정보는 전형적으로 기존의 신념에 동화된다. 특히 불확실성에 대한 구두 표현을 다룰 때는 더욱 그렇다. 구두 표현 자체에는 명확한 의미가 없으며, 그저 빈 껍데기일 뿐이다. 독자나 청취자는 (구두 표현이 사용되고 있는) 맥락과 (자신의 마음속에 이미 들어 있는, 맥락에 대한) 선입견을 통해 구두 표현을 의미로 채운다.

정보에 대한 결론이 모호한 용어로 진술될 경우, 결론에 대한 독자의 해석은 (독자가 이미 믿고 있는) 일관성을 선호하는 방향으로 편향된다. 많은 정보소비자들이 '정보보고서에서 별로 많이 배우지 못했다'고 말하는 이유 중 하나는 바로 이 때문이다.[8]

분석가들을 위한 훈련 과정에서 이러한 현상을 증명하기는 쉽다. 생도들에게 짧은 첩보 보고서를 보여준 후, 보고서에 포함된 불확실성 표현에 대해 생도들이 이해한 것을 (작성자가 의도했으리라고 믿어지는) 확률값으로 표현하라고 요구하면 흥미로운 현상이 벌어진다. 이것은 탁월한 학습경험이라고 할 수 있다. 보고서의 내용에 대한 생도들의 이해 차이가 너무 커서 기억해둘 만하기 때문이다.

한 실험에서 실험자는 한 정보분석가에게, 그가 선행 보고서에서 사용했던 구두 표현을 확률값으로 대체해보라고 요구했다. 그가 보여준 최초의 진술은 "정전협정은 유지되고 있지만, 일주일 이내에 파기될 수 있다"였다. 그 분석가가 대답하기를, "내가 의도한, 정전이 일주일 이내에 파기될 확률은 약 30퍼센트였다"라고 했다. 그 보고서의 작성을 도왔던 다른 분석가는 "정전협상이 일주일 이내에 파기될 확률은 약 80퍼센트였다"라고 회고했다. 그러나 그 논문을 함께 작성하면서, 두 사람은 "정전협상이 파기될 확률에 대한 우리의 의견은 일치한다"고 믿었다.[9] 단언하건대 보고서를 작성하는 과정에서, 두 분석가들은—독자들은커녕—상호 간에 어떠한 효율적인 의사소통도 시도하지 않았다.

CIA 산하 안보보고실Office of National Estimates의 초대 실장인 셔먼 켄트는 '불확실성에 대한 부정확한 진술이 초래한 의사소통 문제'를 최초로 인식한 사람 중 한 명이었다. 유감스럽게도, 켄트가 "정책입안자들이 국가안보보고서National Intelligence Estimates에 기재된 '중대한 가능성'이라는 용어를 얼마나 다르게 해석하는지"를 최초로 지적한 지 수십 년이 흘렀음에도 불구하고, 분석가와 정책입안자들 간(그리고 분석가들 간)의 소통 부족은 여전히 빈발하고 있다.[10]

나는 개인적으로 한 동료와 '매우 중요한 정보원'의 진실성에 대해 지루한 논쟁을 벌였던 것을 기억한다. 나는 "그 정보원이 아마도 진실할 것"이라고 주장했고, 동료는 "그가 아마도 적국의 통제를 받고 있을 것"이라고 주장했다. 몇 개월 동안 주기적인 반론을 주고받은 후, 나는 마침내 동료에게 확률값을 제시하라고 요구했다. 그는 "그 정보원이 적국의 통제를 받을 확률은 최소한 51 퍼센트"라고 말했고, 나는 "그가 진실일 가능성은 51퍼센트 이상"이라고 말했다. 물론 우리는 불확실성이 크다는 점에 동의하면서도 논쟁을 종결하기로 했다. 문제는 의견 차이가 크다는 게 아니라, '아마도'라는 용어가 모호하다는 것이었다.

그림 10에는, (첩보 보고서를 읽는 데 익숙한) 23명의 나토NATO(북대서양조약기구. 1949년 미국, 캐나다와 유럽 10개국 등 자유 진영 12개국이 참가해 발족시킨 집단방위 기구) 장교들을 대상으로 실시된 실험 결과가 요약돼 있다. 실험자는 그들에게 다음과 같은 문장들을 여러 개 보여줬다: "…라는 사실은 가능성이 매우 높다." 모든 문장들은 확률에 대한 구두 표현이 바뀐 것만 제외하면 완전히 똑같았다. 실험자는 장교들에게, 첩보 보고서를 읽을 때 각각의 문장에 몇 퍼센트의 확률을 부여했는지 물었다. 표에 나온 각각의 점은 한 명의 장교가 그 확률값을 부여했음을 의미한다.[11] 'better than even'이라는 표현의 의미에 대해서는 넓은 공감대가 형성됐지만, 다른 표현의 해석에 대해서는 광범위한 불일치가 나타났다.[12] 회색으로 색칠된 부분은 켄트가 제시한 범위를 보여준다.

내가 여기서 말하고 싶은 것은, (독자들이 자신의 선입견과 일치한다고 쉽게 해석할 수 없는) 모호한 언어로 작성된 첩보 보고서가 독자들에게 아무런 영향을 미치지 못할 수 있다는 것이다. 이러한 모호성은, (정책입안자들이 비상계획을 세우고 싶어 하는) 확률이 낮지만 영

표현

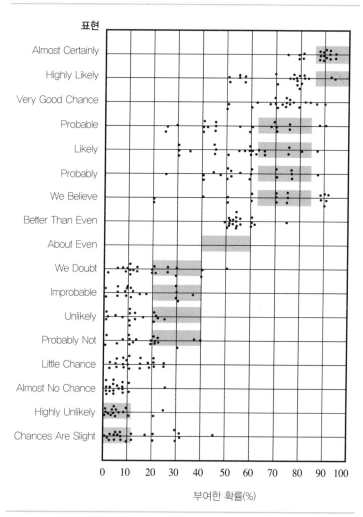

Almost Certainly
Highly Likely
Very Good Chance
Probable
Likely
Probably
We Believe
Better Than Even
About Even
We Doubt
Improbable
Unlikely
Probably Not
Little Chance
Almost No Chance
Highly Unlikely
Chances Are Slight

0   10   20   30   40   50   60   70   80   90   100

부여한 확률(%)

그림 10 구두 표현의 불확실성

향력이 높은 위험을 다룰 때 특히 문제를 야기할 수 있다.

예컨대 "현 시점에서, 카이로 주재 미국 대사관은 테러리스트 공격을 받을 가능성이 별로 없다"는 내용의 보고서를 생각해보자. 만약 대사의 선입견이 '100분의 1의 확률'이라면, 그는 별다른 조치를 취하지 않기로 결정할 것이다. 그러나 대사의 선입견이 '4분의 1의 확률'이라면, 그는 상당한 조치를 취하기로 결정할 것이다. 여기서 '가능성이 별로 없다'는 표현은 두 가지 해석 중 어느 쪽과도 부합하므로, 그 보고서의 작성자가 무엇을 의도했는지 알 방법이 없다.

또 하나의 잠재적 모호성이 있는 표현은 '현 시점에서'이다. 예측의 시간 프레임을 줄이면 확률이 낮아지지만, 예방조치나 비상계획의 필요성이 줄어드는 것은 아니다. 현 시점에서는 타이밍이 예측 불가능한 사건의 경우, 다음 달에 일어날 확률이 5퍼센트에 불과할 수 있지만, 시간 프레임이 1년으로 연장된다면 60퍼센트(5×12=60)로 증가할 수 있다.

그렇다면 확실성에 대한 명확성을 떨어뜨리지 않고 불확실성을 표현하려면 어떻게 해야 할까? 문제 되는 표현 뒤에 괄호를 치고 수치를 병기하는 것이, 오해를 피하는 적절한 방법이다. 구체적으로는 승산비(4대 1 미만)나 퍼센트 범위(5~20퍼센트 또는 20퍼센트 미만)가 있다. 대부분의 사람들은 퍼센트보다 승산비를 직관적으로 잘 이해하므로, 승산비가 종종 선호된다.

시나리오의 확률 평가

정보분석가들은 간혹 시나리오(하나의 기대된 결과에 이르는 일련의 사건) 형태의 판단을 제시한다. 그런데 '시나리오에 포함된 디테일의 양과 내용이, 시나리오의 실제 개연성과 무관한 방법으로 시나리오의 확률에 대한 판단에 영향을 미친다'는 증거가 있다.

하나의 시나리오는 (내러티브적 기술로 연결된) 여러 개의 사건들로 구성된다. 시나리오의 확률을 수학적으로 계산하는 데 적절한 절차는, 개별 사건들의 확률을 곱하는 것이다. 따라서 세 개의 사건들로 이뤄진 시나리오의 경우, 각각의 사건이 70퍼센트의 확률로 일어난다면 그 시나리오의 확률은 $0.7 \times 0.7 \times 0.7 ≒ 34$퍼센트이다. 만약 네 번째로 가능한 사건(확률 70퍼센트)을 추가한다면, 시나리오의 확률은 24퍼센트로 떨어질 것이다.

대부분의 사람들은 확률적 추론에 대한 직관적 파악에 서투르다. 그런 문제를 단순화하는 접근 방법 중 하나는, 하나 이상의 가능한 사건들이 이미 일어났다고 가정하는 것이다. 이렇게 되면 판단에 있어서 불확실성을 다소 제거할 수 있다. 문제를 단순화하는 두 번째 방법은, 각 사건의 평균적 확률에 기반해 평가를 내리는 것이다. 위의 사례에서, 세 사건의 확률을 평균하면 시나리오의 확률 추정치는 70퍼센트가 된다. 따라서 그 시나리오의 확률은 실제보다 훨씬 더 높아 보이게 된다.

평균화전략을 선택한 경우, 시나리오 중에서 '가능성이 가장 높은 사건'은 '가능성이 낮은 사건'을 상쇄하는 경향이 있다. 이것은 '사슬은 가장 약한 고리보다 강할 수 없다'는 원칙에 위배된다. 수학적으로, 하나의 시나리오에서 확률이 가장 낮은 사건은 시나리오 전체의 확률에 상한선을 설정한다. 만약 평균화전략이 채택된다면, (매우 설득력이 높아, 시나리오의 인지된 확률을 증가시키는) 추가적 디테일이 시나리오에 추가될 수 있다. 단 수학적으로 볼 때, 추가적인 사건이 확률을 떨어뜨리는 것은 불가피하다.[13]

기저율의 오류

상황을 평가하는 데 있어서 분석가는 간혹 두 가지 종류의 가용증거를 사용한다. 하나는 당면한 개별 사례에 대한 특이적 증거이고, 다른 하나는 많은 유사한 사례들에 대한 정보를 요약한 수치 데이터이다. 후자와 같은 유형의 수치 정보를 기저율base rate 또는 선험확률이라고 부른다. 기저율의 오류란 수치 데이터가 인과관계를 설명하지 않는다는 이유로 흔히 무시되는 것을 말한다. 이것은 다음과 같은 실험에서 설명된다.[14]

베트남전쟁 당시 한 전투기가 황혼 무렵에 공중정찰 임무를 수행하던 미국 비행기에 기총소사를 가했다. 그 지역에서는 캄보디아와 베트남의 전투기들이 운항 중이었다. 당신은 다음과 같은 사실을 알고 있다.

(a) 특이적 사례 정보: 미국 조종사는 전투기를 캄보디아기로 식별했다. 조종사의 비행기 식별 능력은 적절한 가시성과 비행 조건에서 테스트됐다. 샘플 전투기(절반은 베트남 표시, 절반은 캄보디아 표시가 되어 있음)를 제시받았을 때, 조종사는 80퍼센트의 확률로 정확히 전투기를 식별했으며, 20퍼센트의 확률로 오류를 범했다.

(b) 기저율 데이터: 해당 지역에서 운항하는 제트 전투기 중 85퍼센트는 베트남기이고, 15퍼센트는 캄보디아기이다.

질문: 기총소사를 가한 전투기가 베트남기가 아니라 캄보디아기일 확률은?

이 질문에 대답하는 흔한 절차 중 하나는 다음과 같이 추론하는 것이다.

'우리는 조종사가 비행기를 캄보디아기로 식별했다고 알고 있다. 또한 조종사의 식별 확률은 80퍼센트이므로, 기총소사를 가한 전투기가 캄보디아기일 확률은 80퍼센트다.'

이러한 추론은 설득력이 있지만 정확하지 않다. 기저율 데이터(그 지역에서 운항하는 전투기 중 85퍼센트는 베트남기이다)를 무시했기 때문이다. 목격의 내막을 자세히 알기 전에, 그 지역에서 운항하는 모든 적기에 대해 할 수 있는 말은 기저율(또는 선험확률)밖에 없다.

사실 조종사의 '아마도 정확할 식별'에도 불구하고, 문제의 비행기는 캄보디아기보다는 베트남기일 가능성이 더 높다. 확률적 추론이 생소하고 논제를 파악하지 못한 독자들은, 그 조종사가 비슷한 조우를 한 사례 100가지에 대해 다음과 상상해야 한다. 제시문 (b)에 기반해, 우리는 조우한 비행기 중 85대가 베트남기이고, 15대가 캄보디아기일 거라고 알고 있다. 그리고 (a)에 기반해, 우리는 85대의 베트남기 중 80퍼센트인 68대가 베트남기로 정확히 식별되고, 20퍼센트인 17대가 캄보디아기로 부정확하게 식별될 거라고 알고 있다.

마찬가지로 15대의 캄보디아기 중 80퍼센트인 12대는 캄보디아기로 정확히 식별되고, 20퍼센트인 3대는 베트남기로 부정확하게 식별될 것이다. 종합적으로, 베트남기로 식별된 비행기는 총 71대(68+3)이고, 캄보디아기로 식별된 비행기는 29대(12+17)가 된다. 그렇다면 캄보디아기로 식별된 29대의 비행기 중 12대만 정확하고 나머지 17대는 베트남기를 부정확하게 목격했다는 이야기가 된다. 따라서 조종사가 "그 공격은 캄보디아기에 의한 것"이라고 주장할 때, 조종사의 정확도가 80퍼센트라 하더라도 그 비행기가 실제로 캄보디아기일 확률은 겨우 12/29≒41퍼센트에 불과하다.[*]

이것은 수학적 트릭인 것처럼 보이지만, 그렇지 않다. 차이는 베트남기를 관찰한 조종사의 강력한 선험확률에서 비롯된다. 이것을 이해하기 어려운 이유는, 훈련받지 않은 직관적 판단이 확률적 추론의 통계원칙 중 일부를 통합할 수 없기에 그렇다.[15] 대부분의 사람들은 선험확률을 자신의 추론에 통합시키지 못하는데, 이는 부적절해 보이기 때문이다. 그것이 적절해 보이지 않는 이유는, '해당 지역을 운항하는 전투기의 점유율'에 대한 배경지식과 '조종사의 관찰' 간에 아무런 인과관계가 없어서이다. 다시 말해서 '지역을 운항하는 전투기 중 85퍼센트가 베트남기이고 15퍼센트가 캄보디아기이다'라는 사실이, 조종사가 베트남기를 캄보디아기로 오인하게 만든 건 아니다.

인과적으로 적절한 배경지식의 다른 영향을 평가하기 위해, 문제를 약간 바꿔보자. (b)를 다음과 같은 진술로 대체하자.

(b) 해당 지역에서 운항하는 두 나라의 전투기 수는 비슷하지만, 모든 말썽의 85퍼센트는 베트남기, 15퍼센트는 캄보디아기가 일으킨다.

문제는 수학적·구조적으로 변하지 않았다. 그러나 많은 참가

	베트남	캄보디아	
정확	68	12	80
부정확	17	3	20
	85	15	

자들을 대상으로 테스트해본 결과, 심리적으로는 사뭇 다른 것으로 나타났다. 참가자들에게 '조종사의 관찰에 대한 선험확률과 관련된 인과적 설명'을 떠올리게 하기 때문이다. 만약 베트남기가 도발적 성향이 강하고 캄보디아기는 그렇지 않다면, "베트남기가 캄보디아기보다 더 도발적"이라는 선험확률은 더 이상 무시되지 않는다. 선험확률을 인과관계와 연결시키면, 조종사의 관찰이 오류일 가능성을 즉시 제기한다.

이렇게 개정된 문제가 주어질 경우 대부분의 사람들은 다음과 같이 추론할 가능성이 높다.

'우리는 이러한 사례에 대한 경험에 비춰, '베트남기가 도발을 잘 한다'는 사실을 알고 있다. 그러나 우리는 조종사로부터 '캄보디아기가 도발을 했다'는 제법 신뢰할 만한 보고서를 입수했다. 이 두 가지 상반된 증거는 서로 상쇄된다. 따라서 정확히 알 수는 없지만, 도발한 비행기가 캄보디아기인지 베트남기인지는 대략 50대 50인 것 같다.'

이러한 추론 방식을 채택함으로써, 우리는 선험확률을 이용하고, 그것을 사례 특이적 정보와 통합함으로써, 수학적 계산을 하지 않고서도 최적해(41퍼센트)에 가까운 결론에 도달하게 된다.

물론 기저율이 베트남/캄보디아 항공기 사례처럼 명확하게 주어지는 경우는 거의 없다. 기저율을 잘 모르겠지만 추론하거나 검색해야 하는 경우, 기저율은 사용될 가능성이 매우 낮다.[16]

나도 종종 저지르는 소위 '계획의 오류'는, 기저율이 수치로 주어지지 않았지만 경험에서 추출해야 하는 문제의 대표적 사례다. 연구 프로젝트를 계획할 때 나는 4주 내에 완성할 수 있을 거라고 추정한다. 이러한 추정치는 관련된 사례 특이적 증거(예: 보고서의 바람직한 길이, 자료의 가용성, 주제의 난이도, 예측 가능하고 예측 불가능한 방해요인 참작)에 기반한다. 또한 나는 과거에 수행했던 유사한 프로젝트의 추정치 목록을 갖고 있다. 그러나 다른 많은 사람들과 마찬가지로, 내가 최초에 추정했던 시간 내에 프로젝트를 마치는 경우는 거의 없다. 하지만 나는 사례 특이적 증거가 제공하는 직접성과 납득성의 유혹에 넘어간다. 프로젝트에 대한 인과적으로 적절한 증거들은 하나같이 '당신은 할당된 시간 내에 프로젝트를 완성할 수 있다'고 암시한다. 설사 경험을 통해 그게 불가능하다는 사실을 알고 있더라도, 나는 그런 경험에서 배우지 않는다. 나는 과거의 수많은 유사한 프로젝트에 기반해 비인과적·확률적 증거를 무시하고, 거의 달성하지 못하는 마감일을 추정하는 행동을 멈추지 않는다. (이 책을 쓰는 데도 예상보다 두 배나 되는 시간이 걸렸다. 정말이지, 이런 편향을 벗어나기는 매우 어렵다!)

12장
사후편향: "사실 알고 있었는데 까먹었다"

정보보고 평가는—타인의 정보제품 평가가 됐든, 분석가의
자신의 판단에 대한 평가가 됐든—체계적 편향에 의해 왜곡
된다. 결과적으로, 분석가들은 자신의 분석 성과의 질을 과대
평가하고, 다른 사람들은 그들의 노력의 가치와 품질을 과소
평가한다. 이러한 편향은 사리사욕과 객관성 결여의 산물일
뿐만 아니라 인간의 정신과정의 본질에서 비롯되므로, 극복
하기가 어렵고 어쩌면 불가능할 수도 있다.[1]

사후편향은 다음과 같은 세 가지 방법으로 정보보고의 평가
에 영향을 미친다.

- 정보분석가들은 통상적으로 자신의 과거 판단을 과대평가
  한다.
- 정보소비자들은 통상적으로 정보보고서에서 얼마나 많이
  배웠는지를 과소평가한다.
- 정보실패에 대한 사후분석을 수행하는 정보 생산물의 감독
  자들은, 통상적으로 사건의 예측 가능성을 과대평가한다.

위의 세 가지 편향 중에서 놀라운 것은 하나도 없다. 분석가들

은 다른 분석가들에게서 이러한 경향을 관찰해왔지만, 자기 자신에 대해서는 그렇지 않을 것이다. 뜻밖의 사실은, 이러한 편향들이 사리사욕과 객관성 결여의 결과만은 아니라는 것이다. 이러한 편향들은 (인간의 정신과정에 내재되어 있으며, '객관성을 향상시키라'는 경고에 의해서도 극복될 수 없는) 광범위한 현상의 사례이기도 하다.

아래에서 소개하는 실험을 행한 심리학자들은 참가자들에게 그런 편향을 극복하라고 가르치느라 노력했다. 결과에 아무런 기득권이 없는 참가자들은 편향에 대해 브리핑을 받고, 편향을 회피하거나 보상하라는 격려를 받았지만 그러지 못했다. 착시와 마찬가지로, 인지편향은 우리가 뻔히 의식하는 가운데서도 여전히 영향력을 발휘한다.

분석 성과를 평가하는 분석가, 소비자, 감독자는 모두 하나의 공통점을 갖고 있으니 후견지명hindsight, 즉 뒤늦은 깨달음의 메커니즘을 가동한다는 것이다. 그들은 자신의 현재 지식 수준에 기반해, 자신이나 타인이 (현재의 지식을 습득하기 전에) 알았거나, 알 수 있었거나, 알아야 했던 것과 비교한다. 이것은 정보추정intelligence estimation과 극명하게 대비된다. 정보추정이란 선견지명을 가동하는 것이며, 편견은 후견지명과 선견지명이라는 두 가지 모드의 차이에서 비롯된다.

후견지명으로 바라본 '명백히 입수할 수 있는 좋은 정보의 양'은 선견지명보다 더 많다. 이런 차이가 정신과정에 영향을 미치는 메커니즘에 대한 설명은 여러 가지가 있을 수 있다. 그중 하나는, 후견지명을 위해 입수할 수 있는 추가정보가 상황에 대한 인식을 (자신도 그런 변화를 대체로 인식하지 못할 정도로) 매우 자연스럽고 즉각적으로 바꾼다는 것이다. 새로 입수한 정보는 즉각적이고도 무의식적으로 우리의 기존 지식에 동화된다. 만약 상황에 대한 새로운 정보가 우리의 지식을 유의미하게 증진한다면(즉, 상황에 대한 결과를 말해주거나, 기존에 확신할 수 없었던 문제에 대한 해답을 말해준다면), 우리의 심상은 새로운 정보를 고려하도록 재구축된다. 예컨대 후견지명의 도움으로 적절하다고 여겼던 요인들이 부적절하게 되고, 별로 적절하지 않다고 여겼던 요인들이 결정적인 것처럼 보이게 된다.

하나의 견해가 새로운 정보를 동화하도록 재구축된 후에는, 기존의 고정관념을 정확히 재구축할 방법은 사실상 존재하지 않는다. 일단 울린 종을 취소할 수는 없다. 그다지 많은 시간이 흐르지 않아 판단이 정확히 설명되면 우리는 자신의 과거 판단을 기억할 수 있다. 그러나 자신의 과거 생각을 정확히 재구축할 수는 없다. 우리가 (주어진 상황에 대해) 과거에 생각했던 것이나 과거에 생각했어야 하는 것을 재구축하려는 노력은 필연적으로 현재의 사고 패턴에 의해 영향을 받을 수밖에 없다. 어떤 상황의 결과를 알면 (고려할 수 있는) 다른 결과들을 상상하기가 더욱 어려워진다. 유감스러운 것은 인간의 마음이 이런 식으로 작동한다는 것을 이해하더라도 한계를 극복하는 데 별로 도움이 되지 않는다는 것이다.

다음 단원에서 언급하겠지만, 이러한 편향을 이해하는 데서 얻어야 할 전반적인 교훈은 '분석가의 정보판단은 그들이 생각하는 것만큼 양호하지 않거나, 타인들이 믿는 것만큼이나 불량하다'는 것이다. 편향은 일반적으로 극복될 수 없으므로, 분석가들이 자신의 성과를 평가하고 타인에게서 기대하는 평가를 결정할 때 고려할 필요가 있는 현실인 것으로 보인다. 이는 다음과 같은 활동을 위해 더욱 체계적인 노력이 필요하다는 것을 시사한다.

- 정보분석에서 얻기를 기대하는 게 무엇인지를 규정한다.
- 정보판단과 추정을 실제 결과와 비교하기 위한 절차를 개발해 제도화한다.
- 분석가가 규정된 기대에 얼마나 잘 부응하는지 측정한다.

지금부터는 분석가, 소비자, 감독자의 관점에서 이러한 편향들을 증명하는 실험적 증거들을 살펴보기로 하자.

분석가의 관점

자신의 성과를 향상시키는 데 관심이 있는 분석가들은 후속 사건의 관점에서 과거의 추정치들을 평가할 필요가 있다. 이를 위해, 분석가들은 자신의 과거 추정치를 기억(또는 참고)하거나 '추정할 당시의 상황에 대해 알았다고 기억하는 것'에 기반해 재구성할 수 있어야 한다. 평가 과정과 (평가 과정 덕분에 가속화되는) 학습 과정의 유효성은 부분적으로 이러한 기억된(또는 재구성된) 추정치의 정확성에 의존한다.

실험적 증거들을 살펴보면, 사람들이 과거 추정치에 대한 잘못된 기억으로 귀결되는 체계적 경향을 발견할 수 있다.[2] 즉, 사건이 일어날 때, 사람들은 '과거에 일어날 거라고 예상했던 정도'에 비례해 과대평가하는 경향이 있다. 그리고 그 반대로, 사건이 일어나지 않을 때, 사람들은 '과거에 사건 발생에 할당했던 확률'을 과소평가하는 경향이 있다. 간단히 말해서, 사건은 '사람들이 과거 추정치에 마땅히 기반해야 할 것' 이하로 놀라워 보인다는 것이다. 이러한 실험적 증거는 분석가들의 직관적 경험과 부합한다. 분석가들은 자신이 눈여겨보고 있는 사건의 전개에 대해 그다지 놀라지 않는다(또는 자신이 놀라는 것을 스스로 용납하지 않는다).

과거 추정치에 대한 기억의 편향을 테스트하는 실험에서, 실험자는 119명의 참가자들에게 "닉슨 대통령이 1972년 베이징과 모스크바를 방문하는 동안, 어떤 사건들이 일어나거나 일어나지 않을 확률"을 평가해보라고 요구했다. 실험자는 두 여행에 대해 각각 15가지의 가능한 결과들을 선정해, 참가자들이 모든 결과에 대해 확률을 할당하도록 했다. 그 결과들은 가능한 사건전개의 범위를 모두 포함하고, 가능한 한 광범위한 확률값을 나타내기 위해 선정됐다.

닉슨 대통령의 해외순방이 끝난 후 다양한 시간대에, 실험자는 참가자들에게 '가능한 한 정확하게 자신의 예측을 기억하거나 재구성하라'고 요구했다(원래 예측했던 시점에서는 향후의 기억 실험 과제에 대해 아무런 언급도 하지 않았다). 그다음 참가자들에게 '각각의 사건이 그 기간 동안 일어났는지, 일어나지 않았는지' 여부를 명시하라고 요구했다.

참가자가 예측을 한 지 3~6개월 후 예측을 회고하게 하며 '실제로 일어났다고 믿은 사건'을 다뤘을 때, 참가자들 중 84퍼센트가 편향을 나타냈다. 즉, '그들이 추정했다고 기억하는 확률'은 '일어났다고 믿은 실제 추정치'보다 높았다. 그와 마찬가지로, 일어나지 않았다고 믿은 사건의 경우, (편차는 그리 크지 않았지만) 그들이 기억하는 확률의 추정치보다 낮았다. 두 가지 유형의 사건들에 대해, 회고하는 간격(3~6개월)보다 2주만 늦어도 그 편차는 더욱 큰 것으로 나타났다.

요컨대 결과에 대한 지식은 대부분 참가자들의 선행평가에 대한 기억에 영향을 미치며, 기억이 희미해지도록 허용하는 시간이 길어질수록 편향효과는 증가한다. 대통령의 해외순방 기간의 사건 전개는, '실제 추정치'를 '실제 결과'와 비교할 때보다 덜 놀라운 것으로 인식됐다. 예상된 편향을 나타낸 참가자의 84퍼센트의 경우, 그들의 추정치 성과에 대한 회고적 평가는 사실에 의해 뒷받침될 때 더욱 호의적인 것이 분명했다.

정보소비자의 관점

정보제품의 품질을 평가할 때, 정보보고서의 소비자는 이렇게 자문한다. "나는 이 보고서에서 (내가 몰랐던 것을) 얼마나 배웠을까?" 이러한 의문에 대답하는 데 있어서, 대부분의 사람들은 '새로운 정보의 기여도'를 일관되게 과소평가하는 경향이 있다. 이러한 "난 처음부터 다 알고 있었다"라는 편향은 정보의 소비자들이 정보제품을 과소평가하게 만든다.[3]

사람들이 새로운 정보에 흔히 이런 식으로 반응한다는 사실은, 320명의 참가자를 대상으로 실시된 일련의 실험에서 검증됐다. 참가자는 연감과 백과사전에서 발췌한 75개의 사실적 질문에 선다형으로 대답했다. 대답에 대한 참가자들의 자신감을 측정하기 위해, 실험자는 '각각의 대답에 대한 자신감을 50~100퍼센트의 확률로 표시하라'고 요구했다.

다음 단계로, 실험자는 참가자들을 세 그룹으로 나눴다. 첫 번째 그룹에는 조금 전의 질문 중 25개를 제시해 전과 동일한 방식으로 응답하게 했다. 이것은 참가자가 자신의 대답을 기억하는 능력을 확인하기 위한 단순 테스트였다. 두 번째 그룹에는 동일한 25개의 질문을 제시했지만, 그중 정답에는 '참가자들이 일반적으로 알고 있는 정보'라는 의미로 동그라미가 쳐져 있었다. 이는 정답이 참가자의 대답에 대한 기억을 왜곡하는 정도를 테스트함으로써, (위의 "분석가의 관점"에서 살펴본 것과 똑같은) 선행 추정치 회고의 편향을 측정하기 위한 것이었다.

세 번째 그룹에는 다른 (전에 보지 않았지만, 난이도가 비슷해 다른 두 그룹과 결과를 비교할 수 있는) 25가지 질문을 제시했다. 설문지에 기재된 정답에 동그라미를 쳐놓고, 참가자들에게 '정답을 모를 때 생각했던 대로 응답하라'고 요구했다. 이것은 그들이 정답을 모르기 전에 알았던 것을 얼마나 정확히 상기하는지를 측정하는 테스트였다. 이 상황은 '보고서에서 얼마나 많이 배웠는지를 평가하라'고 요구받았고, 보고서를 읽기 전에 보유했던 지식의 양을 회고함으로써만 요구에 응할 수 있는 소비자의 상황에 비견된다.

요컨대 이 실험은 "정답에 노출된 사람들은 '실제로 알던 것'보다 더 많이 알고 있었다고 기억한다"는 사실을 증명함으로써, ("분석가의 관점에서"에서 소개한) 앞선 실험의 결과를 확인했다. 또한 "사람들은 '정보를 제공받지 않았더라도 정답을 알 수 있었던 가능성'을 과대평가하는 경향이 훨씬 더 크다"는 사실이 증명됐다. 다시 말해서 사람들은 '내가 새로운 정보에서 얼마나 많이 배웠나'와, '새로운 정보 덕분에 정확한 판단에 대한 확신이 얼마나 증가했나'를 모두 과소평가하는 경향이 있다. 이러한 편향을 명확히 드러내는 정보소비자일수록 정보보고에 부여하는 가치를 낮게 매길 것이다.

감독자의 관점

여기서 사용하는 감독자overseer라는 용어는, 세간의 이목을 끄는 정보실패에 대해 사후검사post-mortem examination를 수행함으로써 정보의 성과를 조사할 수 있는 사람을 의미한다. 조사는 의회, 정보공동체의 간부, CIA나 첩보부의 관리자에 의해 수행된다. 정보제품을 규칙적으로 읽지 않는 행정부 외부의 사람들에게, 알려진 정보실패에 대한 이러한 사후평가는 정보분석의 품질에 대한 판단을 위한 1차적인 토대이다.

정보실패에 관한 사후검사에서 제기되는 기본적인 의문은 다음과 같다. "당시에 입수할 수 있는 정보가 주어졌다면, 분석가들은 무슨 일이 일어날지 예측할 수 있었을까?" 정보의 성과에 대한 편향 없는 평가는 이 의문에 편향 없는 대답을 할 수 있느냐에 달려 있다.[4]

안타깝게도 일단 사건이 일어난 다음에는, 마음에서 그 사건에 대한 지식을 지우는 것이 불가능하므로, 사고과정을 초기 상태로 재구성하는 것이 불가능하다. 과거를 재구성할 때는 결정론적인 경향이 존재하므로, "과거에 일어난 일은 그 상황에서 불가피했으므로 예견된 일이었다"고 생각하는 경향이 있다. 간단히 말해서, 우리는 "분석가들은 당시에 입수할 수 있었던 정보에 기반해 예상하기 힘든 사건을 예상해야만 했다"고 믿는 경향이 있다.

아래에서 소개하는 실험들은, "결과에 대한 지식은 그 결과의 인지된 불가피성을 증가시키며, 결과에 대한 정보를 알고 있는 사람들은 '그 정보가 자신의 지각을 그런 식으로 변화시켰다'는 점을 대체로 인식하지 못한다"는 가설을 검증한 것이다.

실험자는 일련의 하위 실험에서, 네 개의 가능한 결과가 확인된 여러 사건을 요약한 150자 분량의 보고서를 사용했다. 그 사건들 중에는 1814년 인도에서 일어난 영국과 구르카인* 간의 갈등이 포함돼 있었다. 그 사건에 대한 네 개의 가능한 결과는 1) 영국의 승리, 2) 구르카인의 승리, 3) 평화적 해결 없는 군사적 교착 상태, 4) 평화적 해결 있는 군사적 교착 상태였다. 20명의 참가자로 구성된 5개 그룹이 각각의 하위 실험에 참가했다. 한 그룹은 결과에 대한 아무런 암시 없이 보고서를 받았다. 다른 네 그룹은 동일한 보고서를 받았지만, 갈등의 결과를 암시하는 문장이 하나 추

●   훌륭한 군인 자질을 지닌 것으로 알려진 네팔 민족.

가됐는데, 그룹마다 결과가 각각 달랐다.

실험자는 다섯 그룹의 참가자들에게 네 가지 가능한 결과의 가능성을 평가하고, 사건을 설명한 자료가 그들의 판단에 적합했는지를 평가하라고 요구했다. 결과에 대한 정보를 제공받은 참가자들은 '정보실패의 사후분석을 준비하는 정보분석 감독자'와 동일한 입장에 서 있는 것으로 나타났다. 즉, 참가자들은 '결과를 알기 전에 입수할 수 있는 정보'에만 의존해 가능성을 평가하려고 노력하는 것으로 나타났다. 실험의 결과는 표 9에 요약돼 있다.

아무런 힌트도 받지 않은 그룹은 결과 1의 확률을 33.8퍼센트로 판단한 데 반해, '결과 1이 실제 결과'라는 정보를 제공받은 그룹은 결과 1의 확률을 57.2퍼센트로 판단했다. '결과에 대한 지식'이 '결과에 대한 추정확률'에 영향을 미친 것이 분명해 보인다. 그와 마찬가지로, 결과에 대한 지식이 전혀 없는 대조군은 결과 2의 확률을 21.3퍼센트로 추정한 데 반해, '결과 2가 실제 결과'라는 정

표 9

그룹	결과에 할당된 평균 확률(%)			
	1	2	3	4
결과에 대한 정보 없음	33.8	21.3	32.3	12.3
결과 1에 대한 정보	57.2	14.3	15.3	13.4
결과 2에 대한 정보	30.3	38.4	20.4	10.5
결과 3에 대한 정보	25.7	17.0	48.4	9.9
결과 4에 대한 정보	33.0	15.8	24.3	27.0

보를 제공받은 그룹은 그 확률을 38.4퍼센트로 판단했다.

하위 실험 다섯 개에서 나온 확률의 평균을 구하면(참가자 547 명, 추정치 2,188개), "가능한 결과에 대한 지식이나 신념은, 선견지 명일 때보다 후견지명일 때 결과에 대한 인지된 확률을 약 두 배 증가시킨다"는 것을 시사한다.

참가자들이 평가한 정보의 적합성도, 결과에 대한 언질에 의 해 강력한 영향을 받는 것으로 나타났다. 이와 관련해 로버타 월 스테터Roberta Wohlstetter는 다음과 같이 썼다. "사실을 알고 나면, 적 절한 신호를 부적절한 신호와 구별하기가 훨씬 더 쉽다. 물론 사 건이 일어난 후에는 신호가 늘 명명백백해진다. 재난이 이미 일 어난 후, 우리는 그 신호가 어떤 재난을 예고했는지 알 수 있다. 그러나 사건이 일어나기 전에는, 그 신호가 모호하고 상충되는 의미들로 가득 차 있다."[5] '결과에 대한 지식이 가용 데이터의 적 절성에 대한 개인의 판단을 자동적으로 재구성한다'는 사실은, '결과에 대한 지식이 없었을 경우 우리의 사고과정이 어땠으며 어떻게 변했는지'를 재구성하기가 매우 어려운 이유를 말해준다.

위의 실험의 수많은 변형에서, 실험자들은 참가자들에게 '결과 를 모르는 것처럼 행동하라'거나 '결과를 모르는 다른 사람들처 럼 행동하라'고 요구했다. 그러나 결과에는 별로 차이가 없었는 데, 이는 참가자들이 '결과에 대한 지식이 자신들의 지각에 얼마 나 영향을 미치는지'를 거의 의식하지 못한다는 것을 시사한다.

그 실험들에서, 참가자들은 다른 사람들이 그러한 상황을 판단하는 방법에 공감할 수 없는 것으로 나타났다. '결과에 대한 지식이 없는 상태에서, 다른 사람들이 데이터를 어떻게 평가할 것인가'에 대한 추정은, 참가자 자신의 회상적 해석과 사실상 동일했다.

이상과 같은 연구 결과를 보면, '가용정보가 주어졌을 때, 분석가가 무엇을 예상했어야 하는가'를 사후적으로 평가하는 감독자는 상황의 결과를 실제보다 더 예측 가능했던 것으로 인식하는 경향이 있다. 이처럼 감독자는 (상황을 후견지명이 아니라 선견지명으로 바라보는) 정신 상태를 재구성할 수 없으므로, 정보의 성과를 더욱 비판적으로 바라보는 경향이 있다.

실험에 대한 고찰

편향성과 '시정조치에 대한 저항성'을 증명한 실험들은, 미국 국방부 산하 고등연구계획국의 지원을 받은 연구 프로그램의 일환으로 수행됐다. 안타깝게도, 실험 참가자들은 정보공동체 분석가들이 아니라 학생들이었다. 그럼에도 불구하고, 실험 결과들을 정보공동체로 일반화할 수 있다고 믿을 만한 근거는 충분하다. 그 실험들은 기본적인 정신과정을 다뤘으며, 실험 결과들은 정보공동체의 개인적 경험과 부합하는 것처럼 보이기 때문이다. (정보분석가들을 포함한) 전문가들을 대상으로 한 유사한 실험에서, 전문가들은 학생들과 동일한 패턴의 반응을 보였다.

비록 불완전하지만, 정보분석가들을 대상으로 선행실험을 재현하려고 한 나의 실험에서도, 선행실험의 타당성을 뒷받침하는 결과가 나왔다. '정보분석가들은 통상적으로 자신의 과거 판단의 정확성을 과대평가한다'는 주장을 검증하려면, 두 가지 전제조건이 필요하다. 첫째, 분석가들은 일련의 추정치를 정량적으로 표현해야 한다. 다시 말해서 그들은 주어진 사건이 '개연성이 있다'고 말하는 대신, 예컨대 75퍼센트의 확률로 일어날 수 있다고 말해야 한다. 둘째, '추정된 사건이 일어날지, 일어나지 않을지'를 모호하지 않게 결정할 수 있어야 한다. 이러한 두 가지 선행조건 아래에서, 우리는 분석가의 과거 추정에 대한 회상을 거슬러 올라가 체크할 수 있다. 그러나 CIA의 추정치들은 정량적 확률로 표현되는 경우가 매우 드물며, 특정한 기간에 추정된 사건의 발생률이 종종 명확히 결정될 수 없다. 따라서 두 가지 전제조건은 좀처럼 충족되지 않는다.

그러나 나는 두 개의 크게 다른 주제에 관해 '잇따른 결과가 명백히 알려진 사건'의 발생 확률을 정량적으로 평가한 여러 명의 분석가들을 확인했다. 나는 그 분석가들을 방문해 최초의 추정치를 회고해달라고 요청했다. 그 미니실험의 조건은 이상과 전혀 거리가 멀었으며, 그 결과도 명확하지 않았다. 그러나 실험 결과는, 앞에서 기술한 광범위하고 체계적인 실험에서 도출된 결론을 뒷받침하는 경향이 있었다.

이 모든 것들을 종합하면, 특이적인 테스트 참가자들은 물론 정보공동체의 구성원들 사이에서도 세 가지 편향이 발견된다. 사실, (경력과 자부심에 기반해 자신의 판단이 정확하다고 자신하는) 외교문제 전문가들 사이에서는 더욱 커다란 편향이 발견될 것으로 예상된다.

우리는 이와 같은 편향을 극복할 수 있을까?

분석가들은 지적 성과에 대한 편향된 평가를 최선의 경우에는 무지, 최악의 경우에는 사리사욕과 객관성 결여 탓으로 돌린다. 이 두 가지 요인들이 모두 작용할 수도 있지만, 심리학 실험들은 인간의 정신과정의 본질이 주범일 수 있음을 시사한다. 인간의 정신과정은 무지나 객관성 결여보다 극복하기가 더 어렵다.

자신의 이해관계가 위태로웠던 것은 아니지만 실험 참가자들은 (분석가들이 익숙한 것과 동일한) 편향을 보였다. 더욱이 그런 실험적 상황에서 참가자들의 편향은 그것을 극복하려는 노력에 매우 저항적이었다. 실험자들은 참가자들에게 '해답을 모르는 것처럼 평가하라'고 요구했지만, 그들은 그럴 수가 없었다. 실험자는 한 무리의 참가자들에게 선행실험의 결과를 인용하고 편향에 대해 특별히 브리핑했다. 실험자는 그 참가자들에게 '편향을 보상하려고 노력하라'고 요구했지만 참가자들은 그렇게 할 수가 없었다. 최대한의 정보와 최선의 의향에도 불구하고 편향은 지속됐다.

편향을 극복하는 것이 이처럼 어렵다는 것은, 편향이라는 것이 우리의 정신과정의 본성에 매우 깊숙이 뿌리박고 있음을 시사한다. 사건의 실제 결과를 안 후 선행추정을 회상하려고 노력하는 분석가들이나, 하나의 분석 보고서가 자신의 지식을 얼마나 증가시켰는지 생각하는 소비자들이나, 분석가들이 정보실패를 회피할 수 있었는지를 평가하는 감독자들이나 모두 하나의 공통점을 갖고 있다. 그들은 후견지명이 포함된 정신과정에 몰입해 있다. 그들은 지식의 영향을 지우려고 노력하며, 다소 확정적인 정보를 입수하기 전에 주제에 대해 갖고 있었던(또는 갖고 있었을) 불확실성을 기억하거나 재구성하거나 상상하려고 노력한다.

그러나 확정적이거나 권위 있는 정보로 인정되는 것을 입수하면, 새로운 정보와 부합하는 개인의 심상이 즉각적이지만 무의식적으로 재구축된다. 일단 과거에 대한 지각이 재구축되면, '재구축되기 이전의 사고과정이 어땠는지'를 정확히 회상하기는—불가능하지는 않지만—매우 어렵다.

이러한 편향을 극복하는 데 도움이 되는 절차가 하나 있다. 분석가들은 자신에게 다음과 같은 질문을 던져야 한다. "만약 정반대 결과가 일어났다면, 내가 그것을 믿었을까?" 소비자들은 자신에게 다음과 같은 질문을 던져야 한다. "이 보고서가 나에게 정반대 정보를 제공했다면, 내가 그것을 믿었을까?" 그리고 감독자들은 자신에게 다음과 같은 질문을 던져야 한다. "정반대 결과가 일어 났다면, 입수 가능한 정보가 주어졌을 때 예측할 수 있었을까?" 이러한 질문들은 (보고서의 내용이나 상황의 결과를 알기 전에 존재했던) 불확실성을 회고하거나 재구축하는 데 도움이 될 것이다.

이러한 편견 극복 방법은 이 장의 독자들, 특히 '이 장이 내가 몰랐던 것을 알려주는 데 실패했다'고 믿는 독자들에 의해 검증될 수 있다. 이 장에서 "심리학 실험에서 '자신의 추정치의 정확성을 과대평가하는 분석가'나 '정보제품의 가치를 과소평가하는 소비자'의 일관된 패턴이 발견되지 않았다"고 알려줬다면 믿었겠는가? 만약 이 장에서 "심리학 실험에서 이 같은 편향들이 단지 사리사욕이나 객관성 결여에 의해 초래됐다"고 알려줬다면 믿었겠는가? 만약 이 장에서 "이러한 편향들은 객관적 평가를 위한 의식적 노력에 의해 극복될 수 있다"고 알려줬다면 믿었겠는가?

이러한 질문들은 독자들로 하여금 이 책을 읽기 전에 갖고 있었던 지식 또는 믿음의 상태를 회고하게 할 것이다. 만약 그렇다면, 이 질문들은 당신이 여기서 배운 것에 관심을 기울이도록 만들 것이다. 즉, 정보평가의 유의미한 편향은 인간의 정신과정의 본질에 기인하는 것이지, 단순한 사리사욕이나 객관성 결여에 기인하는 것은 아니다. 따라서 그것은 극복하기가 엄청나게 어렵다.

결론
생각하는 과정을 향상시켜라

이 장에서는 분석가들을 위한 체크리스트를 제공한다. 다른 말로 하면, '앞의 장들에서 확인된 문제점들이 도처에 매설된 지뢰밭을 통과하는 요령'들을 요약한다. 또한 정보분석 관리자들을 위해, '탁월한 분석이 꽃필 수 있는 환경'을 조성하기 위한 조치들을 확인한다.

정보분석을 향상시키려면 어떻게 해야 할까? 그것은 도전적인 과제임이 틀림없다. 이 목표를 달성하기 위해 다양한 전통적 접근 방법이 사용된다. (1) 분석가들을 위해 더 많고 더 품질 좋은 정보를 수집한다. (2) 분석 과정에 대한 관리방식을 바꾼다. (3) 분석가들의 수를 늘린다. (4) 분석가들의 실질적인 전문지식을 향상시키기 위해, 언어와 지역에 대한 연구자료를 제공한다. (5) 분석가들의 정보선택 및 보유 기준을 개정한다. (6) 보고서 집필 기술을 향상시킨다. (7) 정보분석가와 정보소비자 간의 관계를 미세조정한다. (8) 분석제품의 유형을 바꾼다.

이상과 같은 조치들은 모두 중요한 역할을 수행하겠지만, 분석이란 무엇보다도 정신과정임을 명심해야 한다. 전통적으로, 모든 수준의 분석가들은 '생각하는 과정'을 향상시키는 데 별로 주의를 기울이지 않는다. 분석 향상이라는 문제의 핵심을 꿰뚫기 위해서는, 분석가 자신의 정신과정을 더 잘 이해해 그것에 영향을 미치고 지침을 제공하는 것이 필요하다.

분석가들을 위한 체크리스트

분석가들을 위한 이 체크리스트는 분석 과정을 진행하는 동안 맞닥뜨리는 지뢰들을 처리하는 데 필요한 지침을 요약한 것이다. 다음에 제시하는 지침을 따르다 보면, 분석가들은 피할 수 있는 오류에서 자신을 보호하고, 보다 올바른 의사결정을 내릴 수 있도록 도움을 받을 것이다. 체크리스트는 분석 과정의 여섯 가지 핵심 단계에 기반해 작성됐다. (1) 문제의 정의, (2) 가설수립, (3) 정보수집, (4) 가설평가, (5) 가장 개연성 높은 가설 선정, (6) 새로운 정보의 지속적인 모니터링.

문제의 정의

올바른 질문을 던지고 있는지(또는 받고 있는지)를 확인하는 것에서부터 출발하라. 지휘계통을 거슬러 올라가, '요구받은 사항'과 약간 다른 질문을 제안하는 것을 주저하지 말라. 요구사항을 맨 처음 제시한 정책입안자는, 자신의 수요를 면밀히 생각하지 않았을 수 있다. 또는 그 요구사항이 여러 단계를 거쳐 내려오는 동안—자세한 내막은 모르겠지만—변질됐을 수 있다. 당신이 정책입안자들보다 그들의 요구사항, 의무사항, 가능한 사항을 더 잘 이해하고 있을 수 있다. 또한 상급자가 '분석의 품질'과 '주어진 시간 내에 당신이 달성할 수 있는 것' 간의 상충관계를 인식하고 있는지 확인하라.

가설수립

검토할 필요가 있는 '개연성 있는 가설들'을 모두 확인하라. 동료와 외부 전문가들에게 자문을 구해, 가능한 한 많은 아이디어가 기재된 목록을 만들어라. 이러한 과정을 브레인스토밍 모드로 진행하며, 모든 아이디어들이 테이블 위에 올라올 때까지 가능한 한 판단을 유보하라.

그다음으로 더욱 디테일한 분석을 위해, 가지치기를 통해 '다룰 수 있는 개수'의 가설들로 구성된 목록을 만들어라. 종종 이러한 가설들 중 하나는 기만가설일 것이다. 기만가설이란 '다른 나라나 그룹이 미국의 인식이나 행동에 영향을 미치기 위해 기만하거나 시침떼기를 하고 있다'는 가설을 말한다.

이 단계에서 단지 뒷받침하는 증거가 없다는 이유로 타당한 가설을 걸러내지 말아야 한다. 이 원칙은 특히 기만가설에 적용된다. 만약 다른 나라가 기만과 시침떼기를 통해 자신의 의향을 숨기고 있다면, 그 가능성을 매우 신중하게 분석하지 않은 상태에서 증거를 발견하기란 쉽지 않을 것이다. (직접적인 증거가 없는) 기만가설과 다른 타당한 가설들은 (신중한 검토가 가능한) 다음 단계의 분석으로 이월돼야 하며, 적절한 경우에 한해 정당한 이유에 입각해 기각돼야 한다.

정보수집

자동적으로 배달되는 정보에만 의존할 경우, 당신은 당신이 맡은 분석문제를 전부 해결하지는 못할 것이다. 임무를 올바르게 수행하려면, 더 많은 정보를 다른 곳에서 찾아내고 발굴하는 것이 필요하다. 정보수집가나 다른 공작원와 접촉해야 하며, 1차적으로 걸러냈던 분석가들이 추가정보를 제공하기도 한다. 또한 학계 전문가, 외국 신문, 전문잡지도 참고하라.

개연성이 가장 높은 것 하나만 말고, 합당한 가설 전체를 평가하는 정보를 수집하라. 종전에 심각하게 고려하지 않았던 대안적 가설을 평가하다 보면, 분석가는 종종 예기치 않은 낯선 영역으로 들어서게 된다. 예컨대 기만의 가능성을 평가하려면, 다른 나라나 그룹의 (기만과 시침떼기를 위한) 동기, 기회, 수단을 평가할 필요가 있다. 그러기 위해서는 미국의 인적·기술적 정보수집 역량의 장단점을 이해할 필요가 있다.

각각의 가설에 대한 정보를 수집하는 동안 판단을 유예하는 것이 중요하다. 매우 부족한 정보에 기반해 인상을 형성하는 것은 쉽지만, 일단 뿌리를 내린 인상을 바꾸기는 어렵다. 답을 이미 알고 있다는 생각이 든다면, 스스로에게 '내 생각을 바꾸게 할 수 있는 건 무엇인가?'라고 자문해보라. 그리고는 그런 정보를 찾아보라.

일부 대안들이 (공정한 기회가 주어졌을 때) 선입견만큼 설득력이 있는지 여부를 결정하기 위해, 대안적 가설을 개발하기 위해 노력하라. 대안적 가설을 체계적으로 개발하면, 통상적으로 그 가설의 인지된 개연성은 증가한다. "범죄의 솔루션으로 귀결되든 정보평가로 귀결되든, 자료를 다른 각도와 (인기 있는 가설은 물론) 인기 없는 가설의 맥락에서 다루려는 의향은 훌륭한 탐색의 필수적인 요소다."

가설평가

수많은 증거들이 (가장 개연성 높은 가설에 대한) 당신의 선입견을 뒷받침한다는 사실에 현혹되지 말라. 그 증거들은 수많은 다른 가설들과도 부합할 수 있기 때문이다. 가설들을 시인하려고 노력하기보다, 각각의 가설에 대한 반론을 개발하는 데 주력하라. 다시 말해서 '하나 이상의 가설들이 다른 가설들보다 개연성이 떨어진다'고 제안하는 증거나 가정에 특별한 주의를 기울여라.

당신의 결론은 '증거 자체'보다 '증거를 해석하는 방법을 결정하는 가정'에 의해 추동된다는 점을 명심하라. 특히 중요한 것은, '다른 나라의 국민적 관심사는 무엇인가'와 '그 나라의 통상적인 문제해결 방법'에 대한 가정이다. 가정이란 당신의 분석에서 명확히 인식되고, 당신의 결론이 그 가정에 좌우되는 정도(민감도)가 분석되는 경우에만 건전하다. 스스로에게 이렇게 질문하라. "상이한 가정들이 상이한 증거 해석과 상이한 결론으로 이어지는가?"

7장에서 논의한 매트릭스 포맷을 이용해, 증거는 물론 '그 증거가 상이한 가설과 어떻게 관련되는지'를 지속적으로 추적하라.

다양한 인지편향을 경계하라. 그중에서 특별히 위험한 것은, '다른 나라의 관점에서 볼 때, 하나의 상황이 어떻게 보이는지'에 대한 이해가 부족할 때 발생하는 편향이다. '상대편은 특정한 방식으로 행동할 가능성이 높다. 비슷한 상황에서 미국 정부나 미국인도 그렇게 행동할 것이기 때문이다'라고 가정함으로써 당신의 지식 틈새를 메우지 마라.

다른 나라의 관심사와 의사결정 과정에 대한 미국의 인식이 종종 '해당 국가의 관심사 인식 및 실제 의사결정 과정'과 다르다는 점을 명심하라. 1989~1990년, 많은 중동문제 분석가는 '오랜 이란-이라크 전쟁이 끝난 후, 이라크가 경제회생을 돕기 위해 군대의 일부를 해산할 것'이라고 명확히 가정했다. 또한 분석가들은 이라크 정부가 '이웃 아랍 국가들을 공격하는 것은 국익에 그다지 도움이 되지 않는다'고 생각할 거라고 믿었다. 그러나 오늘날 우리는 그들의 가정이 틀렸다는 것을 알고 있다.

다른 나라가 어떻게 행동할 가능성이 높은지를 판단할 때, 그 나라 정부의 실제 생각과 의사결정 과정을 가장 잘 이해하고 있는 전문가들과 상의하는 데 시간과 노력을 투자하라.

모든 외국 정부의 행동이 '확인된 목표를 추구하는 합리적 의사결정'에 기반한다고 가정하지 말라. 정부의 행동은 간혹 '준독립적인 관료집단 간의 협상의 산물', '부적절한 상황에서의 표준 작전절차', '예상치 않은 결과', '지시 이행 실패', 혼동, 사고, '우연의 일치'로 가장 잘 설명된다는 점을 명심하라.

가장 개연성 높은 가설 선택

가설을 채택하기보다는 기각하라. 가장 개연성 높은 가설은 일반적으로 '반증이 가장 적은 가설'이지 '확증이 가장 많은 가설'이 아니다.

결론을 도출할 때, 검토된 합당한 가설들을 모두 주목하라. 판단을 뒷받침하는 논증과 증거들을 인용하되, 잠깐 시간을 내 다른 대안들이 기각되거나 개연성이 낮다고 간주된 이유를 정당화하라. 모호성을 피하기 위해, 핵심적 판단에 '불확실'이라고 적은 후 괄호를 치고 승산비나 확률을 삽입하라.

지속적인 모니터링

급속히 변화하는 확률적 세상에서 분석적 결론은 늘 잠정적이다. 상황은 바뀔 수도 있고, 해석을 수정하게 되는 새로운 정보를 수집하는 동안 변하지 않은 채 유지될 수도 있다. 살펴봐야 할 사항들을 구체적으로 명시하라. 그런 것들은—만약 관찰된다면—확률을 유의미하게 바꿀 수 있기 때문이다.

새로운 정보가 당신의 사전적 이해와 부합하지 않을 때, 모든 충격적 느낌에 특별한 주의를 기울여라. 그런 놀라운 정보가 대안적 가설과 부합하는지 검토하라. 한두 가지 충격은—아무리 작더라도—최초의 실마리가 될 수 있다. 그 내용인즉, '무엇이 일어나고 있는가'에 대한 이해는 불완전하며 전혀 틀릴 수도 있으므로 얼마간의 조정이 필요하다는 것이다.

분석의 관리

이 책에서 기술된 인지적 문제들은 정보분석의 수행은 물론 관리에도 시사점을 던진다. 이 책의 결론에 해당하는 이 단원에서는, 탁월한 분석을 가능케 하는 조직환경을 조성하기 위해 정보관리자들이 취할 수 있는 조치가 무엇인지를 검토할 예정이다. 이러한 조치들은 네 가지 일반적 범주로 분류된다. (1) 연구에 대

한 지원, (2) 훈련, (3) 대안적 사고방식에의 노출, (4) 분석제품에
관한 지침 제정.

연구에 대한 지원

관리자들은 정보적 판단을 내리는 데 수반되는 인지과정을
더 잘 이해하기 위한 연구를 뒷받침해야 한다. 즉, 정보분석에 수
반되는 사고 기술thinking skill은 무엇이고, 지원자들이 그러한 기술
을 보유하고 있는지 여부를 어떻게 테스트할 것이며, 분석가들의
그러한 기술을 향상시키려면 어떻게 훈련시켜야 하는지를 더 잘
이해할 필요가 있다. 또한 분석가들은 인지적 한계가 정보분석에
어떤 영향을 미치고, 그러한 영향을 최소화하려면 어떻게 해야
하는지를 완전히 이해할 필요가 있다. 그들은 그런 오류에서 자
신을 보호하는 데 필요한 간단한 도구와 기법이 필요하다. 그러
나 연구할 게 너무 많아, 어디에서부터 시작해야 하는지를 알기
는 매우 어렵다.

정보공동체에 복무하기 위해 선발된 학자들 중에는, 인지심
리학자나 그 밖의 (지적 분석의 사고과정을 연구하는 데 관심을 가진) 다
양한 배경을 가진 학자들이 포함된다. 박사후 과정 연구원들에게
이 분야의 연구경력을 쌓도록 격려하는 것도 필요하다. 그것은
시간경과에 따라 '분석가들이 수행해야 할 분석적 판단'과 '그를
위해 도움이 되는 도구와 기법에 관한 지적 기반'이 향상되는 데

기여할 것이다.

또한 관리자들은 정보분석가의 사고방식과 암묵적 정신모형에 대한 연구를 지원해야 한다. 이러한 사고방식이나 모형들은 (분석가들이 외국의 사건을 인식하는) 화면이나 렌즈로 기능한다. 따라서 이러한 렌즈의 성격을 결정하는 연구는, 해외지역 자체에 직접적으로 초점을 맞춘 연구만큼이나 외국을 정확하게 판단하는데 기여할 것이다.[2]

훈련

대부분의 정보분석가들은 조직의 절차, 집필 스타일, 방법론적 기법에 집중한다. 명백한 글을 쓰는 분석가들은 명백하게 생각하는 것으로 가정된다. 그러나 결함있는 분석 과정을 추구한 나머지, 잘못된 판단을 뒷받침하는 명백하고 설득력 있는 보고서를 쓰는 것도 충분히 가능하다.

'정보적 판단과 관련된 사고 및 추론 과정'과 '분석 과정에서 직면하는 것으로 알려진 인지적 문제를 경감하거나 보상하는 도구'에 좀 더 많은 훈련시간을 할애해야 한다. 이 책은 그러한 훈련을 뒷받침할 의도로 집필됐다.

훈련은 지속적인 조언과 지원이 병행될 때 더욱 효과적이다. 지속적인 성과를 모니터링하고 지도할 수 있는 경험 있는 코치는, 정보분석을 포함한 다양한 분야에서 강의실 수업을 보충하는 귀중한 존재다. 이것은 부서장이나 선임 분석가의 임무로 여겨지지만, 이들은 종종 다른 업무 탓에 너무 바쁘다.

'새로운 분석가들에게 멘토링을 제공하거나, 특별히 어려운 이슈를 다루는 분석가에게 조언을 제공할 한 명의 분석 코칭 스태프는 어떻게 탄생하는가'라는 문제를 검토하는 것은 매우 가치 있는 일이다. 하나의 가능한 모델은, 많은 공동체에 존재하고 있는 SCORE 조직이다. SCORE란 은퇴한 행정가 예비군Senior Corps of Retired Executives의 약자로, (자신의 기업을 창업하는 젊은 기업가들에게 조언을 제공하기 위해 시간을 할애하는) 퇴직 경영자들로 구성된 국가단체다. 새로운 분석가들에게 제공할 기술과 가치관을 보유하고 있으며, 일주일에 며칠씩 젊은 분석가들에게 (유급 또는 무급으로) 조언을 제공할 의향이 있는 퇴직 분석가들로 구성된 소집단을 형성하는 것은 가능하다.

새로운 분석가들은 (분석과 관련된) 지정도서나 논문을 읽도록 요구받고, 한 달에 한 번씩 모임에 참석해 독서토론을 하며 분석가로 성장하는 데 필요한 경험을 전수받을 수 있다. 경험 있는 분석가들을 위해서도, 이와 유사한 지원 프로그램이 수행될 수 있다. 이는 분석가들에게 자신들이 분석에 사용하는 절차를 더욱 의식하게 할 것이다. 요구되는 독서와 토론은 그 교육적 가치에 더해, 분석가들에게 상호간 및 관리자와의 (분석수행 문제에 대한) 의사소통에 필요한 경험과 어휘를 제공할 것이다.

의무 독서 프로그램에 걸맞은 아래 문헌들을 추천한다. 로버트 저비스의 《국제정치의 지각과 오지각Perception and Misperception in International Politics》(1977), 그레이엄 앨리슨Graham Allison · 필립 젤리코Philip Zelikow의 《결정의 본질: 누가 어떻게 국가의 운명을 결정짓는가?Essence of Decision: Explaining the Cuban Missile Crisis》(1971, 한국어판 2018년), 어니스트 메이의 《역사의 교훈: 미국 외교정책에서 보는 역사의 이용과 오용"Lessons" of the Past: The Use and Misuse of History in American Foreign Policy》(1973, 한국어판 2004년), 에프라임 캠Ephraim Kam의 《기습Surprise Attack》(1988), 리처드 베츠Richard Betts의 "분석, 전쟁, 의사결정: 왜 정보실패는 불가피한가Analysis, War and Decision: Why Intelligence Failures Are Inevitable"(〈세계정치World Politics〉 31권 1호(1978년 10월)), 토머스 쿤의 《과학혁명의 구조The Structure of Scientific Revolution》(1970, 한국어판 2013년), 로빈 호가스Robin Hogarth의 《판단과 선택Judgement and Choice》(1980). 모두 오래전에 출간됐지만 영구적인 가치를 지닌 고전이다. 물론, 현재의 분석가들은 그 밖의 문헌도 추천할 것이다. CIA와 정보공동체의 정보실패에 대한 사후분석 역시 독서 프로그램의 일부가 돼야 한다.

체계적인 기억과 학습을 촉진하기 위해, 모든 유의미한 정보실패에 대한 철저한 사후분석이 수행돼야 한다. 성공적인 수집뿐만 아니라 성공적인 분석도 연구돼야 한다. 이러한 분석은, 분석적 성패의 전형적인 특징을 파악하는 데 필요한 중심적 위치에서 수집·분석되고 관리돼야 한다. 분석적 성패의 원인과 결과에 대한 메타분석은 분석 문제에 대한 의식을 강화하기 위한 훈련 프로그램에 널리 배포해 사용되도록 해야 한다.

관리자들은 경험으로부터 배우기를 장려하기 위해, 설사 큰 실패가 없는 경우에도 분석 성과의 회고적 평가를 더욱 빈번하고 체계적으로 수행할 필요가 있다. 하나의 정확하거나 부정확한 판단 사례에서 일반화를 시도해서는 안 되며, 잇따른 사건에서 발생한 일련의 관련된 판단을 이용해 분석가의 정신모형의 정확성/부정확성을 평가해야 한다. 과거 판단의 정확성에 대한 체계적인 피드백을 얻는 것은 종종 어렵거나 불가능하며, 정치적인 정보 분야에서는 특히 그러하다. 정치적 판단은 통상적으로 부정확한 용어로 내려지며, 일반적으로 다른 사건과 관련돼 있다. 아무리 회고적이라 해도, 대부분의 정치적 정보판단의 정확성을 현재 상황에서 평가하는 데 필요한 객관적인 기준은 존재하지 않는다.

그러나 경제와 군사 분야에서는 추정치가 종종 수치와 관련돼 있으므로, 분석 성과에 대한 체계적인 피드백이 실행가능하다. 그런 분야에서는 추정치가 주기적인 간격으로 업데이트되므로, 회고적 평가가 표준 절차로 자리잡아야 한다. 그러나 회고적 평가에서 배우는 것의 목표는 희생양을 확인하거나 비난을 평가하기 위해서가 아니라, 향상된 이해에 대한 객관적 추구의 일환으로 수행될 때만 성취된다. 이러한 요구사항이 시사하는 것은,

회고적 평가는 설사 객관성이 일부 상실되는 한이 있더라도 (보고서가 작성된) 조직 단위 내에서 일상적으로 수행돼야 한다는 것이다.

대안적 사고방식에 노출

관료적 생활이라는 현실은 순응에 대한 강력한 압력을 행사한다. 관리자들은 논리정연한 경쟁적 견해가 정보공동체 내부에서 부상될 기회를 갖도록 의식적으로 노력할 필요가 있다. 분석가들이 안정감을 향유해야만, 부분적으로 발달된 새로운 아이디어를 표명할 때 '확립된 정통견해에서 이탈했다'는 비판에 대해 최소한의 두려움을 갖고서 다른 사람들을 공명판으로 사용할 수 있다.

이 책의 상당 부분은 분석가들이 대안적 견해에 더욱 개방적일 수 있도록 돕는 방법을 다룬다. 관리자들은 분석가들이 대안적 견해에 직면하는 활동(외부 전문가와의 상담, 분석적 토론, 경쟁적 분석, 악마의 변호인, 게임 학습, 학제적 브레인스토밍)을 촉진함으로써 이를 도울 수 있다.

외국 문화에 대한 지식에 의존하는 유의미한 판단을 내릴 때 외부 전문가와 상담하는 것은, 제레미아 장군이 말하는 '모든 사람들은 우리처럼 생각한다는 사고방식'을 회피하는 수단으로서 특히 중요하다. 자신이 분석하는 국가의 문화권에서 생활하며 그 문화를 흡수하는 데 있어서, 정보분석가들은 그 국가에 관한 외부 전문가들보다 시간을 덜 들인다. 분석가들이 해당 국가의 문화를 이해하는 데 실패한다면, 외국 정부들과 같은 각도에서 이슈를 바라보지 못할 것이다. 그 대신, 분석가들은 거울상을 바라보는 경향(즉, 다른 나라의 지도자들도 우리와 마찬가지로 생각한다고 가정함)을 보일 것이다.

거울 들여다보기는 분석오류의 일반적인 근원이며, 1998년 정보공동체가 코앞으로 다가왔던 인도 핵실험의 경고에 실패했던 사건의 상당한 원인으로 알려져 있다. 이 에피소드를 분석한 미국 정부팀을 지도한 후, 제레미아 장군은 "정책 변화를 수반할 수 있는 큰 변화가 일어났을 때(예: 1998년 힌두교 민족주의자들이 선거에서 승리해 인도의 정권을 장악했을 때)는 언제나 체계적인 외부 전문가들의 자문을 더 많이 구해야 한다"고 권고했다.[3]

분석 보고서의 출판 전 검토는, 대안적 견해를 이용해 이슈를 바라볼 수 있는 또 하나의 기회를 종종 제공한다. 이 검토 절차에서는, 분석가가 증거를 검색하고 검토하는 데 사용한 정신모형에 대해 명백한 의문이 제기돼야 한다. 보고서 초안 자체에는 언급돼 있지 않지만, 중요한 분석적 판단의 밑바탕에 깔려 있는 가정은 무엇인가? 검토됐지만 기각된 가설은 무엇이며, 그 이유는 무엇인가? 분석가가 자신의 마음을 바꾸도록 만든 요인은 무엇인가?

이상적으로, 이러한 사전검토 과정에는 다른 분야(보고서의 주제가 아닌 분야)의 전문가가 참여해야 한다. 저자와 같은 부서의 분석가들은 종종 저자와 유사한 사고방식을 공유한다. 과거에 다른 부서나 다른 기관의 분석가들에게 검토받은 경험에 따르면, 다른 분야의 비판적 사고자들은 사전검토에 유의미한 도움을 준다. 검토자들은 종종 저자가 미처 바라보지 못한 측면을 바라보거나 제기하지 못한 의문을 제기한다. 그들은 주제에 몰입돼 있지 않으므로, 가정을 잘 확인할 수 있으며, 논증, 내적 일관성, 논리, '증거와 결론의 관계'를 평가하는 데 있어서 발군의 능력을 발휘한다. 또한 검토자들은 검토자들대로, (분석의 주제와 독립적인) 훌륭한 분석에 필요한 기준을 학습함으로써 분석의 노하우를 향상시킬 수 있다.

분석제품에 관한 지침 제정

관리자들은 핵심적인 이슈에 대해, 대부분의 단일 결과 분석 (즉, 분석가가 '일어나거나, 일어날 가능성이 가장 높다'고 믿는 것에 외곬으로 집중한 분석)을 기각해야 한다. 한치의 오차도 허용되지 않거나 기만당할 가능성이 높은 상황에서, 관리자들은 7장에서 기술한 것과 같은 체계적인 분석 과정의 의무화를 고려해야 한다. 관리자들은 분석가들에게 '분석 과정에서 검토했던 대안들을 확인하고, 그 대안의 개연성이 낮다고 판단했던 이유를 정당화하라'고 요구해야 한다. 그리고 '사건이 예상한 대로 전개되지 않을 확률을 명확히 표시하라'고 요구해야 한다.

설사 분석가가 어떤 사건이 일어나지 않을 가능성을 3대 1이라고 굳게 믿더라도, 25퍼센트의 발생 가능성이 여전히 남는다.

이처럼 확률을 분명히 언급하면, 정책입안자들이 문제를 규정하는 데 더 많이 도움이 된다. 25퍼센트의 가능성이라면, 일종의 비상계획을 세울 만한 정도일까? 알기 쉬운 예로, "인도의 새 정부가 선거 캠페인에서 내세웠던 핵실험을 실제로 수행할 것이다"라는 가설이 여러 가설 중 개연성이 낮은 것이라면, 설사 25퍼센트의 가능성일지라도 경계 강화를 위해 기술적 정보수집 시스템을 가동하는 데 충분할 것이다.

불확실성에 대한 구두 표현(가능하다, 개연성이 높다, ~할 가능성이 낮다, 아마도 ~ 일 것이다, ~수 있다 등)은 오랫동안 모호성과 오해의 원천으로 인식돼왔다. 대부분의 구두 표현은 그 자체로서는 빈 껍데기라고 할 수 있다. 독자나 청취자는 '그 표현이 사용되는 맥락'과 '자신의 마음속에 들어 있는 주제에 관한 내용'을 통해 그 껍데기에 의미를 채운다. 불완전한 확률적 판단에 대한 정보소비자의 해석은 늘 '독자가 이미 믿고 있는 것'에 대한 일관성을 선호하는 방향으로 편향되기 마련이다. 이는 '정보보고서가 저평가되며, 소비자의 판단에 별로 영향을 미치지 않는다'는 것을 의미한다. 이러한 모호성은 '확률은 낮지만 영향력이 큰 위험'을 가진 문제를 다룰 때 말썽을 일으킬 수 있다. 정책입안자들은 이러한 문제를 다루기 위해 비상계획을 수립하고 싶어 할 수 있다.

정보분석 관리자들은 분석가들에게, "독자들에게 불확실성의 정도와 원천에 관한 정보를 제공할 수 있는 한, 그리고 그 상황을 명확히 파악할 수 있는 이정표를 제공할 수 있는 한, 불확실성을 표명해도 좋다"고 강조할 필요가 있다. 괄호 안에 승산비나 확률값을 삽입해 분석의 키포인트를 명확히 알려주는 것이 표준 관행으로 자리잡아야 한다.

만약 관리자가 '외견상 확률은 낮지만, 미국의 정책에 유의미한 영향력을 행사할 사건'을 모니터링하고 분석하는 데 더 많은 자원을 할당한다면, 미래의 충격이 발생할 가능성은 낮아질 것이다. 분석가들은 발생하지 않을 거라고 확신하는 사건을 연구하는 데 자진해 시간을 투자하지 않는 경향이 있다. 그런 연구가 분석가의 경력을 연장시키는 것은 아니지만, 예기치 않은 사건이 발생하는 경우 분석가의 경력을 파멸시킬 수 있다. 관리자와 분석가들은 시사문제의 일상적인 압력을 감안해, 틈틈이 '확률은 낮지만 영향력이 큰 사건들 중에서 검토와 자원배분이 필요한 것은 무엇인지'를 명확히 확인할 필요가 있다.

'개연성이 낮지만 자원을 배분할 가치가 있는 사건'을 확인하는 지침 중 하나는, 다음과 같은 질문을 던지는 것이다: "그 사건이 발생할 확률이 비록 낮아도, 만약 정책입안자가 그 위험을 완전히 이해할 경우 비상계획이나 일종의 예방적·선제적 행동을 취하고 싶어 하기에 충분할까?" 만약 이 질문에 대한 대답이 '예스'라면, 설사 발생할 가능성이 낮은 사건에도 분석을 위해 자원을 할당해야 한다.

정보 관리자들은 증분적 접근 방법의 함정을 회피하기 위해, 핵심 문제들을 주기적으로 밑바닥에서부터 재검토하는 분석가들을 지원해야 한다. 시간경과에 따라 정보를 조금씩 더 입수할 경우, 그 정보는 분석가가 기존 사고방식에 동화되도록 촉진하게 된다. 정보 항목 중에서 분석가로 하여금 기존의 사고방식을 바꾸도록 촉진하기에 충분한 것은 하나도 없다. 많은 정보 항목에 내재하는 누적적 메시지는 유의미하지만, 그 정보가 총체적으로 검토되지 않을 경우 의미가 반감된다.

마지막으로, 관리자들은 소비자 교육을 통해 정보분석의 능력과 한계를 이해시키고, 분석의 성과를 판단하는 데 필요한 표준으로서 '현실적인 기대치'를 규정해야 한다.

핵심 요점

분석은 향상될 수 있다! 이 책에서 언급한 방법들 중에서, '정보분석가들이 전형적으로 사용하는 불완전하고 모호한 정보에서 정확한 결론이 도출될 수 있다'고 보장하는 것은 하나도 없다. 간헐적인 정보실패는 예상해야 한다. 그러나 종합적으로 말해서, 이 책에서 언급한 방법들은 분석가의 성공 가능성을 분명히 향상시킬 수 있다.

발문

CIA의 정보분석은 어떻게 향상돼왔는가

잭 데이비스[*]

리처즈 휴어 주니어의 '정보분석의 심리학'에 관한 저술을 신세대 정보 실무자와 학자들에게 소개하기로 한 CIA 정보연구센터의 결정에 경의를 표한다.

'분석을 향상시키는 방법'에 대한 휴어의 아이디어는, (애매모호한 정보, 다양한 이해관계자, 유동적인 상황으로 점철된) 복잡한 문제를 다루는 정보분석 실무에서 인간의 정신이 직면하는 한계를 보완하는 데 초점을 맞추고 있다. 이러한 다면적 평가의 어려움은 격동하던 탈냉전 시기 이후의 세계에서도 끊임없이 제기되고 있다.

◆ 잭 데이비스는 CIA에 근무하는 동안 첩보부, 국가정보위원회, 훈련사무국에서 활동했다. 이후 독립적인 신분으로 분석적 첩보기법을 전문적으로 개발해 가르쳐왔다. 그의 저서 중에는 《불확실성, 놀라움 그리고 경고Uncertainty, Surprise, and Warning》(1996)가 있다.

휴어가 분석가들에게 제시하는 메시지는 3장의 두 문장으로 집약될 수 있다.

정보분석가는 자신의 추론 과정을 자각해야 한다. 그들은 판단과 결론 자체에 대해서만 생각하는 게 아니라 자신이 판단을 내리고 결론에 도달하는 과정을 생각해야 한다.

휴어의 아이디어는 모든 분석 활동에 적용될 수 있다. 나는 이글에서 휴어(와 다른 정보분석 분야의 선구자들)가 CIA에 미친 영향을 집중적으로 다루려고 한다. 휴어와 그의 선배들 그리고 내가 CIA에서 평생 정보분석 경력을 쌓은 만큼, CIA를 가장 많이 알고 있다고 자부하기 때문이다.

정보분석의 품질에 크게 기여한 사람들

정보분석가들은 건전한 판단을 내리려고 노력하는 가운데 늘 이슈의 복잡성, 결과물의 적시성 및 분량의 압박에 시달린다. CIA에 몸담았던 네 명의 인물들은 지난 수십 년 동안 정보의 품질에 도전을 제기하는 이러한 문제들을 해결하는 데 크게 기여했다.

내가 아는 범위에서, CIA의 분석에 가장 크게 기여한 인물로 셔먼 켄트, 로버트 게이츠, 더글러스 매커친, 리처즈 휴어 주니어가 있다. 이들을 선정한 방법은 간단하다. 나는 이렇게 자문했다.

"지난 40년 동안 수행한 분석의 실무, 교육, 집필 과정에서 내게 가장 큰 영향력을 행사한 것은 누구의 통찰인가?"

셔먼 켄트

셔먼 켄트가 분석에 혁신적으로 기여한 것을 몇 개의 단락으로 압축하기란 불가능하므로, 나는 독자들에게 다른 문헌을 참고할 것을 권한다.[1] 나는 이 책에서 한 분석 전문가가 남긴 일반적인 유산만을 언급하려고 한다.

예일대학교의 유럽사 교수인 켄트는 제2차 세계대전 중에 전략서비스사무국의 연구분석 분과에서 일했다. 그는 1949년 미국 국방대학에 재직하던 중 영향력 있는 저서로《세계권력으로서의 미국을 위한 전략정보Strategic Intelligence for American World Power》를 집필했다. 그는 1950년부터 1967년까지 CIA 국장이 주도하는 안보보고실의 실장을 역임했다.

켄트가 분석의 품질 향상에 가장 크게 기여한 점은, (당시나 지금이나 정보수집원과 공작원들이 지배하는) 첩보의 세계에서 분석가(추론이라는 도구와 과학적인 방법을 적용하는 사려 깊은 개인)의 명예로운 위치를 규정했다는 것이다. 켄트는 1966년 위 책의 개정판인《미국의 세계정책을 위한 전략정보Strategic Intelligence for American World Policy》에서 인간과 인공지능 그리고 다가오는 컴퓨터 시대를 언급하며 분석가들의 중심적 역할을 선언했다.

우리가 해결하려고 노력하는 수수께끼가 아무리 복잡해도, 우리가 정보를 수집하고 저장하기 위해 사용하는 기법이 아무리 정교해도, 사려 깊은 사람이 정보기구의 수장으로 간주될 수 있는 시기는 일찍이 없었다.

좀 더 구체적으로, 켄트는 과거의 과학연구 기법을 복잡한 현상황의 분석과 가능성 높은 미래 사건의 예측에 적용할 것을 주장했다. 그는 이렇게 말했다. "엄밀하고 공정한 분석이 오래된 사건에 대한 정보의 공백과 모호함을 해결하고 가장 가능성 높은 설명을 제시할 수 있는 것과 마찬가지로, 아직 발생하지 않아 진행을 예측할 수 없는 사건을 예측하려면 비판 정신의 힘이 필요하다."[2]

켄트는 이를 위해 분석 피라미드analytic pyramid라는 개념을 고안해냈다. 분석 피라미드는 (사실기반 정보factual information로 구성된) 넓은 아랫부분과 (논리적 가정으로 구성된) 측면으로 이뤄져 있으며, 맨 꼭대기에 있는 '가장 가능성 높은 미래 시나리오'를 지향한다.[3]

그는 개혁 과정에서 관료제적·이데올로기적 편향과 싸웠는데, 그런 편향을 건전한 분석에 대한 장애물로 인식했다. 또한 그는 부정확한 평가 용어들을 독자들에게 명확한 메시지를 전달하는 데 걸림돌로 간주해 배격했다. 그는 오늘날 인지편향이라고 불리는 개념을 인식하고 있었지만, 인간 정신의 한계를 극복하는 방법을 별로 언급하지 않고 분석가들에게 "결정을 내려라"라고 촉구하는 데 머물렀다.

오늘날 켄트의 글을 읽는 정보분석가는 별로 없다. 그러나 그는 1세대 분석가들과 책임자들에게 심오한 영향을 미쳤으며, 그의 저술은 전문 분석가들의 실무에 간접적인 영향을 미치고 있다.

로버트 게이츠

게이츠는 1986~1989년에 CIA 부국장을, 1991~1993년에는 국장을 지냈다. 그러나 그가 CIA 정보분석의 품질에 영향을 미친 것은 1982~1986년 첩보부장을 지낼 때였다.

본래 정치과학자로 훈련받은 게이츠는 CIA에서 분석가로 일하는 동안 조지타운대학교에서 소련을 연구해 박사학위를 받았다. 1970년대에는 국가안보회의의 구성원으로 활동하며 '정책입안자들이 정보분석을 사용하는 방법'에 대한 가치 있는 통찰을 얻었다. 매우 지적이고 근면하고 관료적 기술에 능통한 게이츠는 국장이었던 윌리엄 케이시William Casey에 의해 첩보부장으로 임명됐는데, 이는 그가 'CIA 분석가들의 두드러진 결점'에 대한 견해를 국장과 공유하는 몇 안 되는 내부자 중 한 명으로 간주됐기 때문이다.[4] 그 사실을 아는 분석가와 책임자들 중, 그가 1982년 첩보부장 취임 연설에서 분석 성과를 신랄하게 비판한 것을 잊은 사람은 거의 없었다.

게이츠와 CIA 분석에 대한 대부분의 논평은 그의 정치적 의도를 의심했고, 그는 1991년에 상원에서의 국장 후보자 청문회에서 자신의 결백을 주장했다. 〈정보연구〉(CIA의 기관학술지)에 나타난 바와 같이, 이 논쟁을 둘러싼 열기는 분석가들 사이에서 서서히 가열됐다.[5]

나는 게이츠의 활약상(CIA의 분석에 기여)이 담긴 회고록을 읽어본 적이 없다. 그의 분석 아이디어에 대한 나의 통찰은 대부분 "첩보의 성패에 대한 세미나"라는 제목의 요원 훈련 강좌를 오랫동안 함께 준비하고 운영하는 과정에서 비롯된 것이다.[6] 그는 첩보부장으로 재직하는 동안, 분석가나 책임자와 대화할 때마다 'CIA의 분석을 개혁하는 방안'에 대한 자신의 관점을 누이이 강조했다. 그는 매우 신중한 사람이었다.

'편협하고, 무기력하고, 일관성 없는 논증을 극복해야 한다'는 게이츠의 생각의 핵심은 "분석가가 '아는 것'과 '믿는 것'을 구별하는 것이 중요하다"는 것이다. 다시 말해서 무엇이 팩트(신뢰할 만하게 보고된 정보)이고 무엇이 분석가의 의견(납득할 만한 증거로 뒷받침돼야 되는 것)인지를 명확히 해야 한다는 것이다. 그의 다른 신조 중에는 비 CIA 전문가(학계 전문가, 정책관료 등)의 견해를 경청하고 대안적인 미래 시나리오를 제시해야 한다는 것이 있다.

그러나 게이츠의 주된 영향력은 뭐니 뭐니 해도 실무, 즉 자신의 아이디어를 실행하는 데 직접 관여하는 행동에서 나왔다. 첩보부장의 권한으로, 그는 거의 모든 평가서와 정보문건들을 출판 전에 신중하게 검토했다. 두 명의 차장과 (차세대 책임자들 중에서 교대로 충원되는) 두 명의 보좌관의 도움을 받아 첩보부장의 검토 기준을 "괜찮아 보이는군"에서 "증거를 보여줘"로 극적으로 상향조정했다.

게이츠가 기각한 초고들이 논평(일관성 없음, 명확성 부족, 실질적인 편향, 근거가 빈약한 판단)과 함께 (그것을 승인한) 책임자들에게 반려되자 결재라인 전체가 훨씬 더 엄격해졌다. 그러자 분석가와 책임자들의 기준이 상향돼 첩보부장에게 기각되는 고통이 줄어들었다. 바야흐로 내로라하는 CIA 전문가들의 경력과 자존심이 위기를 맞게 됐다.

분석가와 책임자들이 실무적인 판단을 내리는 데 기울인 신속성과 예리함은 CIA 역사상 유례가 없는 수준이었다. 그러나 강화된 검토 과정의 이점은 오래가지 않았다. 분석의 건전함을 향상시킬 수 있는 첩보 관행을 명확히 하는 데 주의를 충분히 기울이지 않았기 때문이다. 그 과정에 참가한 사람 중 두 명 이상이 "게이츠의 기준을 충족하는 지침이 부족해 많은 공전空轉을 초래했다"고 증언했다.

켄트의 영향력과 마찬가지로, 게이츠의 영향력은 두 가지 관점에서 바라봐야 한다. 한편에서 보면, 오늘날 게이츠가 작성한 분석기술에 대한 문건을 읽는 사람은 별로 없다. 그러나 후계자들이 그의 '출판 전 검토' 과정을 계승하지 않았더라도, 그의 기준은 많은 사람들의 뇌리에 남아 있다. 즉, 그의 비판을 직접 경험했던 많은 책임자와 분석가들은 섣부른 결정을 내리기에 앞서서 한번 멈춰 다시 생각하는 관행을 유지하고 있다.

더글러스 매커친

더글러스 매커친은 1993년부터 1996년까지 CIA 첩보부장을 역임했으며, 건전한 분석 기준의 실행을 보장하는 데 핵심적인 요소인 '분석가를 위한 공인된 첩보기법 기준'을 제공하려고 노력했다. 이 새로운 첩보기법의 목표는 복잡한 이슈를 평가하는 데 있어서 인지적 도전cognitive challenge에 충분한 주의를 기울이도록 유념하게 하는 것이다.

매커친은 《분석의 첩보기법: CIA의 도전과 변화The Tradecraft of Analysis: Challenge and Change in the CIA》에서 CIA 분석의 결점과 시정사항에 대한 자신의 견해를 피력했다.[7] 그가 건전한 분석에 기여한 바에 대한 나의 논평은 1994년과 1995년 그와 주고받은 일련의 서신에 근거한 것이다.

매커친은 대학에서 경제학을 전공했지만, 철학에도 큰 관심을 보였다. 그가 CIA에서 쌓은 경력 중에는—게이츠와 마찬가지로—정부 부처 파견이 포함돼 있다. 그는 파견 후 복귀하는 과정에서 정책입안자들이 사용할 수 있는 부가가치 첩보value-added intelligence에 관한 통찰을 얻었다. 그 결과—군비 억제에 관여하는 CIA의 상급 책임자들과 마찬가지로—그는 고집 센 정책입안자들을 정기적으로 상대하며, '효과적인 정책이 뒷받침하는 것과 그렇지 않은 것'에 대한 정보를 퉁명스러운 용어로 전달받았다.

매커친이 1993년 첩보부장으로 부임할 때, 게이츠의 정책(첩보부의 거의 모든 분석연구는 출판 전에 첩보부장의 검토를 받아야 한다)은 유지되지 않고 있었다. 매커친은 다른 접근 방법을 채택했는데, 그것은 거의 주말마다 이미 출판된 첩보부의 분석 보고서를 읽고 심사숙고하는 것이었다. 그는 자신이 발견한 것에 불만이 많았다. 그의 말에 따르면, "약 3분의 1의 보고서가 정책입안 과정에 도움을 주려고 작성됐음에도 불구하고 정보판단의 신뢰성을 향상시킬 수 있는 논증을 전혀 찾아볼 수 없으며, 또 다른 3분의 1의 논증에는 결격사항이 있었다." 그의 이러한 경험은—이라크의 쿠웨이트 침공에 관한 정보실패의 와중에서 CIA에 가해진 '분석 성과를 향상시키라'는 압박과 함께—그의 결정을 자극해 분석 기준을 향상시키려는 새로운 노력에 시동을 걸게 만들었다.[8]

매커친은 핵심축 분석linchpin analysis이라는 구조화된 논증에 대한 접근을 옹호했다. 핵심축 분석이란 그가—'학계의 용어를 싫어한다'는 CIA 전문가들의 취향을 감안해—심혈을 기울여 만든 용어다. '핵심 변수'라는 학계의 표준 용어는 '동인driver'으로 바뀌었다. 동인에 관한 가설은 핵심축(논증의 기반이 되는 가정)이 되어 이런 점들을 간단명료하게 설명해야 했다. 또한 매커친은 정책입안자들에게 "환경 변화를 알리기 위해 분석 과정에 주의를 기울여야 한다"고 촉구했다. 그래야만 대안적 시나리오의 가능성을 높일 수 있기 때문이다.

그러므로 매커친은 '분석가가 중요한 생각을 할 때 자신의 책임을 다했는지'를 결정하기 위해 체계적이고 투명한 기준을 제정하려고 노력했다. 그러한 기준에 대한 이해와 적용을 넓히기 위해, 그는 책임자를 위한 핵심축 분석에 관한 워크숍을 개최하고 분석적인 첩보기법에 관한 일련의 문건을 만들라고 촉구했다. 또한 그는 첩보기법 기준에 대한 첩보부의 성과를 추적하고, 모범적인 평가를 의식하라고 지시했다. 그의 시도 중에서 가장 야심찬 것은 '분석가를 위한 기준'에 관한 지시사항을 '첩보기법 2000Tradecraft 2000'이라는 새로운 훈련 과정에 반영했다는 것이다. 그렇게 해서 첩보부의 거의 모든 책임자와 분석가들은 1996~1997년에 이 훈련 과정을 이수했다.

이 글을 쓰고 있는 시점(1999년)에서, 매커친의 첩보기법 이니셔티브의 장기적인 영향력이 살아 있는지는 분명치 않다. 그러나 그가 옹호한 것 중 상당 부분이 여전히 유지되고 있다. 첩보부의 많은 분석가들은 매커친이 제시한 다양한 핵심 개념을 이용해 철저히 논증된 예측을 하고 있다. 훈련 분야의 경우 '첩보기법 2000'은 새로운 과정으로 대체됐는데, 그 과정에서는 새로운 분석가들에게 동일한 개념을 가르치고 있다. 그러나 매커친이 '입증되지 않은 분석'이라고 부를 만한 사례들은 여전히 곳곳에서 볼 수 있다. 그런 분석들이 첩보부의 결과물에 반영되지 않도록 끊임없는 경계가 필요하다.

리처즈 휴어 주니어

휴어는 예나 지금이나 CIA 내에서 켄트, 게이츠, 매커친보다 훨씬 덜 알려진 인물이다. 켄트는 '전문적인 분석의 아버지'로 널리 찬사를 받았고, 게이츠와 매커친은 첩보부장으로서 권력을 휘두를 수 있었다. 그러나 CIA 분석의 품질에 미친 영향에 관한 한, 휴어의 중요성은 세 사람을 능가했다.

휴어는 1950년 윌리엄스대학 철학과를 졸업할 때, 다음과 같은 근본적인 인식론적 의문에 사로잡혔다. "진실은 무엇이고, 우리는 그것을 어떻게 알 수 있을까?" 1951년 캘리포니아대학교 버클리 캠퍼스의 대학원생일 때, 그는 6·25 전쟁에 파견될 CIA 요원으로 선발됐다. 그를 선발한 사람은 리처드 헬름스Richard Helms였는데, 전략정보국oss의 베테랑으로서 CIA의 비밀공작 분야에서 떠오르는 스타였다. 휴어에 따르면, 미래의 국장인 헬름스는 최근 (자신의 모교인) 윌리엄스대학을 졸업한 학생들 중에서 CIA 요원 후보를 물색하던 중이었다. 더욱이 휴어는 학보 편집위원을 역임했는데, 헬름스 역시 약 15년 전 그 일을 맡은 적이 있었다.

24년간 CIA의 공작부에서 근무한 후 휴어는 1975년에 첩보부로 자리를 옮겼다. 그의 두 가지 경험은 그가 일찍이 품었던 "우리는 진실을 어떻게 알 수 있을까?"라는 의문에 불을 댕겼다. 하나는 유리 노센코Yuri Nosenko*의 유명한 사례에 연루된 것이고, 다른 하나는 서던캘리포니아대학교 유럽 캠퍼스에서 국제관계 석사학위를 취득할 때 사회과학 방법론에서 새로운 접근 방법을 배운 것이었다.

1979년 휴어는 첩보부의 정치분석사무국에서 방법론팀을 이끌고 있었다. 이 책의 대부분은 본래 1978년부터 1986년 사이에 개인적으로 작성한 문건이었고, 그중 상당 부분은 1979년 이후에 첩보부를 위해 집필한 것이다. 그는 기존 문건을 업데이트하고 새로운 자료를 일부 추가해 이 책을 출간했다.

이 책에 담긴 휴어의 핵심 아이디어

휴어의 글은 정보분석가들이 직면하는 인지적 도전에 관한 세 가지의 기본적 사항을 지적하고 있다.

- 1960년대 초 미국으로 망명한 KGB(소련 국가보안위원회) 요원으로, 위장 망명인지를 두고 CIA 내에서 많은 논란이 있었다. 이는 토미 리 존스 주연의 텔레비전 드라마 〈유리 노센코: 더블 에이전트Yuri Nosenko: Double Agent〉(1986)로 만들어지기도 했다.

- 인간의 정신은 정보상황에 내재된 불확실성(복잡하고 불명확한 정보 이슈를 둘러싼 자연발생적 요인)과 유도된 불확실성(부정적·기만적 공작 활동을 통해 만들어진 인위적 요인)을 효과적으로 다룰 수 없도록 설계돼 있다.
- 이 같은 인지적 편향과 기타 비동기적 편향unmotivated bias('기존의 판단을 강화하는 정보'를 '기존의 판단을 약화시키는 정보'보다 더 명확하게 인지하는 경향)에 대한 인식을 아무리 강화해도, 분석가들이 불확실성을 효과적으로 다루는 데는 별로 도움이 되지 않는다.
- 분석가의 비판적 사고를 향상시키도록 설계된 도구와 기법들은 복잡한 이슈(어떤 정보가 불완전하고 애매모호하며, 종종 의도적으로 왜곡됐는가)에 관한 분석을 실질적으로 향상시킬 수 있다. 그런 지적 장치의 핵심 사례로는 '정보의 구조화', 가정에 대한 이의 제기', '대안적 해석 탐색' 등이 있다.

휴어가 1980년 작성한 "인식: 우리는 왜 사물을 있는 그대로 보지 못하는가?"라는 문건을 보면, 그의 아이디어가 매커친의 핵심축 분석 개념과 비슷하거나 양립한다는 점을 알 수 있다.

'인간은 복잡한 정보를 처리하는 데 선천적으로 서툴다'는 점을 감안해, 신중한 관리 시스템은 다음과 같은 점을 갖춰야 한다.

- (a) 그들의 가정과 '추론사슬'을 명확하고 상세하게 기술하고, (b) 결정에 관련된 불확실성의 정도와 원천을 명시하는 결과물을 장려한다.
- 대안적 관점을 노출시키고 정교화하는 절차, 즉 분석적 논쟁, 악마의 변호인, 학제 간 브레인스토밍, 경합하는 분석, 결과물에 대한 부서 간 동료심사, 외부 전문가 활용하기를 강조한다.

휴어는 정신모형 또는 사고방식의 가치와 위험을 동시에 강조한다. 이 책의 서론인 '생각에 대한 생각'에서 그는 다음과 같이 지적한다.

분석가들은 감각이 제공하는 정보에 기반해 나름의 현실을 구성하지만, 감각입력은 ('어떤 정보가 선택될 것인지'와 '그 정보가 어떻게 체계화되고 어떤 의미가 부여될 것인지'를 결정하는) 복잡한 정신과정에 의해 매개된다. 사람들이 '무엇을 얼마나 기꺼이 지각할 것인지', '입수한 정보를 어떻게 처리할 것인지'는 정보의 구체적 내용은 물론 과거의 경험, 교육, 문화적 가치관, 역할 요구, 조직의 규범에 크게 좌우된다.

이러한 과정은 렌즈나 스크린을 통해 세상을 바라보는 것과 유사한데, 이때 다양한 요인으로 상이 왜곡될 수 있다. 예컨대 중국에 대해 가능한 한 선명한 상을 얻기 위해, 분석가들은 중국에 대해 더 많은 정보를 필요로 한다. 또한 그들은 (정보가 통과하는) 렌즈의 특성을 이해해야 한다. 심리학자들은 이 렌즈를 정신모형, 고정관념, 편향, 분석가정 등 다양한 용어로 부른다.

본질적으로, 휴어는 '정신모형에 의존한 단순화와 해석'을 정보분석을 위한 불가피한 개념적 메커니즘으로 간주한다. 이 메커니즘은 종종 유용하지만 간혹 위험하기도 하다. 그가 보기에, 분석가에게 요구되는 것은 자신의 작동적 정신모형working mental model을 검토하고 세련화하고 재검토하는 것이다. 복잡하고 애매모호한 이슈를 건전하게 해석하려면 이러한 단계들이 필수적이기 때문이다.

이 책을 통틀어 휴어는 불만족스러운 분석 성과를 바로잡기 위해 '더 많고 더 향상된 정보'라는 정통파 처방을 비판한다. 그는 "이미 입수한 정보를 더욱 광범위하게 이용하는 데 주의를 기울여야 하며, 분석가들은 그렇게 함으로써 자신의 정신모형을 지속적으로 검토하고 개정할 수 있다"고 주장한다.

휴어는 거울 들여다보기를 '불가피한 인식의 덫'의 사례로 간주한다. 분석가가 아무리 많은 전문지식을 적용해 외국 기관의 가치체계를 해석한다고 해도 확고한 증거가 부족하다면, 자신의 사고방식을 투사하는 경향이 지배하기 마련이라는 것이다. 휴어는 3장에서 다음과 같이 말한다.

외국의 지도자들이 직면한 선택지를 그들의 관점에서 바라보려면, 그들의 가치관과 가정뿐 아니라 그들의 오지각과 오해까지도 이해해야 한다. 그런 통찰이 없다면 외국 지도자의 결정을 해석하거나 미래 결정을 예측하는 것은 종종 부분적 정보에 입각한 추론이나 다를 바 없다. 외국인들의 행동은 비합리적이거나 그들의 최고 이익에 부합하지 않는 것처럼 보이는 경우가 비일비재하다. 그런 결론은 때로—외국인들의 눈에 보이는 상황논리를 이해했다기보다는—분석가가 미국의 가치관과 개념적 틀을 외국 지도자와 사회에 투사한 데 기인한다.

경합하는 가설들

또한 분석가가 불가피하게 거울상에 호소하는 데 수반되는 위험을 상쇄하기 위해, 휴어는 외국의 신념과 행동에 대한 분석가의 계산을 '도전받을 가설'로 간주할 것을 제안한다. 대안적 가설, 특히 가용정보에 기반해 부인되는 가설들은 신중히 고려돼야 한다.

휴어의 경합가설 분석은 정보분석 방법론의 발달에 기여한 업적 중에서 가장 중요하다. 경합가설 분석의 핵심 개념은 '일련의 타당한 가설 간의 경쟁'이며, 이 경쟁을 통해 '가용정보와의 양립가능성 검사compatibility testing에서 살아남는 가설'이 결정된다. 살아남는 가설(기각되지 않은 가설)은 추가 검사를 받아야 한다. 휴어에 따르면 경합가설 분석이 늘 정답을 제시하는 것은 아니라고 한다. 그러나 분석가들이 (이 책에서 언급하는) 인지적 한계를 극복

하는 데 도움을 줄 수 있다,

어떤 분석가들은 경합가설 분석을 이용하여 휴어의 8단계 방법론을 완벽하게 추구한다. 그들은 경합가설 분석의 일부 요소들, 분석가들이 가장 선호하는 가설에 이의를 제기하는 가용정보를 더욱 빈번히 사용한다.

기만과 시침떼기

기만과 시침떼기에 역습을 가한 휴어의 획기적인 연구는 이 책에 별도의 장으로 포함되지 않았다. 그러나 그의 간결한 언급은 설득력이 높다.

그는 "분석가들이 종종 '아무런 증거도 발견할 수 없다'는 이유로 기만의 가능성을 기각한다"고 지적하며, "그런 상황에서는 기각이 정당화될 수 없다"고 주장한다. 만약 기만이 잘 계획되고 적절히 실행된다면, 우리는 그 증거가 언제든지 입수될 수 있으리라 기대할 수 없다. '타당하지만 증명되지 않은 가설'을 성급하게 기각하는 것은 결과적으로 분석에 편향을 초래하는 경향이 있다. 그럴 경우 분석가는 가설을 지지하는 증거를 더 이상 찾지 않게 될 것이기 때문이다. 기만의 가능성은 부인되거나 최소한 체계적인 증거 탐색이 이뤄져 아무것도 발견될 때까지 기각되지 말아야 한다.

휴어가 미친 영향

휴어가 분석적 첩보기법에 미친 영향은 그의 첫 번째 문건에서부터 시작되었다. 1980년대에 CIA 첩보부장이었던 게이츠의 '향상된 분석'을 위한 노력의 일환으로 훈련 과정을 이수한 CIA 요원들은 부분적으로 휴어의 발견에 기반해 자신들의 학습계획을 형성했다. 그 훈련 과정 중에는 '정보의 성패에 관한 세미나'와 '정보분석에 관한 세미나'가 포함되어 있었다. 훈련 과정들은 수십 명의 첩보부 분석가들에게 영향을 미쳤고, 그중 상당수는 지금 관리자 수준에 올라 있다. '첩보기법 2000'을 설계하고 가르친 사람들도 '필독문헌 선택', '사례 연구', '실습'에 반영된 휴어의 영향을 받았다.

휴어의 연구는 모든 분석가에게 제공된 첩보부 훈련 과정용 필독문헌 목록과 학습계획은 물론, 분석가들에게 경고하고 부인과 기만에 반격을 가하는 교육 과정에도 남아 있다. 휴어의 문건이나 훈련 과정을 통해 그의 생각에 직접 노출된 선임분석가와 관리자들은 그의 통찰을 새로운 분석가들에게 지속적으로 물려주고 있다.

휴어의 권고

휴어가 CIA의 지도자, 관리자, 분석가들에게 제공하는 조언은 예리하다. 복잡한 이슈를 평가하는 데 있어서 지속적인 향상을 보장하기 위해, 분석은 실무적이고 조직적인 과정 이상의 것으로 취급되어야 한다. 분석가의 정신기구에 내재하는 선천적 한계에 대응하기 위한 기술과 도구에 주의를 기울여야 한다. 그는 CIA 지도자들에게 다음과 같은 조치를 취하라고 촉구한다.

- 내가 옹호하는 비판적 사고를 촉진하고 보상하는 조직환경을 확립하라. 예를 들면, 최초의 믿을 만한 가설로 족하다고 허용하는 대신, 일련의 타당한 가설을 심층적으로 고려하는 어려운 이슈에 대한 분석을 장려하고 보상해야 한다.
- '정신과정이 분석적 판단을 형성하는 과정에서 수행하는 역할'에 대한 연구비를 확대하라. 분석가들의 예리한 인지 성과에 의존하는 정보기관은 정신의 작동 메커니즘(예: 분석가가 판단에 이르는 과정)에 대한 연구를 게을리하지 말아야 한다.
- 분석가들이 정보를 평가하는 데 도움이 되는 도구를 개발하라. 까다로운 이슈의 경우, 그들은 정신모형을 개선하고 (이미 보유한) 정보로부터 결정적인 발견을 이끌어내는 데 도움을 필요로 한다. 정보평가를 도와주는 도구는 정보의 양을

증가시키는 것 이상으로 중요하다.

휴어의 발견을 바탕으로 나는 정보전문가들이 직면한 까다로운 상충관계를 고려해 다음과 같은 결론과 권고안을 제시한다.

- 이 책의 통찰에 기반해 일관된 첩보기법 기준을 마련하라. 리더들은 '분석가들이 판단에 대한 조직적 의무를 이행하기 전에 인지적 숙제를 마쳤는지' 여부를 알아야 한다. 모든 분석적 이슈는 한 가지 종류로 간주될 수 있지만, 나는 거의 모든 주제들이 (실질적 불확실성과 정책의 민감성의 다양성에 기반해) 10여 가지 반복적인 도전 패턴에 적합하다고 생각한다. 각각의 범주별로 조직의 기준이 확립돼야 한다. 그리고 하나의 주어진 분석과제가 표준에서 벗어나는 이유를 설명할 책임은 관리자에게 부과돼야 한다. 첩보기법의 표준이 일률적이고 투명하다면("이런 식으로 하면 읽기가 편하다"), 회전이 빠른 분석을 개인적으로 검토하는 시간을 절약해 인지적 함정에 대응하는 전투에 더욱 효과적으로 재투자할 수 있으리라 확신한다.
- 의심을 더욱 존중하라. 정보 지도자와 정책입안자들은 건전한 분석의 인지적 장애를 감안해, 분석가들이—최선을 다해 이슈를 명확히 한 후—의심을 더욱 개방적으로 제기하도록

하는 기본 원칙을 확립해야 한다. 그들은 분석가들에게 정보의 갭과 자신감 있는 판단에 대한 장애물을 열거하도록 격려해야 한다. "우리는 모른다"든지 "이 이슈를 평가하는 잠재적으로 타당한 방법은 여러 가지가 있다"는 등의 결론은 건전한 분석의 표지로 간주돼야지, 분석 의무의 포기로 간주돼서는 안 된다.

• 휴어의 계승자를 두 명 발굴하여 그들에게 연구비를 제공하고, 그들의 발견에 주의를 기울여라.

주

서론 생각에 관한 생각

1. James L. Adams, *Conceptual Blockbusting: A Guide to Better Ideas* (New York: W.W. Norton, second edition, 1980), p. 3.

2. Herbert Simon, *Models of Man*, 1957.

3. James G. March., "Bounded Rationality, Ambiguity, and the Engineering of Choice," in David E. Bell, Howard Raiffa, and Amos Tversky, eds., *Decision Making: Descriptive, Normative, and Prescriptive Interactions* (Cambridge University Press, 1988).

4. 이 주제를 다룬 초기 저술들은 다음과 같다. Joseph De Rivera, *The Psychological Dimension of Foreign Policy* (Columbus, OH: Merrill, 1968), Alexander George and Richard Smoke, *Deterrence in American Foreign Policy* (New York: Columbia University Press, 1974). Robert Jervis, *Perception and Misperception in International Politics* (Princeton, NJ: Princeton University Press, 1976).

5. Christopher Brady, "Intelligence Failures: Plus Ca Change⋯," Intelligence and National Security, Vol. 8, No. 4 (October 1993). N. Cigar, "Iraq's Strategic Mindset and the Gulf War: Blueprint for Defeat," *The Journal of*

Strategic Studies, Vol. 15, No. 1 (March 1992). J. J. Wirtz, *The Tet Offensive: Intelligence Failure in War* (New York, 1991). Ephraim Kam, *Surprise Attack* (Harvard University Press, 1988). Richard Betts, *Surprise Attack: Lessons for Defense Planning* (Brookings, 1982). Abraham Ben-Zvi, "The Study of Surprise Attacks," *British Journal of International Studies*, Vol. 5 (1979). *Iran: Evaluation of Intelligence Performance Prior to November 1978* (Staff Report, Subcommittee on Evaluation, Permanent Select Committee on Intelligence, US House of Representatives, January 1979). Richard Betts, "Analysis, War and Decision: Why Intelligence Failures Are Inevitable," *World Politics*, Vol. 31, No. 1 (October 1978). Richard W. Shryock, "The Intelligence Community Post-Mortem Program, 1973-1975," *Studies in Intelligence*, Vol. 21, No. 1 (Fall 1977). Avi Schlaim, "Failures in National Intelligence Estimates: The Case of the Yom Kippur War," *World Politics*, Vol. 28 (April 1976). Michael Handel, *Perception, Deception, and Surprise: The Case of the Yom Kippur War* (Jerusalem: Leonard Davis Institute of International Relations, Jerusalem Paper No. 19, 1976). Klaus Knorr, "Failures in National Intelligence Estimates: The Case of the Cuban Missiles," *World Politics*, Vol. 16 (1964).

6. 이 표현은 CIA의 베테랑 분석가로 교사이자 이 책의 발문을 쓴 잭 데이비스Jack Davis와의 대담에서 나온 것이다.

7. 이와 관련해 내가 염두에 두고 있는 것은, 그레이엄 앨리슨과 필립 젤리코가 지은 쿠바 미사일 위기에 관한 책《결정의 본질Essence of Decision: Explaining the Cuban Missile Crisis》(Little, Brown & Co., 1971. 한국어판 2018년)의 사례다. 앨리슨과 젤리코는 '정부가 작동하는 과정'에 대한 세 가지 대안적 과정을 제시했다. 합리적 활동가 모델, 조직적 과정 모델, 관료제적 정치 모델. 그다음, 한 분석가가 '외국 정부의 행동을 분석하는 데 가장 적절한 모델'에 대한 고정관념으로 상이한 증거에 초점을 맞춰 상이한 결론에 도달하게 되는 과정을 기술했다. 내가 염두에 두고 있는 두 번째 사례는, 서방으로 망명한 KGB(소련 국가보안위원회) 전 공작요원 유리 노센코Yuri Nosenko의 논란 많은 사례를 다룬 책에 나오는 '방첩활동에서 판

318

단을 내리기 위한 다섯 가지 경로'에 대한 내 자신의 분석이다: Richards J. Heuer, Jr., "Nosenko: Five Paths to Judgment," *Studies in Intelligence*, Vol. 31, No. 3 (Fall 1987), originally classified Secret but declassified and published in H. Bradford Westerfield, ed., *Inside CIA's Private World: Declassified Articles from the Agency's Internal Journal 1955-1992* (New Haven: Yale University Press, 1995).

1장 지각: 우리는 왜 사물을 있는 그대로 바라보지 못할까?

1. 이 책의 초기 버전은 다음 논문의 일부로 출판됐다. "Cognitive Factors in Deception and Counterdeception," in Donald C. Daniel and Katherine L. Herbig, eds., *Strategic Military Deception* (Pergamon Press, 1982).

2. Jerome S. Bruner and Leo Postman, "On the Perception of Incongruity: A Paradigm," in Jerome S. Bruner and David Kraut, eds., *Perception and Personality: A Symposium* (New York: Greenwood Press, 1968).

3. '욕망과 두려움이 판단에 미치는 영향'에 대한 애매모호한 증거에 대해서는 다음을 참고하라. Jervis, *Perception and Misperception in International Politics* (Princeton, NJ: Princeton University Press, 1976), Chapter 10.

4. Richard Betts, "Analysis, War and Decision: Why Intelligence Failures are Inevitable", *World Politics*, Vol. XXXI (October 1978), p. 84.

5. 일련의 그림은 제럴드 피셔가 1967년에 고안한 것이다.

6. Jervis, p. 195.

7. 1915년 잡지 〈퍼크Puck〉에 "나의 아내와 나의 장모"라는 제목으로 실린 그림이다.

8. Jerome S. Bruner and Mary C. Potter, "Interference in Visual Recognition," *Science*, Vol. 144 (1964), pp. 424-425.

9. *The Performance of the Intelligence Community Before the Arab-Israeli War of October 1973: A Preliminary Post-Mortem Report*, December 1973. 이 문건은 전체적으로 비밀로 분류됐지만, 본문에서 인용된 한 문단은 정보공동체로부터 공표를 승인받았다.

2장 기억: 우리는 아는 것을 어떻게 기억할까?

1. 기억 연구자들은 획일적인 용어를 사용하지 않는다. 감각정보 보존은 감각등록memory register, 감각저장memory store, 직관적eidetic이고 반향적인 echoic 기억으로도 알려져 있다. 단기기억과 장기기억은 1차primary 및 2차secondary 기억으로 지칭되기도 한다. 그 밖에도 다양한 용어들이 사용된다. 이 장에서 사용하는 용어는 다음 문헌에서 인용했다. Peter H. Lindsay and Donald A. Norman in their text on *Human Information Processing* (New York: Academic Press, 1977). 나는 이 장에서 린지와 노먼이 지은 책의 8장부터 11장까지의 내용을 대폭 인용했다.

2. George Johnson, *In the Palaces of Memory: How We Build the Worlds Inside Our Heads*. Vintage Books, 1992, p. xi.

3. A. D. deGroot, *Thought and Choice in Chess* (The Hague: Mouton, 1965), cited by Herbert A. Simon, "How Big Is a Chunk?" *Science*, Vol. 183 (1974), p. 487.

4. Francis S. Bellezza, "Mnemonic Devices: Classification, Characteristics, and Criteria" (Athens, Ohio: Ohio University, pre-publication manuscript, January 1980).

5. Arthur S. Elstein, Lee S. Shulman & Sarah A. Sprafka, *Medical Problem Solving: An Analysis of Clinical Reasoning* (Cambridge, MA: Harvard University Press, 1978), p. 276.

6. George A. Miller, "The Magical Number Seven--Plus or Minus Two: Some Limits on our Capacity for Processing Information." *The Psychological Review*, Vol. 63, No. 2 (March 1956).

7. Robert Tucker, "Communist Revolutions, National Cultures, and the Divided Nations," *Studies in Comparative Communism* (Autumn 1974), pp. 235-245.

3장 분석적 판단의 전략: 불완전한 정보의 한계를 초월하라

1. 이 장의 초기버전은 비밀로 분류되지 않은 상태에서 다음 논문으로 발표됐다. *Studies in Intelligence* (Summer 1981), under the title "Strategies

for Analytical Judgment."

2. Webster's *New International Dictionary*, unabridged, 1954.

3. 돌이켜 보면 이 두 가지 명제는 아직도 타당한데, 샤의 몰락 중 일부 측면이 여전히 믿을 수 없는 이유는 바로 이것이다. 원칙적으로, 이런 외견상 타당한 이론적 가정이 이란에 대한 정확한 평가를 내리는 데 실패한 이유로는 다음 세 가지를 들 수 있다. (1) 이론에 의해 제시된 초기 상황 중 한두 가지가 정확하지 않았다. 예컨대 샤는 진정한 전제적 지배자가 아니었다. (2) 이 이론은 부분적으로만 타당한데, 이론이 적용되거나 적용되지 않는 특정한 상황이 존재하기 때문이다. 이러한 제한조건이 명시될 필요가 있다. (3) 이 이론은 기본적으로 타당하지만, 사회과학 이론에서 100퍼센트 정확한 이론은 존재하지 않는다. 자연과학과 달리 사회과학은 확률적 환경probabilistic environment을 다룬다. 그러나 일반적인 법칙에 예외를 초래하는 상황을 모두 예상할 수 없으므로, 우리가 예상할 수 있는 최선의 상황은 '대부분의 경우, 주어진 상황이 특정한 결과를 초래한다'는 것이다.

4. Jervis, "Hypotheses on Misperception," *World Politics* 20 (April 1968), p. 471.

5. Ernest May, *"Lessons" of the Past: The Use and Misuse of History in American Foreign Policy* (New York: Oxford University Press, 1973).

6. 같은 책, p. xi.

7. Arthur S. Elstein, Lee S. Shulman, and Sarah A. Sprafka, *Medical Problem Solving: An Analysis of Clinical Reasoning* (Cambridge, MA: Harvard University Press, 1978), p. 270.

8. 같은 책. p. 281. 추가정보의 가치에 대한 더욱 광범위한 논의는 4장을 참고하라.

9. Alexander George, *Presidential Decisionmaking in Foreign Policy: The Effective Use of Information and Advice* (Boulder, CO: Westview Press, 1980), Chapter 2.

10. 최적해optimal solution보다 만족스러운 해법satisfactory solution을 추구하는 '만

족하기'라는 개념은 허버트 사이먼에 의해 개발됐으며, 의사결정에 관한 문헌에서 널리 사용되고 있다.

11. Charles Gettys et al., *Hypothesis Generation: A Final Report on Three Years of Research*. Technical Report 15-10-80. University of Oklahoma, Decision Processes Laboratory, 1980.

12. P. C. Wason, "On the Failure to Eliminate Hypotheses in a Conceptual Task," *The Quarterly Journal of Experimental Psychology*, Vol. XII, Part 3 (1960).

13. 같은 책.

14. Harold M. Weiss and Patrick A. Knight, "The Utility of Humility: Self-Esteem, Information Search, and Problem-Solving Efficiency," *Organizational Behavior and Human Performance*, Vol. 25, No. 2 (April 1980), 216-223.

15. 51. Alexander George, Propaganda Analysis: *A Study of Inferences Made From Nazi Propaganda in World War II* (Evanston, IL: Row, Peterson, 1959); Patrick Beesly, *Very Special Intelligence: The Story of the Admiralty's Operational Intelligence Center 1939-1945* (London: Hamish Hamilton, 1977); and R. V. Jones, *Wizard War: British Scientific Intelligence 1939-1945* (New York: Coward, McCann & eoghegan, 1978).

16. Frank J. Stech, Political and Military Intention Estimation: A Taxonometric Analysis, Final Report for Office of Naval Research (Bethesda, MD: MATHTECH, Inc., November 1979), p. 283.

4장 추가정보: 당신은 정말로 더 많은 정보가 필요한가?

1. 이 장은 *Studies in Intelligence*, Vol. 23, No. 1 (Spring 1979)에 실린 논문을 편집한 것이다. 그 논문은 나중에 H. Bradford Westerfield, ed., *Inside CIA's Private World: Declassified Articles from the Agency's Internal Journal*, 1955-1992 (New Haven: Yale University Press, 1995)에 실렸다. 이와 야간 다른 버전이 *The Bureaucrat*, Vol. 8, 1979에 "Improving Intelligence

Analysis: Some Insights on Data, Concepts, and Management in the Intelligence Community"라는 제목으로 실렸다. 최초 버전에서 정보분석 향상을 다룬 부분은 이 책의 결론에 실렸다.

2. Paul Slovic, "Behavioral Problems of Adhering to a Decision Policy," unpublished manuscript, 1973.

3. 참고문헌 목록은 다음 논문을 참고하라. Lewis R. Goldberg, "Simple Models or Simple Processes? Some Research on Clinical Judgments," *American Psychologist*, 23 (1968), pp. 261-265.

4. 참고문헌 목록은 다음 논문을 참고하라. Stuart Oskamp, "Overconfidence in Case-Study Judgments," *Journal of Consulting Psychology*, 29 (1965), pp. 261-265.

5. Arthur S. Elstein et al., *Medical Problem Solving: An Analysis of Clinical Reasoning* (Cambridge, MA and London: Harvard University Press, 1978), pp. 270 and 295.

6. Slovic, Dan Fleissner, and W. Scott Bauman, "Analyzing the Use of Information in Investment Decision Making: A Methodological Proposal," *The Journal of Business*, 45 (1972), pp. 283-301.

7. 참고문헌 목록은 다음 논문을 참고하라. 앞선 글. Slovic, Fleissner, and Bauman.

8. 참고문헌 목록은 다음 논문을 참고하라. Slovic and Sarah Lichtenstein, "Comparison of Bayesian and Regression Approaches to the Study of Information Processing in Judgment," *Organizational Behavior and Human Performance*, 6 (1971), p. 684.

9. David A. Summers, J. Dale Taliaferro, and Donna J. Fletcher, "Subjective vs Objective Description of Judgment Policy," *Psychonomic Science*, 18 (1970) pp. 249-250.

10. 62. R. N. Shepard, "On Subjectively Optimum Selection Among Multiattribute Alternatives," in M. W. Shelly, II and G. L. Bryan, eds., *Human Judgments and Optimality* (New York: Wiley, 1964), p. 166.

11. 이것은 물론 잠재의식적 과정을 가리킨다. 자신의 선입견적 신념에 맞지 않는 정보를 의식적으로 왜곡하는 분석가는 없다. 새로운 정보의 지각과 처리에서 중요한 측면은, 모든 의식적인 통제에 앞서서 독립적으로 일어난다는 것이다. 여기서 언급하는 경향은 대체로 이러한 잠재의식적(또는 전의식적preconscious) 과정에서 비롯된다.

12. 학교 교사의 축적된 지혜에 대한 신념을 논박한 글에서도 유사한 문제가 지적됐다. "교사가 경험에서 이익을 얻는 것은 실제로 매우 어렵다. 그들은 자신의 장기적인 성공이나 실패에서 거의 배우지 않는다. 그들의 단기적인 효과는, 그것이 비롯됐을 것으로 생각되는 관행과 쉽게 연관되지 않는다." B. F. Skinner, *The Technology of Teaching* (New York: Appleton-Century Crofts, 1968), pp. 112-113.

5장 고정관념: 열린 마음을 가져라

1. Christopher Brady, "Intelligence Failures: Plus Ca Change⋯." *Intelligence and National Security*, Vol. 8, No. 4 (October 1993). N. Cigar, "Iraq's Strategic Mindset and the Gulf War: Blueprint for Defeat," *The Journal of Strategic Studies*, Vol. 15, No. 1 (March 1992). J. J. Wirtz, *The Tet Offensive: Intelligence Failure in War* (New York, 1991). Ephraim Kam, *Surprise Attack* (Harvard University Press, 1988). Richard Betts, *Surprise Attack: Lessons for Defense Planning* (Brookings, 1982). Abraham Ben-Zvi, "The Study of Surprise Attacks," *British Journal of International Studies*, Vol. 5 (1979). *Iran: Evaluation of Intelligence Performance Prior to November 1978* (Staff Report, Subcommittee on Evaluation, Permanent Select Committee on Intelligence, US House of Representatives, January 1979). Richard Betts, "Analysis, War and Decision: Why Intelligence Failures Are Inevitable," *World Politics*, Vol. 31, No. 1 (October 1978). Richard W. Shryock, "The Intelligence Community Post-Mortem Program, 1973-1975," *Studies in Intelligence*, Vol. 21, No. 1 (Fall 1977). Avi Schlaim, "Failures in National Intelligence Estimates: The Case of the Yom Kippur War," *World Politics*, Vol. 28 (April 1976).

Michael Handel, *Perception, Deception, and Surprise: The Case of the Yom Kippur War* (Jerusalem: Leonard Davis Institute of International Relations, Jerusalem Paper No. 19, 1976). Klaus Knorr, "Failures in National Intelligence Estimates: The Case of the Cuban Missiles," *World Politics*, Vol. 16 (1964).

2. Roberta Wohlstetter, *Pearl Harbor: Warning and Decision* (Stanford University Press, 1962). Roberta Wohlstetter, "Cuba and Pearl Harbor: Hindsight and Foresight," *Foreign Affairs*, Vol. 43, No. 4 (July 1965).

3. S. A. Mednick, "The Associative Basis of the Creative Process," *Psychological Review*, Vol. 69 (1962), p. 221.

4. Jerry E. Bishop, "Stroke Patients Yield Clues to Brain's Ability to Create Language," *Wall Street Journal*, Oct. 12, 1993, p. A1.

5. 이 수수께끼는 다음 문헌에서 인용됐다. L. Adams, *Conceptual Blockbusting: A Guide to Better Ideas*. Second Edition (New York: W. W. Norton, 1980), p. 23.

6. Jim Wolf, "CIA Inquest Finds US Missed Indian 'Mindset'," UPI wire service, June 3, 1998.

7. 남아프리카공화국 담당 국가정보장교를 역임한 로버트 재스터Robert Jaster 와의 인터뷰.

8. Jon Fallesen, Rex Michel, James Lussier, and Julia Pounds, "Practical Thinking: Innovation in Battle Command Instruction" (Technical Report 1037, US Army Research Institute for the Behavioral and Social Sciences, January 1996).

9. 악마의 변호인 접근 방법의 강점과 약점에 대한 흥미로운 논의에 대해서는 다음 논문을 참고하라. *Jervis, Perception and Misperception in International Politics* (Princeton, NJ: Princeton University Press, 1976), Chapter 10.

10. Daniel J. Isenberg, "How Senior Managers Think," in David Bell, Howard Raiffa, and Tversky, *Decision Making: Descriptive, Normative, and Prescriptive Interactions* (Cambridge University Press, 1988), p. 535.

11. Abraham Ben Zvi, "Hindsight and Foresight: A Conceptual Framework

for the Analysis of Surprise Attacks," *World Politics*, April 1976.

12. 다음 문건을 번역한 것이다. Admiral David Jeremiah's news conference on the Intelligence Community's performance concerning the Indian nuclear test, fourth and fifth paragraphs and first Q and A, 2 June 1998.

13. Frank M. Andrews, "Social and Psychological Factors Which Influence the Creative Process," in Irving A. Taylor and Jacob W. Getzels, eds., *Perspectives in Creativity* (Chicago, Aldine Publishing, 1975).

14. 같은 책. p. 122.

15. Robin Hogarth, *Judgment and Choice* (New York: Wiley, 1980), p. 117.

6장 문제의 구조화: 펜과 종이

1. George A. Miller, "The Magical Number Seven--Plus or Minus Two: Some Limits on our Capacity for Processing Information," *The Psychological Review*, Vol. 63, No. 2 (March 1956).

2. Webster's *Ninth New Collegiate Dictionary*, 1988.

3. Howard Raiffa, *Decision Analysis* (Reading, MA: Addison-Wesley, 1968).

4. Bigelow, ed., The Complete Works of Benjamin Franklin (New York: Putnam, 1887), p. 522.

5. Alex Osborn, Applied Imagination, Revised Edition (New York: Scribner's, 1979), p. 202.

7장 경합가설 분석: 유력한 정보의 선별

1. 경합가설 분석은 정보분석가들이 일련의 복잡한 문제를 다룰 수 있도록 내가 직접 개발한 것이다.

2. Charles Gettys et al., Hypothesis Generation: A Final Report on Three Years of Research. Technical Report 15-10-80. University of Oklahoma, Decision Processes Laboratory, 1980.

3. Transcript of Adam. Jeremiah's news conference, last sentence of third paragraph, 2 June 1998.

4. M. Rogers, ed., Contradictory Quotations (England: Longman Group, Ltd., 1983).

8장 인지편향이란

1. 많은 연구들은 다음과 같은 논문의 자극을 받아 수행됐다. Tversky and Daniel Kahneman, "Judgment under Uncertainty: Heuristics and Biases," *Science*, 27 September 1974, Vol. 185, pp. 1124-1131. 이 논문의 내용은 다음과 같은 문헌들에 요약되어 있다. (1) Robin Hogarth, *Judgement and Choice* (New York: John Wiley & Sons, 1980), Richard Nisbett and Lee Ross, *Human Inference: Strategies and Shortcomings of Human Judgment* (Englewood Cliffs, NJ: Prentice-Hall, 1980). (2) Robyn Dawes, *Rational Choice in an Uncertain World* (New York: Harcourt Brace Jovanovich College Publishers, 1988). 특히 호가스의 책은 이 분야의 문헌들을 주제별로 탁월하게 정리해 놓았다.

2. 같은 책. Tversky and Kahneman.

9장 증거 평가의 편향: 보고 들은 것의 위력

1. 이 장의 초기버전은 다음 저널에 동일한 제목의 논문으로 출판됐다. *Studies in Intelligence in summer*, 1981.

2. 이 단락에서 언급하는 아이디어와 사례들은 대부분 다음 문헌에서 인용됐다. Nisbett and Ross, *Human Inference: Strategies and Shortcomings of Social Judgment* (Englewood Cliffs, NJ: Prentice-Hall, 1980), Chapter 3.

3. A. Paivio, *Imagery and Verbal Processes* (New York: Holt, Rinehart & Winston, 1971).

4. Nisbett and Ross, p. 56.

5. 같은 책.

6. Nisbett and Ross, p. 57.

7. Baruch Fischhoff, Slovic, and Lichtenstein, *Fault Trees: Sensitivity of Estimated Failure Probabilities to Problem Representation*, Technical

Report PTR- 1 042-77-8 (Eugene, OR: Decision Research, 1977).

8. Tversky and Kahneman, "Judgment under Uncertainty: Heuristics and Biases," *Science*, Vol. 185 (27 September 1974), 1126.

9. 같은 책. (1974), p. 1125-1126.

10. 다음 논문들을 참고하라. Charles F. Gettys, Clinton W. Kelly III, and Cameron Peterson, "The Best Guess Hypothesis in Multistage Inference," *Organizational Behavior and Human Performance*, 10, 3 (1973), 365-373; David A. Schum and Wesley M. DuCharme, "Comments on the Relationship Between the Impact and the Reliability of Evidence," *Organizational Behavior and Human Performance*, 6 (1971), 111-131.

11. Edgar M. Johnson, "The Effect of Data Source Reliability on Intuitive Inference," Technical Paper 251 (Arlington, VA: US Army Research Institute for the Behavioral and Social Sciences, 1974).

12. R. R. Lau, M. R. Lepper, and Ross, "Persistence of Inaccurate and Discredited Personal Impressions: A Field Demonstration of Attributional Perseverance," paper presented at 56th Annual Meeting of the Western Psychological Association(Los Angeles, April 1976).

13. Ross, Lepper, and Michael Hubbard, "Perseverance in Self-Perception and Social Perception: Biased Attributional Processes in the Debriefing Paradigm," *Journal of Personality and Social Psychology*, 32, 5, (1975), 880-892.

14. Ross, Lepper, Fritz Strack, and Julia Steinmetz, "Social Explanation and Social Expectation: Effects of Real and Hypothetical Explanations on Subjective Likelihood," *Journal of Personality and Social Psychology*, 33, 11 (1977), 818.

10장 인과관계 인식의 편향: 연결고리 만들어내기

1. W. H. Walsh, *Philosophy of History*: An Introduction (Revised Edition: New York: Harper and Row, 1967), p. 61.

2. Ellen J. Langer, "The Psychology of Chance," *Journal for the Theory of Social Behavior*, 7 (1977), 185-208.

3. Kahneman and Tversky, "Subjective Probability: A Judgment of Representativeness," *Cognitive Psychology*, 3 (1972), 430-454.

4. W. Feller, *An Introduction to Probability Theory and Its Applications* (3rd Edition; New York: Wiley, 1968), p. 160.

5. Gina Bari Kolata, "Paleobiology: Random Events over Geological Time," *Science*, 189 (1975), 625-626.

6. Tversky and Kahneman, "Belief in the Law of Small Numbers," *Psychological Bulletin*, 72, 2 (1971), 105-110.

7. Skinner, "Superstition in the Pigeon," *Journal of Experimental Psychology*, 38 (1948), 168-172.

8. Jervis, *Perception and Misperception in International Politics* (Princeton, NJ: Princeton University Press, 1976), p. 320.

9. 수많은 역사적 사례에 대해서는 Jervis, 같은 책, p. 321-323을 참고하라.

10. Harold H. Kelley, "The Processes of Causal Attribution," *American Psychologist* (February 1973), p. 121.

11. David Hackett Fischer, *Historian's Fallacies* (New York: Harper Torchbooks, 1970), p. 177.

12. 같은 책. p. 167.

13. Nisbett and Timothy DeC. Wilson, "Telling More Than We Can Know: Verbal Reports on Mental Processes," *Psychological Review* (May 1977), p. 252.

14. Ross, "The Intuitive Psychologist and his Shortcomings: Distortions in the Attribution Process," in Leonard Berkowitz, ed., *Advances in Experimental Social Psychology*, Volume 10 (New York: Academic Press, 1977), p. 184.

15. Jervis, ibid., Chapter 2.

16. Edward E. Jones, "How Do People Perceive the Causes of Behavior?" *American Scientist*, 64 (1976), p. 301.

17. Daniel Heradstveit, *The Arab-Israeli Conflict: Psychological Obstacles to Peace* (Oslo: Universitetsforlaget, 1979), p. 25

18. 이 점에 대해서는 다음 논문을 참고하라. J. Heuer, Jr., "Analyzing the Soviet Invasion of Afghanistan: Hypotheses from Causal Attribution Theory," *Studies in Comparative Communism*, Winter 1980. 소련의 아프가니스탄 침공에 대한 이 논평은, 오로지 심리학 연구 결과에 기반한 것이며, 소련이 아프가니스탄에서 한 행동이나 미국의 반응에 관한 정보에 기반한 것은 아니다. '사람들이 통상적으로 정보를 어떻게 처리하는가'에 대한 일반화의 본질은, 다소간 많은 사례들을 참고하지만 어떤 단일 사례도 완벽하게 적절한 것은 없다는 것이다. 물론, 소련의 행동을 분석하는 데 영향을 미치는 요인들(이를테면 소련 정책의 뒤에 숨어 있는 추동력에 대한 선입견)은 많았다. 내 의도는 소련의 정책에 대한 대안적 해석의 장점에 대해 왈가왈부하려는 게 아니라, 분석 과정에 대한 심리학적 연구의 적절성을 설명하려는 것이다. 따라서 '이런 귀인경향attributional tendency이 소련의 아프가니스탄 침공을 해석하는 데 있어서 얼마나 많은 영향을 미치는지'에 대한 판단은 독자들에게 맡긴다.

19. Edward Jones and Nisbett, "The Actor and the Observer: Divergent Perceptions of Their Behavior," in Edward Jones et al., *Attribution: Perceiving the Causes of Behavior* (New Jersey: General Learning Press, 1971), p. 93.

20. CIA 분석가들과의 개인적 논의에 기반함.

21. Raymond Tanter, "Bounded Rationality and Decision Aids," essay prepared for the Strategies of Conflict seminar, Mont Pelerin, Switzerland, 11-16 May 1980.

22. 이 단원의 대부분은 다음 책에서 인용했다. Jervis, Chapter 9.

23. 이와 똑같은 논리에서, 우리는 '우리 영향력의 표적이 아닌 나라'의 행동 결과를 과소평가할 수 있다.

24. 이 단락은 다음 논문에 언급된 바루크 피시호프Baruch Fischhoff의 아이디어와 어법에서 인용됐다. "For Those Condemned to Study the Past:

Reflections on Historical Judgment," in R. A. Shweder and D. W. Fiske, eds., *New Directions for Methodology of Behavioral Science: Fallible Judgment in Behavioral Research* (San Francisco: Jossey-Bass, 1980).

25. Jan Smedslund, "The Concept of Correlation in Adults," *Scandinavian Journal of Psychology*, Vol. 4 (1963), 165-173.

26. Robert Axelrod, "The Rational Timing of Surprise," *World Politics*, XXXI (January 1979), pp. 228-246.

27. Barton Whaley, *Stratagem: Deception and Surprise in War*, (Cambridge, MA: Massachusetts Institute of Technology, unpublished manuscript, 1969), p. 247

28. E. H. Carr, *What is History?* (London: Macmillan, 1961), p. 126, cited by Fischhoff, op. cit.

29. Ross, 앞선 책. pp. 208-209.

11장 확률 추정의 편향: 숫자의 함정

1. Tversky and Kahneman, "Availability: A Heuristic for Judging Frequency and Probability," *Cognitive Psychology*, 5 (1973), pp. 207-232.

2. 같은 책, p. 229.

3. John S. Carroll, "The Effect of Imagining an Event on Expectations for the Event: An Interpretation in Terms of the Availability Heuristic", *Journal of Experimental Social Psychology*, 14 (1978), pp. 88-96.

4. Tversky and Kahneman, "Judgment under Uncertainty: Heuristics and Biases," *Science*, Vol. 185, Sept. 27, 1974, pp. 1124-1131.

5. 98퍼센트의 신뢰구간을 설정한 실험에서, 참값이 추정 범위를 벗어나는 확률은 40~50퍼센트였다. Tversky and Kahneman, "Anchoring and Calibration in the Assessment of Uncertain Quantities," (Oregon Research Institute Research Bulletin, 1972, Nov. 12, No. 5), and M. Alpert and H. Raiffa, "A Progress Report on The Training of Probability Assessors," Unpublished manuscript, Harvard University, 1968.

6. 같은 책. Alpert and Raiffa.

7. (1) Nicholas Schweitzer, "Bayesian Analysis: Estimating the Probability of Middle East Conflict," in Richards J. Heuer, Jr., ed., *Quantitative Approaches to Political Intelligence: The CIA Experience* (Boulder, CO: Westview Press, 1979). (2) Jack Zlotnick, "Bayes' Theorem for Intelligence Analysis," *Studies in Intelligence*, Vol. 16, No. 2 (Spring 1972). (3) Charles E. Fisk, "The Sino-Soviet Border Dispute: A Comparison of the Conventional and Bayesian Methods for Intelligence Warning", *Studies in Intelligence*, vol. 16, no. 2 (Spring 1972). Fisk의 논문은 본래 비밀로 분류됐지만, 이제 해제됐다. Zlotnick의 논문과 Fisk의 논문은 다음 논문으로 다시 출판됐다. H. Bradford Westerfield, *Inside CIA's Private World: Declassified Articles from the Agency's Internal Journal*, 1955-1992, (New Haven: Yale University Press, 1995).

8. 이러한 현상에 대한 또 다른 해석은 12장을 참고하라.

9. Scott Barclay et al, *Handbook for Decision Analysis*. (McLean, VA: Decisions and Designs, Inc. 1977), p. 66.

10. 셔먼 켄트Sherman Kent, 도널드 스튜어리Donald P. Steury, "Words of Estimated Probability,"《셔먼 켄트와 안보보고실: 선집Sherman Kent and the Board of National Estimates: Collected Essays》, CIA 정보연구센터, 1994. 이하 Steury, Kent 라 한다.

11. Barclay et al, p. 66-68.

12. "Words of Estimated Probability", in Steury, Kent의 내용을 약간 변형했다.

13. Slovic, Fischhoff, and Lichtenstein, "Cognitive Processes and Societal Risk Taking," in J. S. Carroll and J.W. Payne, eds., *Cognition and Social Behavior* (Potomac, MD: Lawrence Erlbaum Associates, 1976), pp. 177-178.

14. 다음과 같은 논문의 내용을 변형한 것이다. Stech, of the blue and green taxicab question used by Kahneman and Tversky, "On Prediction and Judgment," *Oregon Research Institute Research Bulletin*, Vol. 12, No. 14, 1972.

15. Bar-Hillel, "The Base-Rate Fallacy in Probability Judgments," *Acta*

Psychologica, 1980.

16. 더 많은 사례들을 보고 싶으면 다음 문헌을 참고하라. Robyn M. Dawes, *Rational Choice in an Uncertain World* (Harcourt Brace Jovanovich College Publishers, 1988), Chapter 5.

12장 사후편향: "사실 알고 있었는데 까먹었다"

1. *Studies in Intelligence*, Vol. 22, No. 2 (Summer 1978)에 "Cognitive Biases: Problems in Hindsight Analysis."라는 제목의 논문으로 실렸다가(비밀로 분류되지 않았음), 나중에 다음과 같은 논문으로 출판됐다. H. Bradford Westerfield, editor, Inside CIA's Private World: Declassified Articles from the Agency's Internal Journal, 1955-1992 (New Haven: Yale University Press, 1995.)

2. 이 단원은 다음 논문의 내용에 기반했다. Fischoff and Ruth Beyth in "I Knew It Would Happen: Remembered Probabilities of Once-Future Things," *Organizational Behavior and Human Performance*, 13 (1975), pp. 1-16.

3. 이 단원에서 기술되는 실험들은 다음 논문에서 보고됐다. Fischhoff, *The Perceived Informativeness of Factual Information*, Technical Report DDI-I (Eugene, OR: Oregon Research Institute, 1976).

4. 이 단원에서 기술되는 실험들은 다음 논문에서 보고됐다. Fischhoff, "Hindsight does not equal Foresight: The Effect of Outcome Knowledge on Judgment Under Uncertainty," *Journal of Experimental Psychology: Human Perception and Performance*, Vol. 1, No. 3 (1975), pp. 288-299.

5. Roberta Wohlstetter, *Pearl Harbor: Warning and Decision* (Stanford, CA: Stanford University Press, 1962), p. 387. Cited by Fischhoff.

결론 생각하는 과정을 향상시켜라

1. Roberta Wohlstetter, *Pearl Harbor: Warning and Decision* (Stanford: Stanford University Press, 1962), p. 302.

2. 이와 관련해 내가 염두에 두고 있는 논문 중 하나는 다음과 같다. Graham Allison's work on the Cuban missile crisis (Essence of Decision, Little, Brown & Co., 1971. 한국어판 2018년). 앨리슨은 이 논문에서 정부가 작동하는 메커니즘에 대한 세 가지 대안적 가정을 확인했다. 이성적 행위자 모형, 조직적 과정 모형, 관료적 정치모형. 다음으로 그는 '외국 정부의 행동을 분석하는 데 가정 적절한 모형'에 대한 암묵적 가정이 분석가로 하여금 상이한 증거에 집중하고 상이한 결론에 도달하도록 유도하는 과정을 보여줬다. 또 다른 논문은 KGB의 배신자 유리 노센코의 논란 많은 사건에 관한 논문인데, 나는 이 논문에서 방첩 판단이 내려지는 다섯 가지 경로를 분석했다. J. Heuer, Jr., "Nosenko: Five Paths to Judgment," *Studies in Intelligence*, Vol. 31, No. 3 (Fall 1987), originally classified Secret but declassified and published in H. Bradford Westerfield, ed., *Inside CIA's Private World: Declassified Articles from the Agency's Internal Journal 1955-1992* (New Haven: Yale University Press, 1995).

3. 다음 문건을 번역한 것이다. Adm. David Jeremiah's news conference at CIA, 2 June 1998.

발문 CIA의 정보분석은 어떻게 향상돼왔는가

1. 특히 Steury, Kent의 편집자 서문과 해럴드 P. 포드의 헌사Tribute를 참고하라.

2. Sherman Kent, *Writing History*, second edition, 1967. 1판은 1941년에 발간됐는데, 당시 켄트는 예일대학교의 역사학 교수였다. 이 책의 1장 "왜 역사인가"에서, 그는 나중에 정보분석용으로 각색된 아이디어와 권고안을 제시했다.

3. Kent, "Estimates and Influence" (1968), in Steury, Kent.

4. 케이시는 국장으로 재임하던(1981~1987) 초기에 내게 분석가들의 단점을 노골적으로 지적했다. 대학 시절 뒷자리에 앉아 딴전을 피우더니 CIA에 들어와서도 뒷자리에 앉아 현실은 아랑곳하지 않고 탁상공론이나 늘어놓는다는 것이었다.

5. "The Gates Hearings: Politicization and Soviet Analysis at CIA", *Studies in Intelligence* (Spring 1994). "Communication to the Editor: The Gates Hearings: A Biased Account," *Studies in Intelligence* (Fall 1994).

6. 케이시는 훈련사무국에 "분석가들이 자신의 실수로부터 배울 수 있도록 이 세미나를 제공하라"고 지시했다. 첩보부장인 게이츠는 '세미나의 취지', '강좌의 개요', '필독문헌 목록'을 신중히 검토했다.

7. Unclassified paper published in 1994 by the Working Group on Intelligence Reform, which had been created in 1992 by the Consortium for the Study of Intelligence, Washington, DC.

8. 1994년 매커친과 데이비스가 주고받은 대화에 근거한 것임.

9. 1998년 데이비스와의 서신 교환을 통해 확인된 사항임.

CIA 심리학
고정관념과 인식의 오류를 극복하는 방법

1판 1쇄 펴냄 | 2019년 7월 29일
1판 2쇄 펴냄 | 2019년 8월 26일

지은이 | 리처즈 휴어 주니어
옮긴이 | 양병찬
발행인 | 김병준
편　집 | 이종배
디자인 | 김은영·이순연
마케팅 | 정현우·김현정
발행처 | 생각의힘

등록 | 2011. 10. 27. 제406-2011-000127호
주소 | 경기도 파주시 회동길 37-42 파주출판도시
전화 | 031-955-1653(편집), 031-955-1321(영업)
팩스 | 031-955-1322
전자우편 | tpbook1@tpbook.co.kr
홈페이지 | www.tpbook.co.kr

ISBN 979-11-85585-72-7 93180

이 도서의 국립중앙도서관 출판예정도서목록(CIP)은
서지정보유통지원시스템 홈페이지(http://seoji.nl.go.kr)와
국가자료종합목록 구축시스템(http://kolis-net.nl.go.kr)에서
이용하실 수 있습니다.(CIP제어번호 : CIP2019025143)